脱「国際協力」

開発と平和構築を超えて

藤岡美恵子
越田清和
中野憲志
編

Rethinking
"International Cooperation"
Beyond Development and Peacebuilding

新評論

脱「国際協力」——開発と平和構築を超えて■目次

凡例

「イスラム」「タリバン」「アルカイダ」の表記については、原音に近い「イスラーム」「ターリバーン」「アルカーイダ」に統一した。

序章

編者

一　本書の趣旨と経緯

「北」では被災の映像が、過去の社会闘争を忘れさせるための政治の道具として絶えず使われる。私たちが生きている感情の世界では、あらゆる不正義の実感が覆い隠されてしまう――打ち負かされた者たちは叛乱に立ち上がるかもしれないが、私たちの涙を誘うのは犠牲者、すなわち私たちよりも恵まれない者たちである。憐れみは憤り以上のものを生み出さず、叛乱を阻む。（Bernard Hours, "NGOs and the Victim Industry," *Le Monde Diplomatique English Edition*, November 2008）

本書の執筆者が原稿の仕上げ段階に入った矢先の二〇一一年三月一一日、東北・関東を巨大地震と津波が襲った。過去、テレビ報道を通じて繰り返し目にした他国の大規模自然災害、たとえばスマトラ沖大地震の津波（二〇〇四年）、ハイチの地震、パキスタンの洪水（ともに二〇一〇年）などと同じまたはそれ以上の惨状を、私たちは自分の住む国の中で目の当たりにしている。世界第五位の援助国（二〇〇九年ODA［政府開発援助］実績）日本は逆に外国の援助を受け入れる立場になった。

今回の震災で、さまざまに異なる条件を抱えた被災者の直面する決して一様ではない困難、ボランティアや自衛隊、米軍まで含むさまざまな主体による救援のありよう、政府や自治体の対処、復旧・復興に関する論議を日々見聞きし、考えるにつれ、「三・一一」が突きつけている諸問題が本書で取り上げる「国際協力」をめぐる問題群と重なり合い、響き合うものであることに気付かされる。本書の趣旨を述べる前に、そうした重なり合う問題の一つに触れておきたい。

「三・一一」と「国際協力」

これだけ大規模な被害が起きると、原発事故を別として、地震と津波はあらゆる人を区別なく平等に襲ったかのような印象を抱きがちだが、災害の被害はだれもが同じように被るのではない。避難一つをとってみても、高齢者や病人、障碍を抱えた人々は多くの場合自力で避難できない。精神障碍者の場合、周囲に迷惑をかけるからと、避難所を出て支援の手の届きにくい「在宅避難」を選ばざるを得ない人もいる。原発被災の背景には、危険な原発を地元交付金と引き換えに「誘致」することでサバイバルを図らざるを得ないという、地方の抱える構造的問題がある。

こうした被災のありようの違いは、震災前から存在する社会の矛盾を反映したものである。人道支援の分野では、ビルド・バック・ベター（たんに元に戻すのではなくよりよい状態に復興すること）が復興の基本的考え方とされているが、それはたんに防災対策の強化や、地元経済の立て直し・再活性化だけでなく、たとえば障碍者の自律的な生活への支援を含む権利の保障、過疎と財政難に悩む地方に対して住民の懸念や反対を押し切って原発を押し付けることを可能にする構造の抜本的変革、そして原子力発電に頼ってきたエネルギー構造の改革を含むものでなければ意味がない。震災が鮮明に浮かび上がらせたこうした社会の矛盾へのとりくみを抜きにした復興などあり得ない――。これを理解するのはそう難しいことではない。そして、被災地以外の者たちが、被災地の人々との協働を通じてこの矛盾の解決に向けて努力することこそが、中長期的な「支援」であるという実感をもつ人も多いはずだ。

これを国際的な災害救援や紛争地の人道支援に置き換えて考えてみると、外部から支援を行う人道支援や開発支援のNGOの究極的な役割は、社会の変革を促すことにあると言える。ところがこれまで、国際協力NGOには、当面のニーズに応えることを優先し、社会の矛盾や構造的不正義の問題に取り組むこと、すなわち社会変革の問題を避けてきたという批判が向けられてきた。冒頭に引用した一文は「NGOと犠牲者産業」という刺激的なタイトルの論考の一節だが、著者は社会の構造的問題――たとえば恒常化した無給の残業――の被害を被っている人々が「犠牲者」（victim）と呼ばれることはめったにない一方で、災害の犠牲者の救援には莫大な資金、人、注目が集まる状況に対し、「援助産業」が社会の矛盾を隠蔽する役回りを演じていると厳しい批判の目を向けている。

緊急救援が必要でないのでも重要でないのでもない。しかし、当面のニーズに応えるためとはいえ、結局はサービスの提供に終始してしまうようなNGOのあり方が、非政府組織としてのNGOの最も重要な存在意義を揺るがせているのではないか。本書の出発点にあるのもそういう問題意識である。(1)

（1）「当面のニーズ」に応えつつ「根本的な問題に向き合う」という課題を考察した、真崎克彦『支援・発想転換・NGO─国際協力の「裏舞台」から』（新評論、二〇一〇）を参照。

『国家・社会変革・NGO』の出版

本書の編者らが二〇〇六年に『国家・社会変革・NGO——政治への視線／NGO運動はどこへ向かうべきか』（新評論）を出版したのも、NGOの存在意義を問い直すことが必要だと考えたからだ。NGOの存在意義は、何よりも国家や企業からの独立性にあるが、その独立性が揺らぐ事態が生じている。具体的に問題にしたのは、①政府との「パートナーシップ」を追求するあまり、政府に対する有効な批判勢力になり得ず、安価な下請け機関か補完機関になっていくこと、②対案の提示を身上とするNGO政策提言活動（アドボカシー）が、政府の都合のいいように取り込まれているのではないかという懸念、そして、③社会の変革をめざして多様な場で活動する社会運動体から、現状維持に手を貸す存在としてときに批判を受けるようになっているという問題であった。

そこで、NGOを「よりよい世界」の実現をめざし、何らかの意味で「社会変革」を志向する存在と捉えた上で、NGOが国家の外交戦略や「国益」から独立した本来の活動をいかに取り戻していくのか、「社会変革」の主体となるためには何を考えていくべきかという課題に対し、私たちなりの考えを提起したのである。その際、NGOの社会的認知が進んだこの二〇年ほどの間に何を達成し何を失ったのか、その経験を読者に伝えること、社会運動の歴史の中にNGOを置き直してみること、そしてNGOとは誰の側に立って考え、行動する組織なのかをあらためて問い直すことを重視した。

つまり同書は、いわばNGOの「自己点検」の書、日々の活動の見直しや社会運動との連携を考えていくための「備忘録」という位置づけをもつものであった。

〈NGOと社会〉の会の結成

もちろん、同書で扱うことのできなかった重要なテーマやイシューも数多くある。そこで、論じ切ることのできなかった問題を討論するための場として、二〇〇七年二月、執筆者有志が集まって「〈NGOと社会〉の会」を結成した。以後、現在までに単独・共催で計八回のシンポジウムを開催し、ニューズレター『NGOと社会』を計八号発行してきた（詳細は巻末付録2「〈NGOと社会〉の会の活動」を参照）。

私たちはシンポジウムでの議論の蓄積を通じて、NGOが直面する課題を『国家・社会変革・NGO』のように、NGOで活動する人々を主たる対象に、具体的なNGO活動に引き付けて論じるだけでは不十分だと感じるようになった。次節以降で詳述するように、「国益」実現のツールとしてのODAの戦略的活用という方針がますます明確になり、「対テロ戦争」と並行する「平和構築」活動が日本の「国際協力」政策の中核の一つに位置づけられるようになる中、『国家・社会変革・NGO』で取り上げたNGOの危機はさらに深まっていかざるを得ないと私たちは考えている。ならば、こうした潮流の中に開発援助や人道支援に関わるNGOの活動をあらためて位置付け直すことが必要ではないか。それが本書を企画した動機である。

本書の特色

その意味で本書は『国家・社会変革・NGO』と違い、「国際協力」に関わるNGOの活動そのものからは一歩距離を置いて、「国際協力」政策とその政策が生まれる背景や依拠する考え方、そして「国際協力」という言説そのものをあらためて見直すことに主眼を置いている。そうした見直しを通じて初めて、NGOは「国際協力」と一括される潮流の中で自らがどのような位置を占めているかを理解できると思うからだ。

しかし本書は、「国際協力」論や「国際協力」政策の概説書（たとえば、現在ほぼ主流となっているといってよいリベラリズムと国際主義に基づく「国際協力」論を概説した『新しい国際協力論』（山田満編、明石書店、二〇一〇）など）とは大きく異なる。

本書の第一の特色は、国家や国家の集合体である国際機関（国連など）の視点ではなく、個人、先住民族やマイノリティなどの共同体、市民運動、NGOといった非国家の視点から「国際協力」を論じている点にある。たとえば、近年、日本の経済成長経験を肯定的に評価する一方で、これまでNGOや研究者がODAを受ける現地住民の立場に立って行ってきたODA批判を否定する議論が強まっている。しかし、ODAの実像は援助する側の論理ではなく援助を受ける（または押し付けられる）側の視点から見て初めて浮かび上がってくると私たちは考える。

また、本書では沖縄問題のような、一般には「国際協力」をテーマとした本では扱わない国内問題も取り上げている。なぜなら、沖縄に米軍基地の大半を押し付け、その見返りとして沖縄振興という名の開発を推し進めている構図は、国際的な「南」（周辺）と「北」（中心）の、不均衡で不公正な関係――「南」の資源の搾取、有害廃棄物の「南」への投棄、不公正な国際貿易体制など――と共通しているからだ。この「南」には地理的な南北を問わず先住民族の領域も含まれる。さらに、それは経済成長と都会の便利さのために、原発が交付金と引き換えに地方に押し付けられる構図と同じである。国内外を問わず、援助や開発によって被害を受ける人々の視点で見れば、国内で起きている不正義の問題は、国際的な不正義の問題と根本的に同じ構造をもっていることがわかる。国内と国際を切り離して「国際協力」を論じることは、国境を横断して存在するこうした構造の問題を見えなくさせてしまう。従来、この構造に対する理解を広げる役割を果たしてきたのはＮＧＯだった。いま「国際協力」ＮＧＯの大半は海外でのプロジェクト実施に専心して、こうした構造的問題への理解を広げる活動にあまり関心がないように見える。それではＮＧＯが果たし得る重要な役割の一つを自ら放棄することに等しい。

本書の第二の特色は、問題提起と批判的省察の姿勢をもって主流の「国際協力」のあり方を検討しようとする点にある。その柱の一つの「平和構築」については、国連が「平和構築」政策を明確に打ち出すようになってきたことを受けて、このテーマの日本語文献がここ数年次々と出版されているが、その多くは政府や国連の政策と同様に「破綻／脆弱国家」や「テロ支援国家」が「国際社会」への脅威となっており、その脅威を取り除くために、国家再建をも含む「平和構築」が必要だとの立場に立っている。しかし、非国家の視点に立ち、アフガニスタンなどの「平和構築」の現場で起きていることを直視すれば、欧米（とりわけ米国）の利益や安全に脅威を与える存在が「テロリスト」と一括され、その掃討のための軍事行動＝対テロ戦争が継続する中での「平和構築」が本当に平和を創出しているのか、疑問に思わない方が難しい。むしろ「人道的帝国主義」と呼べるような事態が進行しつつあると言える。政府や国際機関がこぞって推進するからといって、ＮＧＯや個人がその考え方に同調する必要は全くない。むしろ、その問題点を見抜くことこそ、ＮＧＯに期待されていることである。

ところがいま、ＯＤＡや「国際協力」に関する言説を産する主要な場である大学で、こうした批判的視点をもった研究の領域が大幅に狭められている。その一因は「国際協力」や開発関連分野の教授陣に政府や国際機関のＯＢが占める割合が大きくなっていることにある。いまや「国際協力」の実践面でも政策形成面でも、政府、企業、NGOなどさまざまなセクターが対立するのではなく、「連携」し補完し合うこと、つまり「オール・ジャパン」体制が当たり前であるかのような言説が支配的になりつつある。しかし「国際協力」についての政策や知見を生み出す場から、建設的な批判的省察や、国家・企業の利害に引きずられることのない独立性が失われたらどうなるのか。「国際協力」分野で政府（外務省）とNGO、企業とNGOの「連携」を推進する人々は、福島第一原発の事故によって明らかになった、産官学政一体の「原子力村」という名の癒着構造を他人事として眺めていられるだろうか。

原発事故を例にとれば、重大事態が起きてもなお、マスコミで原発の安全性を強調し続けた「専門家」がいる一方で、長年、大学で冷遇されながら、また在野の市民研究者として、地道に原発の危険性を研究し調査を重ねてきた人々がいる。そうした人々の存在がなければ、いま私たちが手にする知識や情報ははるかに偏ったものになっていただろう。「主流」から外れることを厭わず、国家におもねることなく、被害に遭う人々、無視され切り捨てられる人々の立場に立って物を考え続けることが生み出す〈知〉は、人々の力になり得る。そういう〈批判的知〉を生み出す力をNGOはどこまでもっているのか。あるいは、NGOとしての原則や理念が懸っているとなれば、国家や企業からの資金援助を断つことも辞さない、そういう組織原則を持ち得ているか。NGOはこうした問いを自らに発し、答えを模索する時期に来ていると私たちは考える。

本書の主要な論点

本書は、以上のような問題意識に立って、主に次の三点を論じようとするものである。

一つ目は、ODA批判を否定ないし無化しようという流れに対し、あらためて日本のODAの何が問題とされたのかを確認すること。

二つ目は、「平和構築」が本当は平和を作り出していないのではないかという問題提起。

三つ目は、実践面でも政策形成の面でも「国際協力」の分野から批判的省察や論争がなくなり、プロジェクトのマネジメントなどの技術的側面にばかり注目が集まる中で、「国際協力」が行われ語られる文脈そのものを批判的に捉える力が低下していること――「国際協力」の脱政治化――を問題にすることである。本書はあるべき「国際協力」を論じるというより、「国際協力」の政策と実践がどのような政治、思考、イデオロギー、言説に支えられ、生み出されているかを明らかにすることに焦点を定めている。その意味で本書は脱「国際協力」を志向するものと言えるかもしれない。

（第一節文責・藤岡美恵子）

二　「国際協力」をめぐる新しい動き

毎年一〇月に日本各地で「国際協力フェスティバル」という催し物が行われている。東京では「グローバル・フェスタ」という名称に変わり、国際協力機構（ＪＩＣＡ）と国際協力ＮＧＯセンター（ＪＡＮＩＣ）が共催し、多くのＮＧＯや政府機関、国際機関がブースを出している。私が行った昨年（二〇一〇年）の「グローバル・フェスタ」には、「内閣府国際平和協力本部」もブースを出し、日本が参加している国連平和維持活動（ＰＫＯ）の宣伝をしていた。

「国際協力」はそもそも「国家間の協力」であり、日本政府が行う「国際協力」がその中心である。したがって、「協力」するときには目的がある。目的は複雑にからみあっているが、政治的なもの（国際社会における日本の地位・米国との協調)、経済的なもの（日本企業の利益)、人道的なもの（災害などの緊急援助）に分けることができる（本書 Essay1 参照)。

ここでは、日本政府による国際協力が一九九〇年代からどう変わっていきたか、その流れを見ていく。

非軍事の国際協力から軍事を含む国際協力へ

日本政府が「国際協力」を規定したものとして、一九八八年五月に竹下登首相（当時）がロンドンで発表した「国際協力構想」を挙げることができる。この構想は、「世界に貢献する日本」になるために、国際協力の三つの柱、（一）ODAの拡充強化、（二）国際文化交流の強化（人的交流、文化の紹介、日本研究、日本語教育を含む)、（三）平和のための協力強化（外交努力、紛争防止、難民支援など）を明らかにしたものである（http://www.mofa.go.jp/mofaj/gaiko/bluebook/1988/s63-shiryou2-5.htm)。貿易黒字を「還元」しなければならないという圧力を受けていた日本は、この発表以後、ODA実施額を増やしていく。

この「国際協力構想」は、「非軍事」的な協力であることを前提として発表された。したがって、三原則の一つである「平和のための協力」も、外交努力やPKOへの資金協力などが強調されていた。

しかし一九九〇年代に入り、湾岸危機（イラクによるクウェート侵攻）が起こり、米国からイラク制裁への同調を要請され「中東貢献策」（多国籍軍への資金提供）を決定、さらに一九九一年一月の米国によるイラク攻撃に際しては、米国などの武力行使を支持、一三〇億円の資金を米軍に提供し、海上自衛隊掃海艇のペルシャ湾派遣も行った。この頃から「日本も国際貢献をしなくては」という声が強くなり、自衛隊を海外派遣するかどうかという軍事貢献の問題が「国際貢献」の焦点となっていく。

そして、一九九二年六月に「国際平和協力活動法」（PKO法）が成立し、非軍事に徹することを前提としていた日本政府の国際協力は、「国際平和協力」という軍事分野（自衛隊が海外で活動する）の国際協力を含むことになった。大きな転換である。

「国際平和協力」分野の拡大――「テロとのたたかい」

政府やマスコミは「国際平和協力」分野（それに従事する自衛隊の海外での活動）を「人道的」協力であるかのように宣伝し、そのイメージアップを図ってきた。一九九〇年からの二〇年間は、国際協力（あるいは援助）と安全保障（あるいは軍事）をリンクさせる動きが強まった時代だった、と言えるだろう。そこでは、国連などが掲げる「平和構築」や「人道的介入」を国際的な公共性として絶対視し、そこに貢献するためには「オール・ジャパン」（政府だけでなく、NGOや民間企業、地方自治体なども関わる）でなければならないという国家主義が強調されはじめる。この「オール・ジャパン」の中心は、自衛隊とODA、NGOである。「国際平和協力」という新しい分野の成立によって、国際協力に、はっきりと国家の枠がはめられることになった。

こうした国家主義はODA（経済協力）にも大きな影響を与える。一九九九年八月の「ODA中期政策」は、「世界の平和と安定に依拠し、資源・エネルギー、食料等の供給を海外に依存する我が国にとり、開発途上国支援に引き続き積極的な貢献を行っていくことは、我が国自身の安全と繁栄の確保にとって重要な意義を有し、平和の維持を含む広い意味での我が国の国益の増進に資する」とし、「紛争と開発」を今後の柱にしていくことを盛り込んだ。

この流れに沿って、二〇〇三年八月、日本のODAに関する唯一の公的文書ともいえる「政府開発援助（ODA）大綱」の改定が行われ、「我が国自身の安全と繁栄に資すること」がODAの目的とされ、

「テロとのたたかい」に協力することも新たに盛り込まれた(本書第1章参照)。

ODA大綱改定と時を前後して、日本政府は「テロ対策特別措置法」(二〇〇一年)、「イラク特別措置法」(二〇〇三年)を制定し、米国を中心とする「テロとのたたかい」に全面協力する姿勢を示し、自衛隊を本格的に長期にわたって海外へ送りはじめた。そして、自衛隊が派兵されたイラク、自衛隊が給油などの支援を行い米軍などが軍事行動を行ったアフガニスタンには、これまでにないほど多額のODAを提供することになる(本書第2章参照)。

二〇〇七年一月には防衛庁が防衛省に「格上げ」され、それにともない、「我が国周辺」と「国際平和のための活動や「国際協力の推進」が自衛隊の本来任務とされた。自衛隊はこれまでの「専守防衛」とは全く異なる、海外での活動(「国際協力」)に乗り出す軍事組織に生まれ変わったのである。これを受ける形で、二〇一〇年に制定された新防衛大綱では、この点がさらに強く意識され、ODAを戦略的に活用した外交活動と一体となって「国際平和協力活動に取り組むこと」が明記された。

考えなければならないのは、防衛省・自衛隊が、外務省やJICAなどと並んで国際協力を行う政府組織・実施機関になったということである。日本の国際協力を考えるときに、防衛省・自衛隊と外務省・ODAの動きをバラバラに見ることができなくなった。

軍隊による緊急援助

「三・一一」によって、日本社会に海外から多くの緊急援助がやってきた。最も大規模に災害救援作戦を展開したのが自衛隊と米軍である。「日米同盟」を最重視する日本の国際関係を象徴する姿だ。

自衛隊は約一〇万人、米軍は約一万六〇〇〇人を動員し、原子力空母など艦船一二隻、航空機一〇〇機以上も使った。横田基地に前線司令部の役割を果たす統合支援部隊を設置、自衛隊幹部もそこに常駐し、日米の任務調整を行った。災害支援というよりは、日米両軍にとっては日本を舞台にした「有事」のための予行演習、米軍にとっては核戦争や米国での核テロへの予行演習だったのだろう。

自衛隊は一九九二年のPKO法制定にともなう「国際緊急援助隊派遣法」改定によって、海外の大規模災害に部隊を派遣できるようになった。九八年のホンジュラス地震を皮切りに、今までに一二回派遣されている。

自衛隊による海外での災害救援は、国外での経験や米軍との共同行動などの点で、海外での自衛隊の活動を拡大するねらいを持っている。しかも「災害救援」という緊急性の高い「非軍事」分野なので、国内での反対の声も弱い。

米軍が今回日本の被災地で行った「トモダチ」作戦も、同じように、沖縄などで犯罪が多発する海兵隊の悪いイメージを少しでも良くみせ、同時に日米軍事同盟の支持を高めようという政治的意図をもって行われた。

一九九〇年代から、援助の中でも自然災害や紛争に関わる「緊急援助」の割合が世界的に高くなってきた。そこで問題になるのは、軍隊が緊急援助に従事することの妥当性だ。たしかに「三・一一」のような大災害になると、動員力や装備などの点から言っても自衛隊に頼らざるを得ない。そして自衛隊に感謝する人たちの多くは「災害時の緊急救援」に来てくれる組織と隊員に感謝している。少なくともそれは、武装して海外へ出ていく軍隊としての自衛隊への感謝ではないはずだ。日本の税金を使って維持される米軍基地で、軍事演習を行い戦地へ赴く米軍の「トモダチ」作戦に感謝するいわれはない。

日本の市場を広げるための経済協力

民主党政権が誕生した二〇〇九年八月は、アジア諸国が世界的な経済危機からいち早く立ち直り、高成長に戻り始めた時期だった。二〇一〇年五月の東南アジア諸国連合（ASEAN）プラス3財務相会議では、「東アジア経済が世界経済回復の牽引役を担っている」とし、「貿易・投資を一層促進することを強調する」とした共同声明を発表している。さらに、インドシナ半島の「メコン総合開発」や「メコン・インド産業大動脈」などを含んだ約二九〇〇億ドルの域内インフラ整備計画「アジア総合開発計画」もつくられ、そのための「ASEANインフラ基金」の設立が二〇一一年四月に合意された。

アジア諸国の公共インフラ整備を受注してインフラを中心とした輸出を増やそう、そのためにODAだけでなく国際協力銀行（JBIC）による融資や民間資金を使った「経済協力」を実施しよう、これが民主党政権の構想する新しい国際協力の柱だと言える。

それをはっきり示したのが二〇一〇年六月に菅政権が発表した二つの文書だ。

政府が閣議決定した「新成長戦略」は、「アジア経済戦略」を柱の一つとし、鉄道やエネルギー（原子力発電所）などのインフラ整備に官民あげて取り組み、一九・七兆円の市場創出を見込んだ。また外務省が発表したODA見直し文書「開かれた国益のために」では成長戦略を実現するために、ODAの活用、民間企業やOOF（ODA以外の、途上国向け政府援助資金）との連携を方針とした。

もちろんODAを使って、民間企業の活動を支援しようとする計画は、自民党時代からすでに構想されていた。自民党政権がつくった「海外経済協力に関する検討会」は二〇〇六年二月に、「途上国で必要とされる膨大なインフラ需要への対応」のためには、ODAやOOFによって民間セクターを支援し、包括的な協力を進めることが必要だと述べた。「公共性」が高いため利益が上がりにくい部分（たとえば水道の配管部門など）にはＯＤＡを使い、それ以外には民間資金を使う、という考え方である。

　同じ時期、農林水産省と外務省が中心となり「食糧安全保障のための海外投資促進に関する指針」を定めた（『北海道新聞』二〇〇九年八月二一日）。これは、大豆やトウモロコシなどを確保するために中南米や中央アジア、東欧などで活動する日本の商社などへの「側面支援」として、国際協力銀行やＯＤＡを使ってインフラ整備をしようという計画である。これも、現地の農業や環境のことを考えない、日本の国益や多国籍企業の利益のための経済協力でしかない。

　これは、国際協力の「新しい流れ」というよりも、日本の援助の特質として長く批判されてきた「貿易・投資・援助の三点セット」の再現だと言ってもよいだろう（本書第1章参照）。その主要なアクターは、新興国で社会インフラ事業の受注に力を入れる巨大民間企業である。しかも社会インフラ分野での受注は、水道事業（マニラ首都圏の水道事業に出資した三菱商事）や下水処理事業（メキシコの下水処理事業を受注した三井物産）のように、公共事業の「民営化」となることが多い。しかし、このような「新自由主義」に基づく政策は、水道事業の民営化に対するボリビアの民衆による激しい抵抗が示すように、この一〇年ほど世界中から強い批判をあびている。

　また、この「新しい流れ」の援助は、経済成長を示す「新興国」の経済インフラ分野への援助に限られ、「最貧国」の教育や保健衛生分野などには向けられない。これでは、日本政府の国際公約ともいうべき「ミレニアム開発目標」（ＭＤＧｓ（本書第5章参照））の実現に本気で取り組んでいないと言われてもしかたがない。

国際協力を考え直す

国際協力（とくにＯＤＡなどの援助）は、長い間「先進国」が「途上国」を支援するものとされ、今もそれが基本的な考えとなっている。

潤沢な資金と高度の技術をもつ「北」の国が、貧しい「南」を「助けてあげます」「援助してあげます」、そのために資金や技術を提供するのが、国際協力だった。国際協力の中心モデルとなった開発は、その対象となる「南」の人たちの考えや暮らしを「低開発」として、それを変えることしか考えてこなかった。

国際協力がいまだに「北」によって支配されていることは、ＯＤＡ供与国（ほとんどが「北」の国）でつくる経済協力開発機構（ＯＥＣＤ）開発援助委員会（ＤＡＣ）が、ＯＤＡの定義や指針を決めているという構造によってはっきりと示されている。したがって国際協力は、援助受け取り国の政府と市民社会から、新たな植民地支配の道具になっていると繰り返し批判されてきた。

このような「北」による支配の道具となっている援助をどう変えていくかが、国際協力を考えるときの重要なポイントであることは今も変わらない。

しかし、いま「国際協力を考え直す」というときに指摘したい問題はこの先にある。

中国やインド、サウジアラビア、ベネズエラなど「南」の中から積極的に国際協力（「南南協力」）をする国が登場していることをどう考えるかという問題である。「南南協力」によるＯＤＡ供与総額（二〇〇八年）は、最低でも一二一〜一三九億ドル（一兆八九〇〜一兆二五一〇億円）と推計されている（The Reality of Aid, *South to South Development Cooperation-A Challenge to the Aid System*, Philippines, IBON Books, 2010）。

「南南協力」が、一九五五年のアジア・アフリカ会議（バンドン会議）が掲げた「平和一〇原則」に基づく友好的協力であれば、そして「北」が進めてきた国際協力の問題点を克服する方向性をもつものならば、それを「新しい国際協力」の方向性と見ることができるかもしれない。

しかし現実に進む「南南協力」は、私（たち）がこれまで批判してきた「北」による国際協力と同じような問題（自国の経済的利益を追求する手段としてのODA、あるいは、受け取り国政府による人権弾圧・軍事化・環境破壊などを考慮しないODA、など）をもつようだ。

とはいえ、国際協力を「平等互恵」なものに変えていく上で、「南南協力」の可能性を無視することはできない。

「南南協力」が、「経済成長重視の開発」というこれまで支配的だった国際協力モデルを受け継ぐのではなく、地域に伝わる知恵や環境の多様性を生かした開発、外部が押し付けてくる人びとの苦難を減らすような開発に変わっていくことを、当事者ではない私（たち）も応援できないだろうか。それこそが国際協力の課題であり、同時に大震災・津波・原発巨大事故を体験した日本社会の今後を考えるときの課題になるはずだ。


（第二節文責・越田清和）

三　ポスト「三・一一」の世界と平和構築

貧しい国の開発を援助し、戦争や紛争の絶えない世界に平和を構築する…。これまでずっと、これが繁栄を謳歌し、自由と平和を享受する欧米や日本などの先進諸国の使命、責任なのだと語られてきた。先に進んだ者が、後からやってくる者を助けてやる、という理屈である。「先進」と「後進」の定義や指標、「低開発」や「開発途上」という表現に隠れた西洋中心主義など、問題は古くからさまざま指摘されてきた。しかし平たく言えば、要するにそういうことになる。

五年前に出版した『国家・社会変革・NGO』は、このような「開発」や「平和構築」に潜んでいる政策上の矛盾と理念上の偽善を批判した。先に進んだ者は、自分たちが常に先に進み、自分たちだけが自由、繁栄、平和を享受できるようにルールを決め、それを後からやってくる者に強い、歩む力を奪ってきたからこそ、先に進むことができたのではないか？ 同書では、それまで多くの人が論じてきたそうした認識を継承しつつ、対テロ戦争と同時進行する「開発」や「平和構築」を国家や国連機関と「パートナーシップ」を組みながら行うNGOに焦点を当て、その具体的な活動・プロジェクトの問題性、限界を論じた。戦争に対する立場を明確にせずに、戦時下の「国際協力」「平和構築」「軍民協力」「NGO」論を主張するNGOや研究者が国際的に台頭する中、そうした時代的趨勢を〈市民社会とNGOの危機〉と捉えて、一石を投じようとしたのである。

あれから五年。状況はさほど変わっていない。いやむしろ、マイナスの方向に進んでいる。というのも、「リーマンショック」とその余震が世界中に広がる一方で、今度はその影響が逆津波となり、まだショックから立ち直っていない欧米諸国や日本に押し寄せ、第二派のショックとなってG8やG20と呼ばれる世界の主要国の土台、社会基盤を大きく揺さぶり始めているからである。中東・アラブ・イスラーム社会の「民主化」のうねり、「民主化支援」の名によるまた再びの軍事介入、そして日本を襲った「三・一一」の大激震——。米国やEUの人々にせよ日本の私たちにせよ、世界や他国の貧困をなくし、平和を構築する前に、まずは自分たちの国の貧困をなくし、税金を食う軍隊の海外派兵をやめさせ、平和を守らねばならない、そのような現実に直面するようになったのである。

財政緊縮と社会保障制度の解体的危機に瀕する中で、援助大国は軍事予算の削減を渋りながら、真っ先にＯＤＡ予算を切り捨てようとする。「ＯＤＡの戦略化」は、これまでのＯＤＡがはらんでいた問題をますます増幅させるだけになると思えるが、ＮＧＯはただ「予算を減らすな」と言うだけで良いのか。それではＮＧＯが「援助ビジネス」や「人道支援ビジネス」の肩棒を担ぐだけではないか…。『国家・社会変革・ＮＧＯ』から五年、グローバル経済・社会・政治すべてにわたる状況変化の中で、〈市民社会とＮＧＯの危機〉は思いもよらぬ形で深まってしまったのだ。

対テロ戦争時代の「開発」と「平和構築」を超える

対テロ戦争の勃発から一一年目を迎える今日、私たちは目的（「テロ対策」）は手段（武力行使）を正当化しないこと、また目的そのものが妥当性を喪失していることを、改めて議論する必要に迫られている。なぜなら、和解と和平なき目的の絶対化と、文字通りの国家テロまで行うという手段を選ばない戦争の永続化が、これに抵抗する武装闘争の永続化をもたらしてきたからである。そしてまた、本来、粘り強い当事者間の意思と努力、そして同じく粘り強い国際社会の原則的関与がありさえすれば解決できるはずのその他の紛争をも、対テロ戦争の永続化がその解決をより困難にしてきたからである。

対テロ戦争の国際的承認は、国家が「テロ対策」の名の下に、正当な要求を掲げて闘う民衆の運動に対して軍や武装警察を動員し、武力弾圧することを黙認し、放置するという国際的環境を生み出してきた。何でもかんでも「テロリスト」「イスラーム原理主義」のせいにすれば、どれだけ腐敗した抑圧的国家であれ軍隊であれ、何をやっても許されるかのように。イスラエルによるパレスチナに対する占領・入植政策、ガザへの武力攻撃然り、ロシアや中国による少数民族の運動に対する弾圧然り、開発や土地収奪を行うその他の国家による先住民族の抵抗運動に対する弾圧然りである。

私たちは何を誤ってきたのか？　対テロ戦争時代の「平和の構築」を語る外務省の主張を見ながら考えてみよう。

外務省の「平和の定着」「復興開発」論

「平和の構築」を「ODA重点政策」の一つとして位置づける外務省は、同省ホームページにある「紛争と開発」のサイトの冒頭、確信に満ちた様子でこう述べている。

平和と安定の持続（平和構築と読め）は開発の前提条件であり、国際社会の更なる繁栄及び国際的な開発目標の達成には不可欠です。（傍点は引用者。以下同）

私たちが「超え」なければならないのは、このような「開発」の目的であると同時にその手段でもあるような「平和構築」観である。平和構築を開発の「前提条件」と捉え、開発によって世界の「繁栄」を実現することが平和構築につながるという、意味がわかるようでわからない、その開発中心主義的発想である。外務省は続けて言う。

開発途上国における国内・地域紛争では、政治的対立に加え貧困が紛争の終結とその後の平和の定着を困難にしています。すなわち、腐敗や統治能力のない政府に対する不満が反対勢力の台頭を生み、また、十分な社会サービスを受けられず、収入も乏しい貧困層が反対勢力の兵員として取り込まれ、

> 国内紛争を助長する傾向があります。したがって、政治的和解だけでなく、ODAにより元兵員を含む多くの人々の生活を改善し、平和の恩恵を実感させることが、平和構築の進展のために重要な意義があります。
>
> こうした事情を踏まえて、予防や紛争下の緊急人道支援とともに、紛争の終結を促進するための支援から、日本は「平和の定着」と「国づくり」のための支援まで、紛争終結のための政治的プロセスとともに復興開発への支援に対して積極的に継ぎ目のない支援に取り組んできました。（http://www.mofa.go.jp/mofaj/gaiko/oda/bunya/conflict/index.html）

それとして意識しなければ、さらっと読み流してしまうような文章だが、ここに外務省的（ということは「国連的」でもあるのだが）な「平和構築」を超えなければ今後何十年たっても世界に平和は定着しない理由が潜んでいる。

紛争解決なき「復興開発」？

引用した「紛争と開発」の末尾にある「継ぎ目のない支援」という言葉に注目しよう。外務省はここで、「紛争予防」「緊急人道支援」「和解」「紛争終結（解決）」「復興開発」など、それぞれが固有の定義と課題を持ち、とても困難で長いプロセスをともなう概念すべてを一緒くたにして語っている。とりわけ問題なのは、「緊急人道支援」という、きわめて時限的かつ限定的であるべき活動から「継ぎ目」なく「復興開発」へと移行できるかのように外務省が論じている点である。

ある国・地域が「紛争下」にあるなら「復興開発」のプロセスは、あくまでその紛争を終結させてから始めるべきである。外務省が意識しているのはイラクやアフガニスタンなどでの「復興開発」「人道支援」であるが、「テロとのたたかい」も紛争の一形態であるのに変わりはなく、その例外であってはならないはずである。

一国に対する多国籍軍の武力攻撃が政権転覆と新政権樹立を目的として行われ、暫定政権の樹立と同時に武装勢力との内戦状況に突入したにもかかわらず、これを「国際社会」は内戦とも紛争とも捉えなかった。一方で新政権を支えながら他方で「テロリスト」集団を軍事的に殲滅する、つまり「国際社会」全体が軍事・非軍事両面にわたって一国の内戦に介入し続け、紛争の当事者になるという錯綜した事態を招いてしまったのである。もちろん、戦争当事国をかかえる国連安保理をはじめ、戦争に協力してきた国連機関も日本政府もそのようには考えない。そのような対テロ戦争の総括は、そもそもの初めからこの戦争は間違っていたという正論を認めることになってしまうからである。

武力紛争が難民や紛争の犠牲者を生みだすのは避けられず、だから紛争当事者とは別の、独立した組織や機関による「緊急人道支援」は必要だ、という言い方はできるかもしれない。しかし紛争下にある国や地域において、「緊急」の人道支援と同時平行的に「復興開発」を行うことや、人道支援の延長線上で「継ぎ目」なくその活動を「復興開発」に切り替えるという考え方は明らかに間違っている。このことが確認できるなら、まず紛争の犠牲者をも交えて当事者間で政治的に紛争を解決し、和解し、戦闘行為の中止と「復興開発」に向かう合意を図ることが平和構築の大原則である、という理解も共有できるはずである。

外務省が言う「開発途上国」の「紛争」地域で活動する国連機関やNGOは、この大原則に立とうとしない。しかしこの大原則を忘れてしまえば、すべてが無原則状態のまま、紛争がいたずらに長期化し、

「緊急人道支援」が慢性化するだけである。対テロ戦争の勃発以前から活動していたわけではない、勃発後に初めて「現地」入りし「緊急人道支援」を行ってきたNGOは、まさにこの「慢性化症候群」に陥ってきた。

いつ果てるとも知れない破壊と殺戮、再建と人道支援のくり返し。この「悪魔のサイクル」をいつか、どこかで断ち切らねばならない。国家がその意思を持たないなら、持たせるようにできるのは市民・社会運動とNGOだけではないだろうか。

NGOの責任

かつて国境なき医師団は、イラク戦争後の「復興人道支援」活動に触れ、国際法に則り米軍を占領軍と規定し、「イラクにおける人道支援の第一の責任主体は米国にある」と主張したことがある。内戦／紛争下のNGOの責任に照らして言えば、この国境なき医師団のスタンスの取り方はとても示唆深い。医師団はこのように主張することによって、また国家と国連機関からの資金フローに依存せず「自前」のプロジェクトを展開することによって、国家・国際機関からの医師団の独立性と自律性を内外にアピールしようとしたのである。

これに対し、とりわけ国家財政や国連財政から資金供与を受けて内戦／紛争下での活動に従事するNGOは、現場の被災者・難民ばかりでなく、自国の納税者や国際社会に対しても自らの活動およびその報告に責任を負うという自覚が必要である。では、NGOの責任とは何か。「活動」や「報告」と引きつけて問題提起しておきたい。

第一に、国家、国連、武装勢力を問わず、あらゆる形態の武力行使・戦闘行為およびそれらへの協力・

支援に反対し、あくまでも調停・交渉を通じた「紛争」＝内戦的事態の政治的解決を図る「アクター」の一翼を担うこと、そして恒久和平の実現を第一の目的とすること。無論、異論はさまざまあるだろうし、議論はもっと必要だろう。しかしこのことが、「テロとのたたかい」を含むどのような「紛争」に対しても、活動分野を問わずNGOが採用すべき行動原則であり、規範であるべきだと私たちは考えている。

第二に、内戦／紛争の責任当時諸国、武装勢力、国連機関、それぞれの紛争解決策が妥当かどうか、自組織の分析に基づき評価を下し、状況の改善・打開に向けて関係諸国や国連機関に提言し、その内容を公開すること。これはいわゆる活動の「インパクト」評価や財政報告などとは別のものであり、NGOの政治的独立性や中立性を担保する重要な活動である。たとえば、オックスファムはこうした観点に基づき比較的定期的にレポートを公表している国際NGOの一つであるが、ピース・ウィンズ・ジャパンを始めとしたジャパン・プラットフォームを含め、日本のNGOはこの点における責任意識が全体的にきわめて希薄であると言わざるをえない。「復興開発」「人道支援」を担うNGOの責任とは何か、その内実が厳しく問われている。

結語として――「NGO共和国」をつくらないために

誰が最初に言い出したのかはわからないが、「NGO共和国」という言葉がある。世界の「貧しい」国々に自然大災害や「紛争」が起こったときに、国連PKOや多国籍軍と一緒に世界中からNGOがやって来て、国家や地方の行政機構をバイパスし、直接その国の人々の「ケア」や「サービスデリバリー」を行うようになる、その様子を指した言葉である。

人々は自分たちが国に統治されているのか、それともブルーヘルメットを被った外国人の軍隊やNGOに統治されているのか、わからなくなってしまう。だから「NGO共和国」では、人々の不満や鬱憤はたいてい外国軍や国連やNGOに向うという特徴がある。「共和国」とまでは行かなくとも、「村」や「キャンプ」といったスケールなら世界にゴマンとある。

東日本大震災とその後の遅々として進まない復旧・復興支援に引き付けて考えてみると、「NGO共和国」がなぜつくられてしまうのか、理由の一端が浮かび上がってくる。

大震災では、自治体の市庁舎や役場が被災し、自治体行政が機能不全に陥り、被災した住民に対する必要な行政サービスを提供できなくなるという事態が随所にみられた。この状況をさらに悪化させたのが、「官僚主導」「前例主義」「縦割り行政」の病に冒された国の対応の遅れだった。このとき、本来国や自治体が責任をもって担うべき被災者支援、復旧・復興作業を、国が動かず自治体が動けない状況の中で担ったのが国内外のNGOとボランティアだった。

しかし、NGOは国や自治体に取って代わることはできないし、そうすべきでもない。私たちはそのことをごく当然のこととして考えている。なぜなら、国や自治体には、自然災害が起きたときに、まず被災者が出ないようにする事前の災害対策を整えておく行政責任があり、それでも被災者が出た場合には、国と自治体が共同で被災者支援と復旧・復興活動にあたる二重の行政責任があるからだ。そのために私たちは税金を国と自治体に対して払っているのである。

ところが、「NGO共和国」ではそうはいかない。この「共和国」ははるか昔、白人がやって来てからずっと貧しい。白人の次には日本人が来て、近頃では韓国人や中国人の顔も見える。人々は国が頼りにならないことを知っているし、自治体なんて「在って無きが如し」で、何をしているのかもわからない場合がほとんどだ。人々に言わせれば、国はここ一〇年や二〇年で破綻したのではなく、それ以前からずっとそうなのだ。白人がやって来た頃の名残が、今もあちらこちらに確認できる。これが「NGO共和国」の実像である。

「平和の構築」を掲げながら、「紛争予防から復興開発」まで、日本政府は白人の政府や軍隊と一緒になって「継ぎ目のない」支援を行うのだという。「文民」の「緊急人道支援」部隊がその核となり、できるだけ多くのNGOが「民軍協力」の「民」を担うことが期待されている。英語ではこの「部隊」を**civic force**と呼ぶらしい。けれども、それによっていま以上に「NGO共和国」や「村」が世界に構築されたとして、人々の暮らしが良くなったり、人々が幸せになったりするのだろうか？　「NGO共和国」ではなく、人々が自らを治める共和国や村をつくるにはどうすれば良いのだろう？

本書を読みながら、読者も一緒に考えていただければ幸いである。

（第三節文責・中野憲志）

第一部

ODAと国際協力

第1章 政官財ODAから地球市民による民際協力へ

村井吉敬

はじめに――期待外れの民主党政権のODA政策

二〇〇九年九月、戦後初めてともいえる本格的な政権交代がなされ、民主党政権が誕生した。民主党政権ならばODA政策に何らかの前向きな変革がなされるのではないかとの期待感がNGOの間では高まっていたように見えた。しかしながらその期待は今のところ大きく裏切られたようだ。

外務省は岡田克也外務大臣（当時）の指示によって、おそらく内部で検討が進められたODA改革の論議をまとめ、二〇一〇年六月に「開かれた国益の増進――世界の人々とともに生き、平和と繁栄をつくる」（ODAのあり方関する検討　最終とりまとめ、以下、「最終とりまとめ」と略す）なる文書を公表している。民主党政権下で初のODA政策の骨子とも言うべきものである。民主党は二〇〇九年六月に「民主党の政権政策 Manifesto」（いわゆるマニフェスト）を公表しているが、そこでODAについては「アフリカなど途上国支援を強化するため、国際機関やNGOと連携するとともに、ODAのあり方を見直し、質・量ともに強化します」と書かれただけで改革の中身については何も書かれていなかった。

この岡田外相（現在は松本剛明外相）下の「最終とりまとめ」が、検討が進められつつあると言われる新しい「ODA大綱」にどのように結実するかはまだ不明である。しかし「最終とりまとめ」を見て、改革を期待する多くのNGOや市民らは一様に失望したと推測される。なぜか。

それは、これまでのODA政策やその実績を大きな批判もなく網羅しただけでなく、「国益」を全面に押し立て、「持続的な経済成長の後押し」「民間企業との連携」を堂々と謳いあげていることにある。自民党政権末期にかなり露骨な、国益主義と、企業との連携（事実上は日本企業がODAプロジェクトに参与できやすくする）が叫ばれていたが、ほとんどこれを踏襲しているに過ぎない。重点分野として、成長の後押し以外に、貧困削減（ミレニアム開発目標［MDGs］（本書第5章参照）達成への貢献）や平和への投資を盛り込んでいるが、MDGsはともかくとして「平和への投資」とは何なのだろうか。オール・ジャパン（官民の「人」「知恵」「資金」「技術」）が強調されていることを見ると、「ODAナショナリズム」の鼓舞のようにしか見えない。

いまどき成長主義を平然と謳うなどということがあっていいのだろうか。ローマクラブが資源面などから地球の有限性を強調し「成長の限界」を訴えたのは、いまから四〇年も前の一九七二年のことである。その年に国連は「国連人間環境会議」（ストックホルム会議）を開催し、それは九二年の「環境と開発に関する国際連合会議」（UNCED、通称・地球サミット、リオ・サミット）、二〇〇二年の「持続可能な開発に関する世界首脳会議」（通称・環境開発サミット、ヨハネスブルク・サミット）と続く。一方で「気候変動に関する国際連合枠組み条約」は上記地球サミットで採択され、九四年三月に発効している。途上国にはまだ成長主義を訴える国があるにしても、日本のような国が成長主義に回帰するなどということは普通のことではない。

日本の得意としてきたインフラ建設を強調し、なおかつ日本企業に受注させやすくするという方針がどこから出てきたのだろうか。こうした流れの中で、国際協力機構（ＪＩＣＡ）は、これまで廃止されていた「海外投融資」を二〇一一年度から再開している。あまりに露骨な企業利益誘導とＯＤＡの連結ゆえに、さんざん批判されていた海外投融資の復活とはどこから出された政策なのか。

この「最終とりまとめ」を民主党の岡田氏が主導していたのは事実だろう。あるいは岡田氏に代わって外相に就任した前原誠司氏の外交演説（二〇一一年一月二四日）でも、「オール・ジャパン」が強調され、ＯＤＡによる資源・エネルギー・食料確保が謳われ、さらにインフラの海外展開のためのＯＤＡ活用、そしてＪＩＣＡによる海外投融資再開を述べているところを見ると、民主党のＯＤＡ政策は本当にこのようなものだと思わざるを得ない。

しかしあまりの短期に「最終とりまとめ」が提出され、肉付けが進みつつあることを考えると、これは民主党だけの「仕業」でなく、「官」がそれなりに方向性をもって準備してきて、財界も後押しして、それを民主党に仕掛けていると考えたほうが妥当かもしれない。ともかくも政権交代はＯＤＡに新風を吹き込むことはほとんどなく、むしろ露骨な日本企業擁護と先祖帰りのような成長主義、インフラ強調になっていることをまず指摘しておきたい。

一　ODAのアメリカ呪縛

日本のODA五〇周年にあわせて、わたしたちは一冊の本を企画し刊行した（村井編、二〇〇六）。その中でわたしは日本のODAを次のように時期区分した（同上、三二頁）。

①前走期――賠償と並走（一九五四〜六八年）
②経済益追求期（一九六九〜七七年）
③ODA高度成長期（一九七八〜九一年）
④冷戦終結と新たなODAの模索（一九九一〜二〇〇一年）
⑤新ナショナリズム時代（二〇〇一年〜）

日本でODAが実施され始めた初期（上記時期区分では①②の時期）にODAのおよその性格が決定されたとみることができる。

その性格とは、
（1）アメリカの（アジア）冷戦戦略への追随、
（2）アジア重視、
（3）とくに賠償との絡みで汚職・腐敗の構造を被援助国で形成、それはODAに継承、
（4）一九七〇年代までは、賠償とセットになって日本経済の成長、とりわけ資源確保、企業の海外

進出、市場確保の道具としての位置づけが濃厚、

（5）前項（4）と関連して、この時期、大型の経済インフラ建設（ダム、港湾、道路など）や資源開発プロジェクトを重視、

である。

アメリカありきのODAであり、日本の経済利益追求の手段としてのODAである。何よりも明確な原則というべきものは、はじめに「アメリカありき」、つまりアメリカの世界戦略に日本のODAは常に引きずられてきた、あるいはアメリカを配慮しつつ日本のODAは決められてきたと言うことである。日本の外交の基本が「日米同盟」である以上、外交の一環であるODAも当然その枠内で行われるべきだとの論理は成り立つだろう。しかし、日米同盟の根幹は安保条約（日本国とアメリカ合衆国との間の安全保障条約）で、それがODA政策を縛る必要は、そもそもない。ODAの本来の目的をはき違えているとすら言える。にもかかわらずODAもアメリカの土俵で決められてきたと言えよう。

近年の事例で言えばイラク支援がある。イラクに対する日本のODA実績を見ると、二〇〇二年度までは無償資金協力がほんのわずかだけ支給されていた（年に二万ドル程度の年が多い）。ほとんど援助対象国ですらなかったと言える。しかしアメリカが対イラク戦争を開始した二〇〇三年以降、対イラク援助が急増する。政府貸付（借款）はなく、すべてが贈与（無償資金協力と技術協力）である。その額は、二〇〇三年度三一三万ドル、二〇〇四年度六億六二〇〇万ドル、二〇〇五年度三五億三〇〇〇万ドル、二〇〇六年度七億八〇〇〇万ドル、二〇〇七年度八億五九〇〇万ドル、二〇〇八年度一七億五五〇〇万ドルとなっている（外務省『政府開発援助白書』より）。ほとんどゼロだった援助額が、アメリカの戦争開始後に一挙に増え、二〇〇五年には三五億ドルにもなっている。その年のODA拠出総額は約一三三億ドル、

贈与は九三億ドルだったから、対イラクだけで総援助額の二七%、贈与の三八%にもなっている。

二〇〇四〜二〇〇五年の贈与の主な内訳をみると、緊急無償（南北基幹通信網整備計画）七二億円、緊急無償（サマーワ大型発電所建設計画）一二七億円、緊急無償（救急車整備計画）五八億円、緊急無償（移動式変電設備整備計画）七九億円、緊急無償（タジ・ガスタービン発電所復旧計画）七三億円、緊急無償（バグダット市浄水設備整備計画）六一億円などとなっている。

アメリカは、イラクには大量破壊兵器が存在し、アルカーイダとの協力関係があるとの不確かな理由で開戦した。小泉政権はそれを無条件に支持した。それがODA政策に反映され、一九九〇年代を通じてほとんど支援のなかった国に大量なODAが急きょ投じられたのである。戦争をして、施設が破壊され、その施設を復旧する緊急無償とは何なのか？　これがODAであるなら戦争をすればいいことになりはしないか。

アジア外交で名を残すことになった福田赳夫元首相の後に登場した大平首相（当時）は、経済益中心の外交から政治大国としての外交に転換することを訴え、総合安全保障政策を提唱していたが志半ばで病死した。福田や大平の意図は、皮肉なことに、中曽根＝レーガンの新冷戦体制に巻き込まれていった。カンボジアへのベトナム軍侵攻およびポルポト政権崩壊（一九七九年一月）、中越軍事衝突（同年二〜三月）、膨大な数の難民流出などの事態を受け東南アジア諸国連合（ASEAN）は緊張した。ゆるやかな経済協力の機構以上に、ASEANには、対ベトナム、対ソ連（この年一二月ソ連はアフガニスタンに侵攻）の政治的役割がのしかかるようになる。中曽根は、福田や大平の意図を飛び越えて「戦略援助」に踏み込んでゆく。やや粗雑な言い方かもしれないが、福田、大平は政治的役割の中にアジアとの平和共存戦略が見え隠れするが、中曽根の場合にはより露骨な対米協調（冷戦志向）と、大国ナショナリズムが潜んでいると言えよう。いわゆる紛争周辺国援助（戦略援助）がタイにつぎ込まれた（パキスタン、トルコ、ホンジュラスへの援助も戦略的と言える。パキスタンはアフガニスタンの容共化の前線、トルコは中東の親米国、そしてホンジュラスは、アメリカが共産主義と疑ったサンディニスタ政権の成立したニカラグアの隣国であって、サンディニスタに反対するコントラ［反サンディニスタ・親米の民兵］勢力の基地であった）。フィリピン北部に達するシーレーン防衛計画も本格化していく。シーレーンというのは、日本経済にとって枢要と考えられる日本周辺の海上交易路を軍事的に守る構想で、一九八二年頃から外洋に伸びるシーレーン一〇〇〇海里防衛構想を策定し、中曽根首相（当時）はそれを具体化しようとしていた。

アジアの強権的な反共独裁体制国家へのＯＤＡによる肩入れも目立った。中曽根政権（一九八二年）はレーガン政権（八一年）、全斗煥政権（八〇年）など新冷戦時代の反共政権と協調したＯＤＡ政策を実施する。韓国に対しては、一九八三年一月の中曽根首相訪韓時に約束された対韓四〇億ドル援助がある。これは「安保絡み援助」と言われた。韓国では「安保経協」と呼ばれた。北朝鮮は脅威だ、日本の繁栄は韓国の防衛努力のおかげ、韓国の戦力増強五カ年計画に日本は政府借款六〇億ドルをもって協力するのは当然の義務である、これが韓国側の言い分であった。これは軍事援助そのもの、しかも韓国は一人当たりＧＮＰ一五〇〇ドルを超す「中進国」、さすがに日本政府も困り果てた。しかし結局は中曽根訪韓時に、七年間四〇億ドル借款ということでけりがつけられた。安保絡みというのは中曽根・全斗煥の共同記者会見で否定されたが、ＯＤＡによって「浮いた」カネが軍事に使われても日本政府は文句を言える筋合いではないのである。この対韓借款で、「陝川多目的ダム建設事業」（二〇四億円）、「教育施設拡充事業」（一五二億円）などさまざまなＯＤＡプロジェクトが実施され、それらは全斗煥政権の大規模な汚職の一部をなしていたと推定されるが、実証がなされているわけではない。
スハルト政権は一九七五年に東ティモールに軍事侵攻、七六年に同地をインドネシア領土に併合するという、サダム・フセインがのちにやったようなことをやる。しかしこのときは、アメリカも日本もスハルト政権への肩入れを止めようとはしなかった。

戦後の東西冷戦体制の崩壊はODAのあり方に大変革をもたらすことになった。敵対してきた東側がなくなってしまった。これまで、アメリカはきわめて戦略的に自陣営（西側陣営）に味方を増やすための援助（軍事援助を含む）をしてきたが、現在は核など大量破壊兵器の脅威のある国への威嚇政策、および自国資源確保政策を根幹にした一極支配体制を狙っている。日本の対イラク援助にそれが反映されている。

アメリカの世界戦略あるいはかつてのような冷戦政策にODAが引きずられることは、ODA本来の目的である貧窮者の救済から逸脱することになる。外務省も国際協力機構（JICA）も、あるいは多くの日本のNGOも、ODAのアメリカ戦略への「巻き込まれ」については問題視してこなかった。日米同盟のあり方を含め、今後の議論が求められていると思われる。

二　日本ODAの原点――経済権益の確保

次に指摘しておくべき日本のODAの特徴は、日本の経済権益重視ということにある。ODAが外交の一環であり、国民のカネから出されている以上、援助も国益のためとの考えは不思議なものではない。しかしその国益なるものは経済権益に限られるものではないだろうし、ましてや日本企業優遇というものではないだろう。

　かつて外務省経済協力局長で、その後ユネスコ事務局長を務めた松浦晃一郎氏は「援助というのはやはり出発点は人道的考慮であって、国内では戦後福祉社会が定着してまいりましたが、国際的な規模で福祉を実施していく必要性が出てきており、それがまさに援助だと思うのです」（松浦晃一郎『援助外交の最前線で考えたこと』国際協力推進協会、一九九〇、一六頁）と述べ、また「人道的考慮」とは、一九九二年六月に閣議決定された「政府開発援助大綱」でも「世界の大多数を占める開発途上国においては、今なお多数の人々が飢餓と貧困に苦しんでおり、国際社会は、人道的見地からこれを看過することはできない」と述べている。日本政府の公的な立場として、ＯＤＡは地球福祉主義という理想主義を掲げてきたことは事実である。だが、この理想主義は現実ではなかった。理想の前に日本の経済権益重視の姿勢が露骨に見られた。とりわけ日本経済がまだ貧しかった一九五〇～六〇年代にはそれが顕著だった。

日本の賠償でつくられたゴワ製紙工場（インドネシア・南スラウェシ）。今は廃墟になっている。

　経済権益重視の姿勢は、実は賠償によって先鞭をつけられたのである。一つだけ事例を挙げておこう。東日貿易という小さな商社のジャカルタ駐在員だった桐島正也氏がＮＨＫのテレビ番組で証言している（ＮＨＫスペシャル「シリーズ戦後五〇年　そのとき日本は　プロローグ　アジアが見つめた〝奇跡の大国〟」一九九五年一月二日放映）。東日貿易は賠償案件としてジャカルタの独立記念塔やサリナ・デパートを受注している商社である。当時、スカルノ大統領にコミッション（手数料）を支払うのは「当然」であったようだ。それは受注額の一〇％で、サリナ・デパートの場合受注額一一〇〇万ドルに対し一〇〇万ドルが支払われたという。

東日貿易と受注競争を繰り広げていた木下商店の場合には、中古船一〇隻のうち九隻を受注し、この支払いのキックバックとして当時の岸信介首相に汚職疑惑が持ち上がったのは周知のことで、国会でも追及されたが岸は「何らやましいことはございません」と疑惑を否定している。ＯＤＡ案件の受注についても同様なことが行われただろうとは容易に想像がつくことである。

桐島氏は、日本はこうした賠償を通じて「アジア市場を確保することができた」と述べている。政官業癒着の賠償とＯＤＡの中で日本経済のアジア進出が容易になったと言える。そしてＯＤＡと汚職腐敗がつきもののように進められたのである。

日本のＯＤＡは、一九七〇年代までは、賠償とセットになって日本経済の成長、とりわけ資源確保、企業の海外進出、市場確保の道具としての位置づけが濃厚であった。外務省の小冊子『ＯＤＡ五〇年の成果と歩み』の中でも、「一九五八年、日本はインドに対して最初の円借款の供与を行い、これにより本格的な経済協力を開始しました。これは、賠償という戦後処理の問題とは関係なく行われ、日本が譲許的な条件での資金協力を開始したという意味で画期的な意義を持つものでした。当時、日本の経済にとって輸出振興は最重要課題でしたが、タイド［ひも付き］の有償資金の供与は日本の輸出促進という効果もあり、一九六〇年代を通じて積極的に供与されることとなりました」（傍点は引用者）と述べられている。

一九六〇年代から七〇年代、大型の経済インフラ建設（ダム、港湾、道路など）や、もっと直截な資源開発プロジェクトが目につく。インドネシアのアサハン開発事業（六三三億円の借款）、石油開発計画・石油開発借款（計六二〇億円）、液化天然ガス（LNG）開発（五六〇億円）などは明らかに日本のための資源開発ODAであった。石油やLNGはほとんどすべてを海外に依存しているため、民間資金でなくODAとして開発し、それを輸入できるようになるのである。アサハン開発は、水力発電を行い、その電力でアルミ精錬をする事業で、電力コストの高騰とアルミニウム公害に悩まされていた日本にとっては、やはりODAを利用して業界の利益を確保したプロジェクトと言えよう。また大型インフラ建設は、受け取り国の経済開発であるとともに、日本にとっても商品市場の確保につながる効果をもたらした。外務省より通産省（当時）や大蔵省（当時）、さらには日本の財界、それと癒着した自民党有力政治家がODAを切り盛りし、日本経済の活力源としてきたのである。

対米協調の基本姿勢は変わらないにしても、一九七〇年代初頭にはアメリカの経済力衰退が明らかになり、アメリカはベトナム戦争の「ベトナム化」をはかるとともに、七三年一月にはベトナム和平協定が成立し、米軍は撤退をしていった。アメリカの軍事力の「余白」を埋めていったのが日本資本であった。六〇年代末、貿易黒字国に転じた日本は貿易、投資、援助（政府開発援助＝ODA）の「三点セット」を武器に、受け入れ態勢の整ったASEAN諸国に怒濤のごとく進出したのである。まさに賠償から商売への転換であった。海外進出であり、そのパートナーが朴正熙（韓国）、マルコス（フィリピン）、スハルト（インドネシア）に象徴される開発独裁政権であった。

しかし、一九七二～七四年、東南アジアでは日本の集中豪雨とも言えるような投資ラッシュの中で、にわかに反日運動が盛り上がり、その間に第一次石油ショックが日本を襲った。その反日ショックやベトナム統一などもあって、日本のアジアへの関わりには、やや慎重で自制的な姿勢が見られた。昨今の反中国的な姿勢とはまだ異なる雰囲気が日本にはあった。

一九七七年八月に東南アジアを訪問した福田赳夫首相（当時）は、（一）軍事大国化しない、（二）心と心の触れ合う相互信頼関係を築く、（三）対等な協力者としてＡＳＥＡＮと協力する、を骨子としたいわゆる福田ドクトリンを発表した。クアラ・ルンプルでの日本＝ＡＳＥＡＮ共同声明では、ＡＳＥＡＮ工業化プロジェクトに一〇億ドルの拠出が約束された。同時にインドシナとの共存をはかることも確認された。

この福田首相の対東南アジア政策あたりが、ＯＤＡの露骨な経済権益路線からの転換期であったと位置づけることが可能である。日本の経済大国化にともない、ＯＤＡも「大国化」の方向への転換がある。上に掲げた③ＯＤＡ高度成長期（一九七八〜九一年）と④冷戦終結と新たなＯＤＡの模索（一九九一〜二〇〇一年）の時期に入ったのである。

国内的には、ＯＤＡ四指針を一九九一年に出し、翌九二年には「ＯＤＡ大綱」を制定するにいたった（これは閣議決定で法的な実効性はない）。外務省は「湾岸戦争は、被援助国の民主化や人権、軍事政策といった問題とＯＤＡとの関係を見直す契機となりました」（傍点は引用者）と述べ、それがＯＤＡ四指針につながったとしている。そしてＯＤＡ大綱では、右のＯＤＡ四指針をベースにして「日本のＯＤＡの歴史、実績、経験、教訓などを踏まえた上で、国際的な援助潮流とともに、日本の独自性と積極性をもって定められた援助の基本理念として、従来の（1）人道的考慮、（2）相互依存関係の認識に加え、（3）環境の保全、（4）開発途上国の離陸に向けての自助努力の支援、の四点を掲げました。また、重点地域としてアジアが、重点項目としては環境問題をはじめとする全地球的課題への対応などが取り上げられています。相手国との政策対話の強化や女性や子どもなど社会的弱者への配慮、貧富の差の是正、不正・腐敗の防止、情報公開の促進なども明示されました」としている。

批判のあった理念のなさ、民主主義や人権への配慮のなさ、経済開発重視などに一応は応える形になっている。しかしながら、ＯＤＡ大綱が出てきた背景には、社会主義陣営の崩壊と自由市場経済への移行および「テロ国家」（その頃あった言葉ではない）を生み出さないというグローバル時代への指針があり、背後にアメリカの影があったと思われる。というのは、アメリカは、軍事大国化する国家あるいは核兵器を保有する国家の台頭を恐れ、それらの国家を支援できない体制をつくりたかったため、日本のＯＤＡにもそのような要請をしていたと推測される。「サダム・フセイン潰し」に躍起となったアメリカの意思にそれは反映されている。

「環境の保全」については、とりわけ九二年の地球サミットに参加して以来、日本のＯＤＡの中心課題の一つに位置づけられ、環境関連予算も増えていった。国際協力事業団（ＪＩＣＡ、現・国際協力機構）、国際協力銀行（ＪＢＩＣ、円借款部門は現・ＪＩＣＡに統合）とも、環境ガイドラインを制定しており、従来型の環境を二の次にした成長優位の開発には手を染めにくくなっていることは事実である。

高度成長を誇ってきたアジア経済は一九九七年に通貨・金融危機に陥り、グローバル経済の大奔流のすさまじさを見せつけた。日本は財政難から、聖域とされたＯＤＡも二〇〇一年以降減額が強いられるようになり、拡大とさまざまな国際的配慮の余裕をなくしつつあり、そのような中で民主党政権が誕生したのである。

三　官のＯＤＡイデオロギー

冒頭で触れたように、民主党政権になればＯＤＡ政策が大きく改革されるのではないかとの期待は裏切られつつある。むしろ「後退」とすら言える。なぜか？　さまざまな理由があるだろう。そもそも民主党の主要政治家のイデオロギーがきわめて新自由主義的であったのかもしれない。だから成長主義を掲げ、日本企業優遇策をとっているのかもしれない。また、近年、海外進出で苦戦を強いられている財界により、大きな巻き返しが図られているのかもしれない。そしてもう一つ見逃せないのは、「官」（ODA官僚、とくに外務官僚）の、言ってみれば政権を越えた「一貫性」というべきものもあるのかもしれない。

鳩山政権が成立して半年以上が過ぎた二〇一〇年四月一二日、共同通信が流した記事に少しびっくりした。「国際協力局長らを厳重注意　岡田外相、ODA評価兼職問題」と題するその記事は次のようなものだった。

「岡田克也外相は、政府開発援助（ODA）の効率的実施に向けた外務省発注の調査事業をめぐり、同省の「ODA評価有識者会議」座長の大学教授が、評価対象の財団法人理事を兼職していた問題で「長年にわたり状況を放置した」として佐渡島志郎国際協力局長ら五人を口頭で厳重注意した」。

座長とは牟田博光・東京工業大副学長のことで、同氏は財団法人国際開発センターの理事をしており、その財団法人が調査事業を受注していたというのである。評価する側が、同時にされる側の役員だったとはあきれた話だが、それ以上にびっくりしたのは、佐渡島氏が国際協力局長だったということで、わたしはうかつにもそのことを知らなかった。佐渡島氏が「ODA評価有識者会議」の座長を自ら選んだかどうかわからない。おそらく「厳重注意」という処分は立場上のものだろう。この処分で佐渡島氏も外務省そのものも傷ついたことはないだろう。官にとって厳重注意というようなレベルの処分は政策に何ら影響を与えるものではないのである。

ともかく、わたしがびっくりしたのは佐渡島氏がいまやODAを官の側で取り仕切る立場にある外務省国際協力局長の地位にあったことである。日本では、政権も閣僚も代わるが官僚は代わらない。二〇年ほど前、わたしは佐渡島氏をある雑誌で批判したことがある。彼はインドネシアのコトパンジャン・ダム裁判で「加害公務員目録」（二〇〇三年一〇月九日、第三回口頭弁論　原告準備書面三）にも載っている人物だが、コトパンジャン・ダム被害者住民を支援する会のホームページ（http://www.kotopan.jp）には、「［佐渡島氏は］雑誌『世界』［一九九一年一二月号］に「外務省見解」としてコトパンジャン・ダム建設融資を正当化する論文を掲載し、本件に関する日本政府の政策判断を誤らせた。この論文の内容には、数多くの虚偽的記述が見られる」とある。

コトパンジャン・ダムで移転を強いられた住民は日本政府を訴えた（2000年9月）。

わたしの佐渡島氏への批判はこの論文に対する反論であった（『世界』一九九二年六月号、三一五～三二四頁）。反論への応答はなかったが、おそらくわたしの反論で佐渡島氏の意見が変わったとは思えない。雑誌に寄せた佐渡島氏の主な論点は以下のとおりである。

①「我が国の援助は、「人道的配慮」と「相互依存関係の認識」の二大理念に基づき実施されている。前者は、開発途上国の人々が劣悪な生活環境の中で、飢えや貧困に苦しむのを救おうとするものであり、その考え方に疑問の余地は少ないと思われる」（前掲『世界』一九九一年一二月号、三五九頁）。

②「我が国の高い海外への依存度に思いをいたせば、我が国の

今後の経済発展を確保するために、開発途上国の経済発展と民生向上の努力を支援し、友好関係を促進する相互依存関係の認識が必要となる」（同上）。

③「我が国にとり、インドネシアは海運上重要な地域に位置する国として、また、石油・ガス等の天然資源供給国、及び主要な投資先として、あるいはＡＳＥＡＮの中枢国として政治・経済的に極めて重要な国となっている」（同上）。

④「かかる方向性［市場経済原理を導入し、生産意欲を刺激し、所得レベルの底あげを図ろうとする構造調整支援政策のこと］は、基本的に我が国の経済成長と軌を一にする。物質的に豊かになり、便利な生活を確保した我が国に住んで、インドネシアをはじめとする途上国にこうした方向性を経済開発優先主義であるとして誤りというのは簡単である。しかし、経済的に豊かになろうとする開発途上国にとっては、こうした意見は身勝手以外の何物でもない」（同上、三六一〜三六二頁）。

⑤「途上国の開発問題は、経済・社会インフラの欠如や資金の不足もさることながら、基本的には技術・社会規範・価値観を含む広義の人的問題である。人的な問題を解決するのは容易ではない。歴史的、社会的、文化的な背景に密接に根差した人的な問題を解決するには、人間として基本的な生活が送れるニーズが充たされると同時に、教育、就業等の機会が必要になる」（同上、三六一頁）。

二〇年前の論考だから、そこには「紛争予防」とか「平和構築」などの見解は述べられていない。またＭＤＧｓの視点もない。だが、ここには日本のＯＤＡのイデオロギーとも言うべき、相互依存主義、人道的配慮、天然資源や投資先としての志向性、経済成長主義あるいは新自由主義への傾斜（当時は構造調整という言葉であった）、インフラ建設優先主義が貫かれている。二〇年前も今も、実はＯＤＡイデオロギー自体に大きな変更はないと言える（もちろん時代や国際社会の要請する環境配慮、ジェンダー、ＭＤＧs、平和構築など、今日においては新たに配慮すべき項目もあれば、地域的にはアジアだけでなくアフリカ重視も加わってきたが）。

日本のＯＤＡ原則には次の三つの「願望」が含まれていると言えるだろう。まず第一に、根源は日本モデル（インフラへの大規模投資によって高度経済成長を成し遂げた経験）を疑うことなく、それをＯＤＡの基本軸に据えていたい。第二に、天然資源賦存地、投資先として魅力ある国を優先したい。第三に、財界の意向を尊重し、ＯＤＡをなるべく日本企業に受注させたい。

おそらくこれらの原則が官僚の頭の中にはインプットされているのではないだろうか。そして、そのもっと根源にはアメリカへの配慮があるに違いない。もっとも、以上のようなＯＤＡイデオロギーはそれほど驚くようなものではない。官僚が「日本株式会社」を支えてきたことは事実だろうし、それを巨額な財政投融資で賄ってきたことは明治維新後の国家建設の中で実証済みだと彼ら自身が確信しているだろうから。だが佐渡島氏の主張でいちばん引っかかるのは⑤に挙げた途上国の人間に対しての見方にある。

佐渡島氏は言う。

「しかし、多くの途上国においては、経済政策を進めようにも人的な問題が隘路になって経済発展が阻害されるという、大きなジレンマが存在する。これが「南北問題」の最大の課題であり、援助によっては簡単には解決できない最大の要素である」（同上、三六一頁）。

わたしはこの部分に次のような考えを述べた。

「ここで、述べられている「人的な問題」は必ずしもはっきりしているわけではない。［…］しかしあえて言わせていただければ、要するに途上国の人間は経済発展・経済開発に適合しないような人間だということではないだろうか。佐渡島氏は外交官だから、このような単刀直入な用語は避けられているが、言わんとするところはそのようなものであろう。私も佐渡島氏と同様、途上国に限らず、人はそれぞれの地域（国家の場合もある）で、それぞれの歴史、社会、文化の背景を担った多様な存在であると思っている。ただ、このような多様な人間のありようが、経済発展を阻害し、南北問題を解決しにくくしている「最大の課題」だとは必ずしも思っていない。もし「人的な問題」が「最大の課題」だとしたら、経済成長・開発を支えるような社会規範や価値観を創出することが最も「効率的な援助」になってしまうのではないだろうか。そのような日本の援助を正面から受け入れる人びとがたくさんいるとは私には思えない」（前掲『世界』一九九二年六月号、三二一頁）。

途上国は「遅れている」、そこの人間は経済発展に適合せず「劣っている」、と援助担当者が思っているとしたら、そこから生まれる援助イデオロギーはかなり偏ったものにならざるを得ないのではないだろうか。

佐渡島氏はキャリアから見れば優れた外務官僚である。国際協力局長以前には、経済協力局政策課首席事務官、在香港日本副領事、アジア局中国課長、在米国日本大使館一等書記官、外務省経済協力局参事官、外務省大臣官房審議官、外務省アジア大洋州局審議官、独立行政法人国際協力機構（ＪＩＣＡ）理事などを歴任してきている。経済協力畑のキャリア外交官である。その出自だけで人を判断することはもちろんできない。しかし日本の優秀なキャリア官僚が見ている世界と、第三世界の各地域で地を這うように活動しているＮＧＯの人々が見ている世界とは、かなりの違いがあるだろう。前者には、劣った人を導き、助けてあげるのがＯＤＡだと考えているところが根源にはある。そう思うと慄然とせざるを得ない。

佐渡島氏の前の経済協力局長は、やはりキャリア官僚の古田肇氏だった。ＯＤＡ五〇周年を特集した『外交フォーラム』（二〇〇四年一〇月号）に同氏は、「外交戦略としての経済協力―日本のＯＤＡは何を目指しているのか」なる一文を寄せている。それは、先に紹介した「最終とりまとめ」とも重なる一貫した内容となっている。部分抜粋をしてみる。

「今後ともこの地域［アジア］に民主的な統治制度や先進的経済システムを根付かせ開発を支援するため、ＯＤＡを通じこの地域の諸国を支援し、連携を強化していくことは、わが国の優先的政策となろう」。「ＯＤＡの成果が最大限発現するためには、政府全体として一体性と一貫性をもってＯＤＡを効率的・効果的に実施することが不可欠である」。「言うまでもなく、わが国は、グローバリゼーションの進展による相互依存関係の深化の恩恵を享受し、資源・エネルギー、食糧などを海外からの輸入に大きく依存している。また、多くの日本企業が海外に進出し、国際貿易により利益を得ている。ＯＤＡを通じて途上国の安定と発展に貢献することは、日本が国際社会の中で名誉ある一員としてその地位を維持する上で、同時に、日本の安全と繁栄を確保し、国民の利益を増進する上で、不可欠の投資でもある」。

政権が民主党だろうが自民党だろうが、外務官僚のＯＤＡイデオロギーの「一貫性」によって大よそのＯＤＡが決められてきたことに、わたしたちはもっと関心を払う必要があるだろう。

四　オール・ジャパンでいいのか――ＮＧＯの立ち位置

冒頭に紹介した民主党政権下でのＯＤＡ指針とも言うべき「最終とりまとめ」には、開発協力の理念の実現に向けてこう書かれている。「国際社会が直面する新たな課題に対応してこの理念を実現するためには、ODAのみならず、官民の「人」、「知恵」、「資金」、「技術」を全て結集した「オール・ジャパン」の体制で開発協力に取り組む必要がある」。そして「オール・ジャパンの取組」については、「官民が一体となったオール・ジャパンの取組を進めるため、関係省庁やJICA以外の政府等関係機関（国際交流基金、JBIC、日本貿易振興会［JETRO］等）が行う活動との相乗効果を促進する取組や、途上国の現地において大使館を拠点としたこれら政府等関係機関や日本企業、NGO等との連携を進める」としている。

オール・ジャパンについては前原外務大臣（当時）もその外交演説（二〇一一年一月二四日）の中で次のように述べている。

「第二の柱である資源・エネルギー・食料の安定供給の確保のため、在外公館を通じた情報等の集約に一層努めるとともに、要人往来やODA等の外交ツールを活用し、オール・ジャパンとして戦略的に各国との連携を強化していきます」。

「これらの政府の取組に加え、地方自治体やNPO、市民の皆様との連携を強化し、オール・ジャパンで外交を推進します。世界各地で活躍する多くの日本人及び海外に進出する日本企業が力を発揮できるよう環境作りに努めるとともに、適切に支援し、日本の国力向上につなげます」。

いったいオール・ジャパンとは何なのだろうか。政府の説明では「官民の「人」、「知恵」、「資金」、「技術」を全て結集」すること、「地方自治体やNPO、市民の皆様との連携を強化」することがオール・ジャパンであるらしい。だが、政府は、すべてのNPOやNGOがそこに組み込まれることを望んでいるとでも思っているのだろうか。NGOはそもそも官とは離れた独自の存在であるはずだ。何か誤解があるのではないか、あるいは無理があるのではないか。しかし、二〇〇三年に「新ODA大綱」が発表されたあたりから、ＯＤＡの理念の中に排外的ナショナリズムが入り始めたことを考えると、民主党のＯＤＡ政策もその流れの中に組み込まれているのではないかと疑わざるを得ない。わたしがＯＤＡの時期区分の最後に、「⑤新ナショナリズム時代（二〇〇一年〜）」を加えたのはそのためである。

新ＯＤＡ大綱が発表される前の二〇〇二年三月二九日、第二次ＯＤＡ改革懇談会（外相私的懇談会）の最終報告書が渡辺利夫座長（拓殖大学学長）から川口外務大臣（当時）に提出された。その中味には露骨とも言えるナショナリズムが吐露されていた。

「アフガニスタン復興支援にあらわれているように、困窮する国々、貧困に苦しむ人々を助けたいという日本人の心は薄らいでいない。国民参加のＯＤＡは、そうした日本人の心を大切にする。国民各層、各分野に潜在する知力と活力を掘り起こし、これをＯＤＡ政策に反映させる仕組みづくりに努めねばならない」。「日本人は新しい生き方を模索している。青年海外協力隊への若者たちの積極的な参加がその一例である。派遣の二年間に人生の価値を見い出したいと考えている若者が多い。貧しい国々の開発事業への参加に新しい生き甲斐を求めるシニアな人材も少なくない」。

こうしたナショナルな心情を受けての新ＯＤＡ大綱である。それは、排外的ナショナリズムと国際協調主義が相乗りした不可解な大綱と言える。世界情勢が大きく変化し、日本の財政事情も困難になったので大綱を見直そうというのである。情勢変化の最も大事な点は九・一一アメリカ同時多発テロによるものだという。たしかに大規模テロが起きている。しかし何でもかんでもテロと言えるのか。アメリカにとって深刻なテロであったにしても、ほかの地域の人々がそれだけを変化の基準にできるのだろうか。もう一点の財政逼迫は事実であるから、これに対しては、日本が苦しいのになぜＯＤＡなのだ、という当然の疑問に理屈をつけ加えねばならない。それが大綱見直しの底流である。

どう見直したのか。基本理念だけを紹介する。

「我が国ODAの目的は、国際社会の平和と発展に貢献し、これを通じて我が国の安全と繁栄の確保に資することである」。「最近、多発する紛争やテロは深刻の度を高めており、これらを予防し、平和を構築するとともに、民主化や人権の保障を促進し、個々の人間の尊厳を守ることは、国際社会の安定と発展にとっても益々重要な課題となっている」。

この二点が肝要である。一つは、ODAは日本の安全と繁栄に貢献するという立場である。これを盛り込まないと納得できない「国益派」（排外的ナショナリズム）が著しく台頭してきたとも言える。本当は「国益」という言葉さえ盛り込まれる予定だったが、国際的批判をおそれてそれは削除したようだ。もう一点、より重要と思えるのは、ODAを「平和構築」（紛争の予防、平和の定着、復興支援など）に用いるという意志である。

日本におけるバブル経済の崩壊と長引く不況は、右肩上がりのODAの伸張にブレーキをかけ、さらに二〇〇一年九・一一事件がODAをさらに国益志向の流れに導いた。削られる財源、対米協調、朝鮮民主主義人民共和国（北朝鮮）による日本人拉致問題浮上後のネオナショナリズムの高揚などがODAの環境を変えつつある。それは国益志向への傾斜と言うべきものである。

「国益」にはさまざまな解釈があり、立場もある。自民党政権時代の政治戦略、対米協調主義、国連重視志向、資源確保を含んだ経済利益重視主義…これらがすべてではないだろう。ODAを偏狭なナショナリズムの立場から実施することは国際的にも許容されることではない。

NGOのネットワーク組織「ODA改革ネットワーク」（ODA・NET）は、一九九九年に日本政府に対して「ODA改革に向けての提言」を行い、狭い「国益」論でなく、「地球市民益」からODA

を見直すべきだと、次のように提言している。

「援助国では、ＯＤＡ改革が地球規模の諸課題への対応としてではなく、もっぱら財政赤字削減をはかる手段として実施されている。日本においても膨大な財政赤字の削減、非効率な行政機構の改革推進、日本企業などの民間資金の利用・支援の観点から、ＯＤＡ政策見直しの動きが急である。私たちは、地球市民的利益という立場から日本のＯＤＡ改革はどうあるべきかについて提言する。その前提として、私たちの税金などをもとに支出されるＯＤＡは、貧困根絶、地球環境の回復、ジェンダー、人権などの地球的規模の課題に向けて寄与すべきであり、決して問題を深刻化するために使われてはならないことを強調しておく」。

援助関係者の中には、もちろんかなり多くの国益論者がいる。この場合の「国益」とは、政府益、外務省益、企業益（これなど可愛いものだ）、「幻想のナショナリズム」益などに属する。しかし、政府や国家の都合はいかようにもねじ曲げられる。そのことは、アメリカの対イラク戦争の名分を見れば火を見るより明らかではないか。

ＮＧＯはＯＤＡを批判することもある。そして、短期的あるいはご都合主義的な国益論の立場に立たない。「地球市民益」という新たな公共利益を求めているとも言える。オール・ジャパンにはゆめゆめ巻き込まれないことを心すべきであろう。

まとめに代えて

この論考を書きながら時おりある友人のことを思い浮かべていた。

彼はインドネシアのパプアの小さな島に住む。毎日、潮騒とヤシの葉擦れの音を聞きながら、時に海に小さなカヌーで漕ぎ出て魚を捕り、時に少し大きなエンジン付きのボートで少し大きな島の町に出る。物静かな人で、使い古しの新聞を飽きもせずに読んでいる。『*Pikiran Merdeka*』（独立の思想）という週刊のタブロイド紙で、表紙にはパプア評議会議長のテイス・エルアイ（二〇〇一年、軍によって虐殺された）の大きな写真が載っている。

言ってみればきわめて辺鄙なところだが、彼はパプア独立に強い関心と意欲を持っている。彼は地元のNGOと協力して、この島にコテッジをつくって、エコ・トゥーリストを招き入れようとしている。新聞を読み終えた彼は、コテッジのベランダで漫然と潮騒を聞いていたわたしのそばに来て、パプアのほとんどの民族グループが参集して開催されたパプア会議（二〇〇〇年）の話を聞きたがった。わたしは、ペニス・ケースだけを身につけたコテカ部隊（パプアの独立を目指す戦闘集団）に仰天した話とか、ジャカルタ政府はあまりにも認識が薄いのではないかなどと話した。彼はこう言った。

「貧しかろうと、食べ物がなかろうと、もはや奴隷でいたくはない。わたしたちが望むのは独立だ」。このような言葉がパプア民族歌「ヘイ！　タナク・パプア」（あゝ、わが地パプア）の一節にあるという。

また、話がアンボンの惨劇（一九九九年から数年間にわたってくり広げられたいわゆる「宗教紛争」で、死者は一万人にも達した）に及ぶと、ラスカル・ジハド（聖戦部隊）がもしパプアに来たら、パプア人は陸上戦なら絶対に負けない、それこそコテカ部隊にかなうはずがないという。パプア人の自立意識の強さにびっくりさせられた。彼はＢＢＣや Radio Australia、さらには Radio Japan も聞いているという。パプアの辺鄙な小さな島でも時代をしっかりと見ている人がいる。

先の「最終とりまとめ」には「現場主義の強化」なる言葉が出てくる。「現場主義」には大賛成である。しかし、この小さな島にも、少し大きな島にも、日本のＯＤＡが来ることはない。小さな島の小さな民たちの「現場」に、官も財界もそしてＮＧＯもしっかりと目を向け、その思いをくみ取ることからＯＤＡの本当の変革が始まるのではないだろうか。

参考文献

村井吉敬・ＯＤＡ調査研究会編『無責任援助ＯＤＡ大国ニッポン』ＪＩＣＣ出版局、一九八九。

村井吉敬「外務省のＯＤＡ理念を問う」『世界』一九九二年六月号、三一五～三二四頁。

村井吉敬「民間支援活動とＯＤＡ―旧き国益観からの離陸」『軍縮問題資料』第一七七号、一九九五年八月、一六～二一頁。

村井吉敬編『新版　検証　ニッポンのＯＤＡ』コモンズ、一九九八。

村井吉敬編『徹底検証ニッポンのＯＤＡ』コモンズ、二〇〇六。

村井吉敬・佐伯奈津子・久保康之・間瀬朋子『スハルト・ファミリーの蓄財』コモンズ、一九九九。

福家洋介・藤林泰編『日本人の暮らしのためだったＯＤＡ』コモンズ、一九九九。

藤林泰・長瀬理英編『ＯＤＡをどう変えればいいのか』コモンズ、二〇〇二。

Essay 1
「国際協力」誕生の背景とその意味

北野 収

「国際協力」という用語

「国際協力」。誰にとっても聞き慣れた日本語である。この単語によってあなたが想起する事柄は、途上国の飢える人々への支援、砂漠化が進行する大地への植林、それとも、「平和構築」のための自衛隊の派遣であろうか。広辞苑によれば、国際は「諸国家・諸国民に関係すること。もと「万国」とも訳され、通例、他の語の上につけて用いる」単語であり、協力は「ある目的のために心をあわせて努力すること」とされる。文字通りの国際協力とは「諸国の人々が共通の目的のために心をあわせて努力すること」になる。

英語圏でいう international cooperation と日本語の国際協力は同意、同語感ではない。従来から、日本では途上国への援助や支援のことを協力と称してきた。もちろん、日本語にも development assistance（開発援助）や foreign aid（海外援助）に相当する用語が存在するが、これらはどちらかといえば専門用語《テクニカルターム》に類する用語である。一方、正真正銘の専門用語ながら政府開発援助（ODA）という用語が一般に広く普及しているのも日本ならではの現象である。いわゆる国際協力という言葉には、紛争地域を含む開発途上地域に対する日本からの働きかけとして、さまざまな協力・援助群の上位概念としてのニュアンスがある。少なくとも、国際平和協力なる概念が法制化され一般化する一九九〇年頃までは、国際協力という語は、開発途上国・地域への経済協力（ODAおよびその他資金の流れの総称）とほぼ同意語として流通していた。

私たちが現実だと理解する事象は、実は現実そのものではない。言語を媒介として認識された何かであり、私たちの頭の中で認識＝現実という暗黙の前提が機能しているから、疑問が生じないのである。古来より、事象が先にあってそれを表現するために言葉が作られてきたはずであるが、現代社会においては必ずしもそうでないケースが増えてきた。すなわち、言葉が現実（の認識）を作り出すのである。このことは、国際協力という用語にもっとも適切に当てはまるように思われる。

なぜ援助でなく協力なのか

協力とは非常に曖昧な言葉である。一九七四年の国際協力事業団（JICA、現国際協力機構）設立以前から、経済協力という用語は存在していた。有償資金協力（円借款）、無償資金協力、技術協力といった援助スキームも存在していた。一方、例外はあるものの、欧米の援助機関の名称や政策用語としては、海外開発、国際開発という用語が主流である。また、社会科学の学術論文では、aid/assistance（援助）という用語が用いられることが多い。なぜ、「開発」や「援助」でなく「協力」なのか。

日本の援助はインド、フィリピン、ビルマ、インドネシアへの戦争賠償に始まるが、経済協力という

各国で展開された経済協力という名の公共事業（灌漑インフラ建設、インドネシア）。

文言が正式に登場するのは一九五四年のビルマとの平和条約および賠償・経済協力協定である。五五年時点の外務省賠償部調整課の事務分掌に「賠償及びこれに伴う経済協力」という規程がみられ、五八年の外務省設置法において海外経済協力が外務省の所掌事務として、法律上明文化された（廣木、二〇〇七）。経済協力という用語は、五一年に富士製鉄社長の永野重雄（後の日本商工会議所会頭）がアジア資源開発関連のプロジェクトを推進した際に使用したのが始まりとされ、その後行政用語になった。経済協力とは、ODAと各種の政策資金が対途上国民間投資や貿易を促進するという政府と企業の連係プレーである（加藤、一九九八、八四頁）。

技術協力、有償資金協力としての円借款は一九五四年の日本のコロンボ・プラン（一九五一年に組織されたアジア・太平洋地域の途上国援助のための国際機関）加盟を機に開始され、経済協力に包含される下位概念として定義された。経済協力の実施体制が整い始めるのは一九六〇年代前半である。経済協力という名の「賠償」義務を負いつつも、当時の日本は被援助国であった。こうした背景からあえて、開発や援助という用語を避けて協力と表現したとすれば、それはそれで納得がいく。

経済協力行政の前史

JICA設立以前に、途上国への援助という意味合いを持たせた国際協力という行政用語（組織名称、事務分掌の面）をいち早く採用していたのは、意外なことに外務省ではなく、農林省（現農林水産省）であった。今日の外務省には国際協力局というＯＤＡ担当部局があるが、これは二〇〇六年の機構改革によって誕生した組織で、以前は経済協力局がＯＤＡ業務を担当していた。経済協力局の前身である経済協力部が設置されたのは一九五九年である。五一年の外務省設置法施行当時、国際協力局は存在したが、これは後の国際連合局の前身である。

農林省では国際協力業務の担当組織が課になる前から、大臣官房の事務に関して、「賠償及び国際協力に関する事務を総括すること」（傍点引用者、農林水産省組織令第七条九、一九六一年当時）とあり、すでに国際協力という文言が存在した。国際協力課の設置は一九六三年一月で、所掌事務は「一　農林省の所掌事務に係る国際技術協力に関する事務を総括すること。二　農林省の所管行政についての海外との連絡に関すること。三　前二号に掲げるもののほか、農林省の所掌事務に係る賠償及び国際協力に関する事務を総括すること」（農林水産省組織令第一八条、一九六三年当時）となっていた。当時、中央省庁の課以上の組織で、国際協力の名を冠していたのは、外務省経済協力局と農林省農林経済局の国際協力課（鹿島平和研究所編、一九七三）であり、前者は国際機関業務にほぼ特化していた。少なくとも組織名称という点では、農林分野が（二国間の）途上国援助・協力＝国際協力という意味づけを早くから採用していたと推察される。農林省はＪＩＣＡ設立に決定的な役割を果たすことになる。

国際協力が考案された背景と経緯

端的に言えば国際協力という行政用語がオーソライズされ、広く周知されるようになった契機は一九七四年のＪＩＣＡの設立である。最終的に国際協力事業団という名称に至るには紆余曲折があった。外務省および各省庁にまつわる関係議員の間の駆け引きや交渉という霞が関・永田町のポリティックスを経て、オーソライズされた用語である。その是非を問うのではなく、前節でみた状況との関連も念頭におきつつ、一連の流れと用語の出自を確認しておきたい。

ＪＩＣＡ設立の直接の契機は、一九七二～七三年に資源小国の日本を見舞った二つの出来事、世界穀物危機と第一次石油危機であった。米ソ同時不作とニクソン政権による大豆の輸出禁輸措置は、コメを除く穀物のほとんどを輸入に頼っていた日本にはショックであった。農林省はすぐさま世界食糧需給調査団を各地に派遣、その結果を踏まえて海外農林業開発公団構想が官僚側から打ち出された（荒木、一九八四）。この構想は、①相手国政府の開発適地調査、②相手国の農林業開発に対する技術的・資金的支援、③日本企業が海外で行う農林業開発に対する技術的・資金的支援、④専門家の養成確保の四つからなり、ＪＩＣＡの基幹業務である開発調査、専門家派遣、各種の技術協力の原型を見出すことができる。農林省は業界団体や自民党の湊徹郎衆議院議員など与党の有力政治家を巻き込んで、着々と新団体（海外農業開発協力事業団）設立に向けた予算要求の準備を進めた。一年遅れて通商産業省も、石油を始めとする地下資源の輸入先の分散や鉱工業開発への各種支援を盛り込んだ海外貿易開発公団構想を打ち出す。こうして、農林省、通産省、外務省の対立と駆け引きとなった（荒木、一九八四）。農林省、通産省の両構想とも開発輸入を重視しており、途上国で事業を展開する日本企業への融資も想定していた（ＪＩＣＡ開発投融資、現在中止）。

一九七三年秋冬に、田中角栄内閣の下で、両構想は海外経済開発協力公団構想へと一本化された。同年一二月二五日、自民党三役と経済協力関係五大臣による会議を経て、国際協力事業団（ＪＩＣＡ）設立が決定された（荒木、一九八四）。国際協力事業団という名称に変更されたのは一二月二五日の会議の直前と考えられる。国際協力という言葉の直接の命名者は福田赳夫蔵相（当時）の可能性が大きいとする見解がある（荒木、一九八四）。オリジナルＪＩＣＡは、外務（主管）、通産、農林の三省共管となり、役員・幹部ポストの配分にもこうした事情が反映された。

以上が国際協力という行政用語が一般的な言葉として流布されるようになった契機としてのＪＩＣＡ命名の経緯である。当初から、国際協力は開発輸入を含め日本の国益を念頭においた多国的・多角的な事業展開というニュアンスを有していた。

国家事業《ナショナルプロジェクト》としての国際協力が「追認」される

ＪＩＣＡ設立後、途上国への開発援助とほぼ同意語として一般に受容されていた国際協力に別の意味合いが追加・既成事実化されるのは、一九九〇年代以降である。平和構築、国際貢献という名の国際協力業務、すなわち自衛隊の海外派遣（兵）である。さらに二〇〇三年の政府開発援助大綱の改正による国益事項の明文化によって、開発援助についても「国家による国益追求事業であること」が追認されることとなった（村井編、二〇〇六）。

こうして、①国際協力は援助国日本の国益実現のために戦略的に活用すべきである、②途上国の貧困削減への処方箋は開発／近代化／経済成長（日本型開発国家モデルを含む）を通じたトリクルダウン以外には存在しない、③ゆえに国際協力はこれらの目的に合致すべきである、という考えが、政府、研究者、一部のＮＧＯにおける国際協力の共通認識となった。

国際機関で研修を受ける大学生（横浜国際協力センター）。

国際協力をめぐる教育研究の変化

認識論としての国際協力問題に関連して、一九九〇年代以降に進展したもう一つの変化がある。教育研究機関における展開である。故大来佐武郎氏らの努力と官学の協力によって国際開発学会が発足したのは一九九〇年であった。その後、国立大学に国際協力／開発に特化した教育研究を行う独立大学院が相次いで設立された。類似のコンセプトに基づく私学の大学院でも国際協力／開発は重要分野となった。産官学連携が叫ばれるなか、教授陣も政府機関や国際機関のＯＢが大きな割合を占めるようになった。

知の生産空間の景観は大きく変化した。それまで、法学部、経済学部、あるいは文学部（文化人類学など）、外国語学部（地域研究など）といった個々の分野《ディシプリン》で営まれてきた知の生産が、政策としての国際協力の推進という旗の下に統合再編されたのである。二〇〇〇年代以降、国家戦略的な視点から研究の国際競争力の向上を掲げる二一世紀ＣＯＥプログラム、グローバルＣＯＥプログラムなどの研究資金提供の方式が導入された。いずれも文部科学省による競争的な大型補助金であり、採択状況は東大、京大をはじめとする旧帝大と東工大に、私学では慶大、早大の有力大学に集中している。その一方で、一八歳人口の減少等に伴い、地方国立大や中堅以下の私学をとりまく潮流は、研究よりも学部教育へ、さらには就職予備校化へと確実にシフトしつつある。以上のことから、大学教員の業績主義の強化・徹底とあいまって、研究機関としての大学間の役割分担、序列化が貫徹されつつある。

こうした「改革」によって優れた研究成果が生み出され、独創性のある若手人材が育つならば、とりあえず、それは歓迎すべきことである。また、政策の主体、研究対象は政府が太宗を占めつつも、地方行政、NGO・NPO、市民団体が排除される訳ではない。そうであっても、国際協力をめぐる認識論的転回という観点からの問題提起をすることは許されるだろう。第一は、途上国のさまざまな問題にまつわる知の生産に「国際協力／開発＝政策」言説というフィルターが不可避的に設けられてしまう可能性である。第二は、批判的知性・研究という領域が展開・継承される余地が大幅に縮小されたことである。実践的、実用的研究の重要性は理解できても、知の生産空間におけるバランス・多様性の観点から、これは好ましいことではない。たとえば、一九八〇～九〇年代にODAによる環境破壊や人権問題などに関する現状分析と問題提起を行った第一線級の研究者は世代交代の時期にさしかかっているが、一連の「改革」や大学間競争の激化のなかで、こうした批判系研究の後継者の再生産・育成の場は「業界」内で著しく周辺化された。こうした地殻変動は学部教育に直結する。政策的言説の氾濫と批判的視点の排除は、学ぶ者たちにとって、必然的に国家／国益目線、近代化／開発目線の普遍化として浸透する。やがてこれが、社会全体の認識論的バイアスの再編へと還元される可能性がある。

忘れないでほしいこと

もしあなたが将来NGOや青年海外協力隊の現場で何か活動をしたいと思っている学生なら、もしあなたがボランティアやフェアトレードに関心がある普通のOLやサラリーマンなら、もしあなたが新聞やテレビで時折報道される南の国々環境破壊や貧困の痛ましい状況に多少なりとも心を痛める普通の市民だとすれば、忘れないでほしいことがある。それは、誰に対して何のために自分は心を痛めているのか、行動に関わろうとしているのか、と少しだけ内省することである。

貧困、紛争、環境破壊に心を痛め、海外ボランティアや青年海外協力隊を志望する若者、専門的な技術や知識あるいは語学力を生かして途上国の現場で仕事をしたいと考える人は多い。現実の協力活動の現場は「きれいごと」で済むような甘い世界ではないが、実際に現場にいる人も含めて、こうした人々に、純粋な動機や崇高な意志を感じることは少なくない。

一方、ＯＤＡ大綱改正によって追認される以前から、国際協力という行政用語の出自、その用語で表現されてきた事象、出来事は政治そのものであった。一九七〇年代中葉に行政用語として登場した国際協力という言葉のもとに、本来、大きく異なる二つの精神性が盲目的に同一化されていく。そこに、諸個人の利他的精神や人道的意志が国家事業の資源として回収・動員されていくメタ政治構造が見出されるのである。

参考文献

荒木光弥「霞が関は燃えた」『国際開発ジャーナル』八／九月号、一九八四。

鹿島平和研究所編『対外経済協力大系第五巻日本の経済協力』鹿島研究所出版会、一九七三。

加藤浩三『通商国家の開発協力政策』木鐸社、一九九八。

廣木重之「わが国ＯＤＡ実施体制の変遷と時代の要請」『外務省調査月報』二号、二〇〇七。

村井吉敬編『徹底検証ニッポンのＯＤＡ』コモンズ、二〇〇六。

第2章 日本の軍事援助

越田清和

はじめに

これまで日本は軍事援助をしない・することができない国だと考えられてきた。戦後日本が平和国家として歩もうとする中で、自ら定めた二つの原則があったからだ。

一つは日本国憲法の前文や第九条。そこでは「一切の戦力（軍隊）はもたない、一切の戦争と武力行使はしない、政府の行為によって戦争や紛争の惨禍にまきこまれるようにしない」と決めている。

もう一つは、一九六七年の「武器輸出三原則」（共産圏諸国、国連決議で武器輸出が禁止されている国、国際紛争当事国またはそのおそれのある国、への武器輸出禁止）、および七六年二月に国会で表明した政府方針（①三原則対象地域には武器の輸出を認めない、②それ以外の地域についても武器の輸出を慎む、③武器製造関連設備の輸出も武器に準じて取り扱う）。これらが「国是」と言われるようになったことが示すように、武器輸出はきびしく規制されてきた。

憲法が「戦力（軍隊）はもたない」と定めたにもかかわらず、朝鮮戦争勃発によって連合国軍総司令部（GHQ）は一九五〇年七月「警察予備隊」の創設を指示し、それを母体にして五四年に陸・海・空三自衛隊という軍事組織がつくられた。しかし憲法九条は「自衛権」も否定しているのではないか、「武力なき自衛権」はあるのではないか、などをめぐって国会や憲法学者の間で激しい議論が交わされながら、「直接侵略および間接侵略に対してわが国を防衛することを主たる任務」（自衛隊法第三条）として創設された自衛隊には、「専守防衛」という強い制約が課せられていた。[1] そのため自衛隊・防衛庁（現・防衛省）が海外への派兵や軍事援助を行い、戦争や紛争を広げる手助けをすると考えることは、私だけでなく日本社会に住む多くの人たちにとって想定外のことだった。

（1）「自衛権」をめぐる議論については、「戦力の不保持」を定めた日本国憲法の下では自衛権そのものも放棄されたとみるべきであるとの立場からていねいに整理した山内敏弘『平和憲法の理論』日本評論社、一九九二の第三章「「自衛権論」の問題性」を参照。

しかし日本政府は一九九一年の湾岸戦争後のペルシャ湾への掃海艇派遣を皮切りに、一九九二年に「国際平和協力活動法」（PKO法）が成立してから、カンボジアでの国連平和維持活動（PKO）への参加などPKO参加という形で自衛隊の「海外派遣」を積み重ねてきた。さらに二〇〇四年一月には陸・海・空の三自衛隊を、米国が始めた戦争によって国際法上の交戦状態にあったイラクに送った。自衛隊は「専守防衛」のための守備隊であるという立場をまがりなりにもとってきた日本政府が、その方針をはっきり変え、自衛隊の主たる任務を国際平和協力活動という名目で行う「海外展開」としたのである。

「国是」とされた武器輸出三原則も、米国に対する武器技術の供与を認めるという例外を設けることで、実質的には緩和が進んでいた。もともと一九五四年に結ばれた「日米相互防衛協定」で両政府は「装備、資材、役務その他の援助」を提供しあうことを明言していたのだから、武器輸出三原則は米国だけを例外として成立していたと言ってもいいだろう。

この矛盾を繕うために、一九八三年、中曽根政権は「政府は相互交流の一環として米国に武器技術を供与する途を開くこととし、その供与にあたっては、武器輸出三原則によらないこととする」との官房長官談話を発表して、公式に米国を武器輸出三原則の例外とすることを認めた。二〇〇四年に小泉内閣が、米国との弾道ミサイル防衛システムの共同開発・生産を例外とし、テロ・海賊対策支援などの案件も個別に検討するとしたことによって、武器輸出三原則の歯止めはさらに弱くなっていった。

目を援助の世界に向けてみよう。

一九九二年六月に閣議決定されたＯＤＡ大綱は、日本の援助理念について「平和国家としての我が国にとって、世界の平和を維持し、国際社会の繁栄を確保するため、その国力に相応しい役割を果たすことは重要な使命である」と述べ、経済援助を重視する姿勢を示した。ＯＤＡ大綱は日本の援助がとるべき原則についても、(一)環境と開発の両立、(二)軍事的用途と国際紛争助長への使用回避、(三)軍事支出、大量破壊兵器・ミサイルの開発・製造、武器の輸出入の動向への注意、(四)民主化の促進、市場志向型経済導入の努力と基本的人権・自由の保障状況への注意、という四点をあきらかにした。この四原則は、援助の実施にあたって「踏まえ」るべき点に過ぎず、援助は「相手国の要請、経済社会状況、二国関係等を総合的に判断」して実施されてきた。とはいえ、ＯＤＡが軍事的用途に使われることについては、はっきりと禁止している（新・旧ＯＤＡ大綱とも、外務省のホームページで読むことができる。http://www.

mofa.go.jp/mofaj/gaiko/oda/seisaku/taikou.html)。

この四原則を基準にして日本政府の行う国際協力・援助のあり方を批判してきた私（たち）も、援助受け取り国の人権侵害やODAの軍事用途への転用などについて批判することが多かった[2]。日本の援助は経済援助に限られるということを前提とし、援助の全体像から軍事援助を除いて考えてきたのである。

（2）日本のODAについての批判的な分析は、村井吉敬編『検証　ニッポンのODA』コモンズ、一九九七、福家洋介・藤林泰編『日本人の暮らしのためだったODA』コモンズ、一九九九、藤林泰・長瀬理英編『ODAをどう変えればいいのか』コモンズ、二〇〇二、村井吉敬編『徹底検証ニッポンのODA』コモンズ、二〇〇六などを参照。

私は二〇〇一年の「九・一一」事件以降、「テロとのたたかい」を理由にして、ODA供与国全体で「ODAの軍事化」が進み、日本のODAもこの流れへシフトしていることを問題にしたことがある（越田清和「「反テロ戦争」下の援助―軍事化する援助」村井編、前掲書、二〇〇六、一一四～一五四頁）。しかしODAの分野でも事態は大きく動いた。

日本政府は、二〇〇六年六月一五日、インドネシア政府に対して「マラッカ海峡のテロ・海賊対策のため」に巡視船艇三隻を、ODAによって無償供与することを決定した。また同年五月の「再編実施のための日米ロードマップ」で、防衛省予算を使った米海兵隊のグアム移転経費の負担（二〇〇九年度から実施）とともに、国際協力銀行（JBIC）によるグアム島にある米軍基地拡張工事のためのインフラ整備への融資が決まり、二〇一一年度予算に三七〇億円が計上された。

この二つは、これまでの日本の援助の枠組みでは考えられない、禁止されていた動きである。ODAを使った武器輸出と「米国領土」内にある米軍基地建設への資金提供――これは「援助の軍事化」という事態をさらに進めた軍事援助そのものだ、と言ってもよいのではないか。こうした動きを分析する時には、日本も軍事援助をしていると考えた方が、日本の外交・援助政策の問題がはっきり見えてくるし、援助とは何かという問題を考えなおすことにもつながる。

本章では、いま述べたような問題意識をもって日本の援助を整理し、日本の軍事援助を考える時の基礎となる視点とデータを提供したい。日本の軍事援助や援助の軍事化について議論する時のたたき台となり、軍事援助をなくそうという声が広がるきっかけになれば、と思っている。

一　日本の軍事援助を考える

「日本は軍事援助をしていない」ことになっているので、何を軍事援助とするかという定義がない。国際的にも軍事援助の定義はないようだ（ストックホルム国際平和問題研究所［SIPRI］も軍事援助の国際比較はしていない）。そこで、世界一六〇カ国を対象にしている米国の軍事援助を参考に、日本の軍事援助を定義してみる。

米国防総省は、米国の軍事援助（国防総省は安全保障支援 security assistance と呼ぶ）を以下の五つの基本プログラムからなる、と説明している。

（1）対外軍事売却（FMS）―政府間の武器取引。

（2）対外軍事財政支援（FMF）―米国製武器購入のための資金提供、贈与と貸与。

（3）国際教育訓練プログラム（IMET）―外国軍人に対する米軍の軍事作戦や武器システムなどの教育訓練。

（4）余分な（中古）防衛品の譲渡（EDA）―米軍が使わなくなった兵器の贈与または売却。

（5）防衛資産（兵器・非兵器）の緊急提供―通常の軍事援助プロセスとは別に大統領決定により緊急に供出。

どのプログラムも「米国の安全を守り、繁栄をつくるという主要な外交目標をサポートする」ため、米国の同盟国・友好国に対して武器や兵力、訓練を提供している（米国防総省防衛安全保障局［ＤＳＣＡ］のホームページ http://www.dsca.osd.mil/home/military_assistance_p2.htm より）。

米軍の行う「人道援助」や「災害救援」は軍事援助の基本プログラムには入っていないが、軍事援助と同じく防衛安全保障局の担当である。また米国の軍事援助はＯＤＡと違って、その対象を「途上国」に限っていない。

これらの点から考えると、軍事援助とは、公的資金を使って海外諸国に提供される、①外国の軍隊に対する兵器などの売却・供与、②外国の軍隊を創出・維持・強化するための支援、③外国の軍人に対する教育訓練や共同演習、④自国の軍隊（ＰＫＯや多国籍軍に参加する場合も含む）による「援助」活動、とまとめることができる。

日本の現実にあてはめて、日本における軍事援助の基本プログラムを考えてみると以下のようになる。

（一）ＯＤＡを使った外国への武器供与や軍隊支援―ＯＤＡ予算の「テロ対策等治安無償」年間予算七〇億円の一部、アフガニスタン向けＯＤＡの「治安改善」六億七九〇〇万ドル（二〇〇一年一月〜二〇一〇年一一月まで）の一部、イラクへの無償資金協力一七億ドル（二〇〇四〜二〇〇八年まで）の一部（外務省資料より）。

（二）武器輸出三原則の例外とされた米国との武器共同開発の経費―ミサイル防衛予算四七三億円（二〇一一年度）（防衛省『我が国の防衛と予算』より。以下（三）（五）も同じ）。

（三）米国に対する軍事援助─在日米軍維持のための経費（「基地周辺対策経費」）一一二五億円、在日米軍駐留経費の日本側負担分（いわゆる「思いやり予算」）一八六二億円、施設の借料・保障経費等一二八九億円、SACO（沖縄における施設および区域に関する特別行動委員会）関係経費八三億円、沖縄海兵隊のグアム移転経費五三二億円、「米軍再編」にともなう米軍基地増強のための経費九六六億円（いずれも二〇一一年度予算）。

（四）自衛隊のPKO・多国籍軍・海外での災害救援への参加および戦費負担─イラクへの自衛隊派兵経費八五四億円（陸上自衛隊七二二億円、航空自衛隊一三二億円、海上自衛隊四・四億円ほか。二〇〇四〜二〇〇六年一二月まで）（「読売新聞」二〇〇七年四月二〇日より）、インド洋沖での米英軍支援七八八億円（海上自衛隊五五一億円、航空自衛隊二一億円、給油経費二一六億円。二〇〇六年度）（「読売新聞」二〇〇七年八月一五日より）。

（五）防衛庁による海外からの研修受け入れ──防衛大学の予算一四七億円（二〇一一年度）の一部。

この分類でわかるように、日本の軍事援助の大半は米軍を支えるために使われている。米国とは日米安全保障条約を結んでいるので、この莫大な資金提供は「軍事協力」と呼ばれることが多い。しかし本章では、日本と米国が軍事的に一体化していくプロセスと、公的資金を使って外国を支援する「援助」が歪んでいくプロセスが重なっていることを明らかにするために、米軍に対する支援を「軍事援助」と呼ぶことにする。日本の公的資金を使って外国を支援することを「援助」と呼ぶのなら、米国に対する財政支援も援助である。そう考えた方が援助全体を考え直すことにつながるのではないか。

日本の軍事援助を考える時のもう一つのポイントは、二〇〇五年から自衛隊と米軍の実質的統合が進み、それが援助のあり方にも大きな影響を与えているという点だ。二〇〇五年二月に日米安全保障協議委員会（2プラス2）が「共通の戦略目標」を発表、これを基礎にして同年一〇月に「日米同盟——未来のための変革と再編」を発表した（いずれも外務省のホームページ http://www.mofa.go.jp/mofaj/area/usa/hosho/2plus2.html で読むことができる）。

武藤一羊の言葉を借りれば、この新しい日米同盟は、「アメリカ帝国への日本国家のほぼ無条件の忠誠を長期にわたって保証し、制度化する新日米同盟レジームの成立を宣言するもの」であり、その核心は自衛隊の米軍への統合、一体化である（武藤一羊「新日米同盟とは何か」『アメリカ帝国と戦後日本国家の解体』社会評論社、二〇〇六、五七頁）。この一体化にともなって、沖縄の米海兵隊がグアムに移転する経費を日本が負担するという新たな軍事援助が始まることになった。

もう一つ見逃すことができないのは、この軍事同盟宣言が援助における日米の「パートナーシップ」についても述べていることだ。

「共通の戦略目標」には「世界的な平和、安定及び繁栄を推進するために、国際平和協力活動や開発支援における日米のパートナーシップを更に強化する」という項目がある。これを受けて「日米同盟——未来のための変革と再編」では、弾道ミサイル防衛などと並んで「テロ対策、人道救援活動、復興支援活動、平和維持活動及び平和維持のための他国の取組の能力構築」が挙げられている。

「パートナーシップ」というと聞こえはいいが、まったく対等な関係ではない。日本のODAや「国際平和協力（＝自衛隊の海外派兵）」を、米国の戦略の中で活用していくということだ。日本のODAは、日本企業の貿易・投資・操業等の支援という側面も持っているため、経済面では米国との対立になることもあり、自衛隊と米軍のような「一体化」にはならない。しかし、当時の自民党政権は総合的にODAを見直し、二〇〇六年四月に「ODAの戦略的活用」を図るための司令塔として、政策海外経済協力会議（総理大臣、外務大臣、財務大臣、経済産業大臣がメンバー）を設置し、外務省の機構改革も行った。こうしたODA改革の中で、「途上国の経済開発や福祉の向上に寄与する」というODAの目的に反するような「テロ対策等治安無償」という新しい出資枠がつくられたのである。(3)

（3）ODA資金提供国でつくる経済協力開発機構・開発援助委員会（OECD・DAC）は、ODAとして計上される資金を「開発途上国の経済開発や福祉の向上に寄与することを主たる目的としていること」と定義している（日本語訳は外務省『ODA白書』より）。OECD・DACは、同時に、ODA資金として計上されるべき資金の基準（強制力はなく、ODA資金提供国がどう解釈してもいいような曖昧なもの）を決めている。ODAの定義は変わっていないが、このODA資金の計上基準は提供国の都合で緩められ、国連が執行または許可した平和活動の特定分野――人権や選挙監視、武装解除した兵士の社会復帰、公共インフラの復興など軍隊による「援助」もODAに含めるようになった。ただし、テロリズムとのたたかいの行動は、ODAとして計上しないことになっている（OECDのホームページ http://www.oecd.org/dataoecd/21/21/34086975.pdf を参照）。

日本のODAは「その出発時から、大枠としてはアジア（植民地から独立した諸国）の「共産主義化を防ぐ」という米国の安全保障戦略の枠内に位置づけられ」ていた（越田清和「NGOはODAをどう変えようとしてきたのか」『国家・社会変革・NGO』新評論、二〇〇六、一〇六頁）。この構造がさらに強くなってきたいま、日本の援助を考えるにあたっても、日米軍事同盟という視点から分析する必要がある。

ところが日本では援助に関心をもつNGOや学者の関心がODAや「平和構築」の動きだけに向けられ、日米安全保障条約・軍事同盟や米国が進めるグローバルな軍事化に対する批判的な関心が弱かった（この問題については、本書第4章および第6章も参照）。逆に、軍事化に反対する反戦・平和運動や学者も、援助を中立的なものと考える傾向が強かった。

日本は軍事援助をしているという前提を立てて考えてみることによって、日本の援助と軍事化のつながりがよりはっきり見えてくるのではないか。

二　米国の軍事援助

すこし寄り道になるが、日本の軍事援助を大枠で方向付けている米国の軍事援助についてみていこう。

米国が対外援助政策を導入するきっかけとなったのは、第二次世界大戦下でイギリスなどの連合国に武器などの物資を支援するための一九四一年の武器貸与法だった。第二次世界大戦後は、ギリシャ、トルコへの援助（トルーマン・ドクトリン）と戦争で疲弊したヨーロッパ経済の再建を目的とした「ヨーロッパ復興援助」（マーシャル・プラン）、「低開発地域」への援助を明確にしたトルーマン大統領による「ポイント・フォア」構想が、米国の援助政策の基礎をつくっていった。冷戦期へ向かう中で出されたこの三つの対外援助政策は、いずれも米国の国家安全保障（具体的には同盟国の強化と共産主義の封じ込め）という共通の目的をもっていた。最初から、経済援助と軍事援助が一体となったものが援助だったのである。

一九五〇年六月に始まった朝鮮戦争によって、米国の援助は軍事安全保障中心のものになり、五一年から六一年までは年間平均五〇億ドルの援助総額のうち半分近くを軍事援助が占めることになった。その後ケネディ政権が六一年九月に対外援助法を成立させ、同年一一月に発足した国際開発局（AID）が「途上国の国家開発」のための経済援助を重視する政策をとるようになり、軍事援助の比重が低くなった。しかし、一九六〇年代後半から七〇年代初めには東アジア、七〇年代半ばには中近東を中心に、軍事援助を含む援助総額が急速に増えている。(4)

（4）米国の対外援助政策については川口融『アメリカの対外援助政策――その理念と政策形成』アジア経済出版会、一九八〇

表1　米国の対外援助（軍事援助と経済援助）

（単位：100万米ドル）

	対外援助総額	軍事援助（%）	経済援助（%）
年度別（1980〜2008年）			
1980	9,694	2,122（21.9）	7,572（78.1）
1985	18,128	5,801（32.0）	12,327（68.0）
1990	16,015	4,971（31.0）	11,044（69.0）
1995	16,408	4,165（25.4）	12,242（74.6）
2000	18,208	4,876（26.8）	13,331（73.2）
2002	20,027	4,797（24.0）	15,230（76.0）
2003	25,891	6,662（25.7）	19,229（74.3）
2004	33,614	6,144（18.3）	27,469（81.7）
2005	37,176	7,354（19.8）	29,823（80.2）
2006	39,394	12,288（31.2）	27,106（68.8）
2007	40,819	13,187（32.3）	27,632（67.7）
2008	**49,057**	**15,446(31.5)**	**33,611(68.5)**
地域別（2008年度）			
アジア	12,026	6,423（53.4）	5,603（46.6）
中央アジア	2,479	47（1.9）	2,432（98.1）
東ヨーロッパ	583	79（13.6）	504（86.4）
中南米・カリブ諸国	2,694	76（2.8）	2,618（97.2）
中東および北アフリカ	13,956	8,382（60.1）	5,574（39.9）
オセアニア	197	1（0.5）	196（99.5）
サハラ以南アフリカ	10,405	411（4.0）	9,994（96.0）
西ヨーロッパ	82	11（13.4）	71（86.6）
カナダ	27	0（0.0）	27（100.0）
特定地域なし	6,608	16（0.2）	6,592（99.8）

出所：米国際開発庁（USAID）。U.S. Census of Bureau のホームページ http://www.census.gov/compendia/statab/cats/foreign_commerce_aid/foreign_aid.html より。

を参考にした。

米国の対外援助（経済援助と軍事援助）は、時の政権がどのような外交戦略をとるかによって、軍事援助と経済援助の比重や地域配分が変わってきた。援助総額に占める軍事援助の割合は、およそ二〇〜三〇％の間で推移している。米国がODAを増やした二〇〇四年と二〇〇五年には、その比率が二〇％を下回ったが、二〇〇六年からは再び比率を上げている。地域別にみると、軍事援助はアジアと中東および北アフリカに集中している。

表2　2008年度における総援助受け取り国上位5カ国

（単位：100万米ドル）

	2001	2002	2003	2004	2005	2006	2007	2008（軍事援助／経済援助）	総計
アフガニスタン	106	585	1,077	2,032	2,252	3,739	5,812	8,892（6,012／2,880）	24,495
イラク	0	2	3,885	8,675	9,482	10,563	7,931	7,452（4,369／3,083）	47,990
イスラエル	2,839	2,788	3,729	2,722	2,714	2,544	2,508	2,425（2,381／44）	22,269
エジプト	1,716	2,202	1,716	1,958	1,563	1,787	1,972	1,492（1,291／201）	14,406
ロシア	541	447	722	941	1,585	1,530	1,593	1,261（0／1,261）	8,620
スーダン	96	122	188	482	1,043	908	1,180	1,196（199／997）	5,215

出所：米国際開発庁（USAID）。U.S. Census of Bureau のホームページ http://www.census.gov/compendia/statab/cats/foreign_commerce_aid/foreign_aid.html より。

表3　日本の無償資金の受け取り額（債務救済は除く）

（100万米ドル）

	2004	2005	2006	2007	2008	2009	合計
イラク	654.46	273.53	16.85	104.14	19.78	3.11	1,071.87
アフガニスタン	152.32	44.37	79.69	79.23	180.43	141.65	677.69
パレスチナ自治区	6.73	1.14	72.71	40.13	20.45	62.61	203.77

出所：各年の『ODA白書』（外務省）より作成。
注：この額は、債務救済無償資金を除いたものだが、債務救済無償資金を含めると、イラクの受け取り額は、2005年＝3,521.38、2006年＝800.13、2007年＝878.34（いずれも100万米ドル）という尨大な額になる。

注目すべきは、米国が「世界で最も貧しい地域」といわれ、「貧困」問題の解決が最も急がれるサハラ以南アフリカにも軍事援助していることである（表1）。

二〇〇八年に軍事援助を含む総援助を受け取った上位五カ国（表2）のうち、アフガニスタンとイラクには米国が侵略して政治体制を変え、今も「テロとの戦争」を行っている。イスラエルはパレスチナとヨルダンに攻撃をくりかえす。エジプトのムバラク独裁政権は米国の第一次湾岸戦争を積極的に支援し、その後もイスラエル支持を明確にしている。

日本のODAのうち外務省が管轄する無償資金協力は、二〇〇四年と二〇〇五年、二〇〇七年はイラクが最大の受け取り国、二〇〇六年と二〇〇八年、二〇〇九年はアフガニスタンが最大の受け取り国となっている。パレスチナ自治区への援助も増え始めている（表３）。イラクとアフガニスタンは、日本が新たに法律をつくってまで自衛隊を送った国である。日本の安全保障（軍事）政策もＯＤＡも、基本的には米国の国家安全保障戦力の枠内で動いていることが、ここからわかる。

新日米同盟が、この動きにどう影響しているか。日本の軍事援助の具体的なプロジェクトをとりあげていく。

三　ＯＤＡによる軍事援助――武器輸出への第一歩

インドネシアへの巡視船艇供与

「はじめに」で述べたように、日本は「武器輸出（禁止）三原則」を「堅持」しているので武器輸出はできないことになっている。[5] しかし、この原則を「見直す」ための実績づくりにＯＤＡが使われた。二〇〇六年に行われたインドネシアへの「海賊、海上テロ及び兵器拡散の防止のための巡視船艇建造計画」（総額一九億二一〇〇万円）である。二〇〇六年のＯＤＡ予算に「テロ対策等治安無償」という項目がつくられ、七〇億円の予算がついた。インドネシアへの巡視船供与は、その第一号である。

（５）武器輸出の規制は、外国為替及び外国貿易法（外為法）に基づいて行われ、何を規制するかは担当の経済産業省が決めている。「軍隊が使用するものであって、直接戦闘の用に供されるもの」を武器と定義し、省令でもう少し具体的な規制対象を示している。しかし何を武器と規定するかは曖昧で、輸出の可否は輸出者と個別に相談して決めている、と言う（「民生との境増す矛盾――アカデミアと軍事　四」朝日新聞、二〇一〇年一〇月一日）。

この計画では、三隻の巡視船（全長約二七メートル、乗員数一〇名）を、リアウ州と北スマトラ州の警察海上警察部、および国家警察本部海上警察局（ジャカルタ）に配置し、「マラッカ海峡における海賊、海上テロおよび兵器拡散の防止のための取締りに使用」することになっている（http://www.mofa.go.jp/mofaj/press/release/18/rls_0615c.html）。日本政府は、この巡視船は防弾措置をしているので「軍用船舶」（つまり戦艦）にあたり、「武器輸出三原則」での武器に該当することを認めている。しかし、提供先がインドネシア海軍ではなく海上警察局でありテロ対策にしか使わない、またこの巡視船を日本の同意なしに他国へ譲渡しない、という二点を条件としているから、武器輸出三原則の例外として認めてもかまわない、と説明した。

こうした動きに対して、NGOや市民団体など六三団体は、計画の撤回を求める申し入れ書を外務省に提出し、話し合いを持った。申し入れのポイントは、（一）武器輸出三原則をふみにじる、（二）ODA大綱の原則を無視している、（三）ODAによる軍事援助・軍事化を加速させる、（四）開発援助委員会（DAC）のODA定義に反し、貧困問題の解決に寄与しない、という四点である。

外務省（無償資金協力課）は「供与先が海軍ではなく、インドネシア共和国国家警察海上警察局であり、あくまで文民への供与である。海上警察と海軍とは指揮系統が別である。また、「海賊対策」という目的なので軍事的用途でない。したがって、武器輸出三原則の例外であり、ODA大綱にも反しない。機銃などの装備はついていないが、インドネシア側が後から装備することを妨げることはできない」と、軍隊への援助ではないことを強調した。しかし、海上警察（沿岸警備隊のこと）という「準軍事組織」に武器を提供することがなぜ「軍事的用途ではない」のか、その理由は明確になっていない。

こうして、国会の承認もないまま、ODAという公的資金を使った武器輸出＝軍事援助がすでに行われている。この既成事実を使って、「武器輸出三原則を見直そう」という声が、いま強くなっている。その中心になっているのは、日本経済団体連合（経団連）である。

経団連は、防衛大綱の見直しにあわせて、「防衛産業」（軍需産業のこと）の発展や技術発展を主張し、武器輸出三原則の見直しを求める提言を行っている（「今後の防衛力整備のあり方について」二〇〇四年七月二〇日および「わが国防衛産業政策の確立に向けた提言」二〇〇九年七月一四日。いずれも日本経団連のホームページ http://www.keidanren.or.jp/indexj.html で読むことができる）。

経団連の提言は、次世代戦闘機F‐35のような最新兵器の国際共同開発に参加できないことが問題だと強調し、途上国などを対象にした武器輸出については全く言及していない。しかし同時に、防衛費の削減によって日本の防衛産業の売上が低下し、事業から撤退している企業が増えていることも強調しており、海外に兵器や軍事技術などを輸出したいという考えをうかがわせる。

米国政府も、日本と共同開発している海上配備型迎撃ミサイルの欧州への売却を可能にするため、武器輸出三原則の見直しを求めていたことが「ウィキリークス」で明らかになった。二〇〇九年一〇月に来日したゲーツ国防長官が、北沢俊美防衛相に輸出規制の緩和を求めていたのである（「北海道新聞」二〇一〇年一二月一日夕刊）。

防衛省にとっても武器輸出三原則を見直すことが急務となり、「人道目的と認められる防衛装備品については、使用目的を限定することを前提に」輸出を認める（場合によっては性能を下げて民生品と位置づける）ことを検討し、具体的に海上自衛隊の救難飛行艇US2をインドネシアやフィリピンに輸出することを考えていた（「朝日新聞」二〇一〇年三月一四日）。さらに防衛大綱見直しへ向けて、戦闘機や偵察機など兵器の国際共同開発・生産への参加や海外での国際協力活動に対する自衛隊の装備品供与を一律例外で三原則から除外することを求める、防衛省案を作成した（「北海道新聞」二〇一〇年一一月一日）。

二〇一〇年八月に出された、首相の私的諮問機関「新たな時代の安全保障と防衛力に関する懇談会」の報告書は、この防衛省の意向を反映したものとなった。「防衛装備協力・防衛援助」という項目をつくり、武器の「原則輸出を可能とすべき」だと提言している。その理由として挙げられているのは「紛争後の平和構築、人道支援・災害救援、テロや海賊等の非伝統的安全保障問題への対応等のための国際協力」であり、その先行例として、インドネシアへの巡視船艇提供が挙げられている（報告書は首相官邸のホームページからアクセスできる。http://www.kantei.go.jp/jp/singi/shin-ampobouei2010/houkokusyo.pdf）。「非軍事的」な政策とされてきたODAが、憲法九条に根ざす武器輸出三原則の空洞化を進めるテコとされたのである。

二〇一〇年一二月に閣議決定された新防衛大綱では、武器輸出三原則の見直しは明記されなかったが、武器輸出の例外を増やしていく方向性を示唆するものだった[6]。「国際平和協力活動」への積極的取り組みを重視し、自衛隊（軍事力）とNGOとの連携・協力やODAの戦略的・効果的活用を位置づけている。軍事援助とNGOの軍事化が同時に進んでいるのだ。

（6）「新防衛大綱」決定後の動きとして、米国への武器売却が行われた。北沢防衛相は二〇一一年二月二二日、米国がアフガニスタン空軍に供与する予定の中型輸送機C27Aに使う中古プロペラを「アフガン復興支援や日米防衛協力の重要性から」米側に売却することを発表した。海上自衛隊の救難飛行艇US1Aの予備部品で、価格は二〇台（羽根六〇本）で一四〇万円。C27Aはアフガンの貨物・人員の輸送に使われる。また、プロペラには軍用の特別な設計がされていないため「武器には該当しない」との結論を出した、と防衛省は説明する。

外国軍への支援――アフガニスタン支援策

ODAを使ったもう一つの軍事援助は、外国の軍隊への支援である。

鳩山内閣（当時）は、アフガニスタン支援を今後五年間（二〇〇九～二〇一三年）で最大五〇億ドル（約四五〇〇億円。すでに実施ずみのものを含む）に増額すると発表した。これは米国の三二一億ドル（二〇一三年まで）に次ぐ支援表明額だ。これまでの支援と比べると、年額にして四倍のODA（年間九億ドル＝八一〇億円程度）がアフガニスタンに集中することになる。この額は、全世界に対する日本の贈与（無償資金協力と技術協力）年間総額約四〇億ドルの二二％にのぼる。アフガニスタン戦争へ三万人の増派を決めた米オバマ政権に対する支援である。

日本政府はこの新たなアフガニスタン支援策の第一弾として、五〇〇億円の支援を決めた。この中に、アフガニスタンの治安対策として、アフガニスタン国軍への一二億円の援助が盛り込まれた。この支援は、北大西洋条約機構（NATO）の基金を通じて行い、日本政府はその使い道を医療器材や医薬品の購入に限定することにしている（「朝日新聞」二〇〇九年一二月一七日）。

この援助は、（一）特定国の軍隊を対象にした援助、（二）NATOという軍事同盟の基金を経由する、という軍事援助である。日本はこれまで「途上国」の軍隊に対する支援はできなかった。しかし、このアフガニスタン国軍への支援は、その決まりを破った。アフガン戦争は、NATOが集団自衛権を発動して宣戦布告した戦争でもある。NATOの基金に日本が拠出することは、NATOという軍事同盟の枠内に日本がより関わっていくことにつながる。

アフガニスタンでは、約七万人の国際治安支援部隊（ISAF。NATOが主導する多国籍軍）と約三万人の米軍（ターリバーン、アルカーイダ掃討に従事）という二つの外国軍が活動していることになっている。しかし、この二つの軍隊は事実上一体化し、アフガン治安部隊の側面支援をするはずのISAFもターリバーン勢力などへの攻撃を行うようになっている。日本政府は、このISAFの地方復興支援チーム（ＰＲＴ）の活動を「復興支援」と位置づけ、一二のＰＲＴと連携して五九のプロジェクトに草の根無償援助の供与などを行っている。しかしＰＲＴが軍事活動をしていることについては、アフガニスタンで活動するＮＧＯなどがはっきりと問題点を指摘している（本書Essay3参照）。アフガニスタン現地では「復興支援」という名の下で、軍事援助がすでに行われている。

小括

ＯＤＡを使った武器輸出や外国軍への支援は、それがどんなに「人道的」であるかを強調しても、軍事援助でしかない。武器の一つのパーツだけを取り出して「この部品は軍事的用途につかわれていません」と言うこと、軍隊の活動の一部だけを切り取って「この集団は人道的活動をする集団です」と言うこと。これが詭弁だと多くの人は感じているのだろうが、大きな声になっていない。そして、詭弁が「あたり前」になっていく。

大学などアカデミズムの世界では、米軍が研究費を助成し超小型無人飛行機など軍事に転用できるような研究開発を支援するケースも増え、憲法の精神にもとづく「軍事研究をしない」という理念も曖昧になってきた、という（「シリーズ　アカデミアと軍事」朝日新聞二〇一〇年九月一〇日〜一〇月一五日、毎週金曜日掲載）。

同じことは援助の世界でも起きている。ＯＤＡによる巡視船艇（武器）供与やアフガニスタンにおける「復興支援」という形で、実質的な軍事援助が始まっているのだ。アカデミズムの二の舞にならないためにＯＤＡについての政策提言などを行ってきたＮＧＯなどの間で、この事実について議論すべき時期に来ている。

四　グアム島における米軍基地拡張のための資金提供

日本の米軍援助が厖大な額であることはすでにふれた。しかし在日米軍を支えるための資金は、これまで防衛省の予算から出ていた。その対象施設は日本国内に限られていた。

ここでとりあげるグアム島の米軍基地拡張のための資金提供は、この二つの前提をこわした。グアムの場合は、日本の「援助機関」による、日本国外にある米軍基地拡張のための融資という点で、これまでの米軍支援よりも、もっと米国の言いなりになった援助だ。

国際協力銀行（JBIC）を使った融資

二〇〇六年一一月の国際協力機構法（JICA法）の一部を改正する法律によって、国際協力銀行（JBIC）の旧海外経済協力基金（OECF）部門（円借款を行っていた）が国際協力機構（JICA）と一緒になり、二〇〇八年一〇月から新JICAとして本格的な活動を始めた。

残ったJBICの旧輸銀部門（日本企業がプラント輸出や資源開発事業をする時の融資が中心）は、小泉政権が決めた「行財政改革推進法」によって、国民生活金融公庫や農林漁業金融公庫、中小企業金融公庫、沖縄振興開発金融公庫と一緒になり、二〇〇八年一〇月発足の「株式会社日本政策金融公庫」に組み込まれた。ただ当時の自民党政権は、資源・エネルギー確保や国際協力確保などのために、JBICに「一定の組織的独立性を持たせる」「JBICの現在のステータスを活用する（JBIC総裁は各国首脳と会える）」こととした（「海外経済協力に関する検討会」の報告書、二〇〇六年二月）。JBICは「日本の経済協力の顔」として残り続けることになったのである。「開発途上地域」だけに融資することになっているJBICの業務に特例を設けて、米軍再編にともなうグアムでの米軍基地拡張工事への融資業務をさせようという「駐留軍等の再編の円滑な実施に関する特別措置法案」（以下、米軍再編特措法）が二〇〇七年五月に成立した。(7) これまで「国際協力」という名目で「途上国」への融資を行ってきたJBICが、「米国の領土」とされている土地で米国の施設（しかも軍事施設）を建設するための巨額な資金を提供することになった。二〇〇九年二月には、日米両政府が「海兵隊グアム移転に関する日米協定」を結び、日本による資金提供をもう一度確認・規定した。(8)

（7）米軍再編特措法は、二〇〇六年五月に日米両政府が決めた「再編実施のための日米のロードマップ」を実施するために、在日米軍再編に関わる費用（①在沖海兵隊のグアムへの移転費用、②米軍基地周辺自治体への再編交付金）の負担について定めたもので、米軍支援のための法律といえる。グアム移転には七〇〇〇億円、再編交付金には一〇〇〇億円が見込まれている。

（8）この協定は、日本の供出額を明記しているので、日本はそれに縛られることになる。米国の拠出額も明記されているが、それは連邦議会の議決を得ていないので何の裏付けもない額である。つまり日本側だけを縛り、しかも内容の変更を発議できるのは米国だけ、という不平等・片務的なものである。詳しくは、佐藤学「米軍再編と沖縄」宮本憲一・川瀬光義編『沖縄論——平和・環境・自治の島へ』岩波書店、二〇一〇を参照。

沖縄にいる米海兵隊のグアム移転に関わる経費は全体で一〇二・七億ドル、そのうち基地施設のための四一・八億ドルを米国が負担する。残りの六〇・九億ドルを日本が負担するのだが、その内訳はかなり複雑だ（表4）。

司令部庁舎などの建設費用二八億ドル（約三二〇〇億円）は、防衛関係予算から支出される（「真水」と呼ばれる）。残りの三二・七億ドル（約三七三〇億円）をJBICなどからの融資で賄おうというのだ。七〇〇〇億円にもなる巨額の経費を（かりに一〇年かけて）負担することになれば防衛予算だけが突出

表４　グアム移転経費の内訳

	事業内容	財　源	金額（億ドル）
日本側の負担	司令部庁舎 教場 隊舎 学校等生活関連施設	財政支出 （真水）	28.0 （上限）
	家族住宅	出資 融資等 効率化	15.0 6.3 4.2
		小計	25.5
	基地内インフラ（電力、上下水道、廃棄物処理）	融資等	7.4
	日本側負担の合計		60.9
米国側の負担	ヘリ発着場 通信施設 訓練支援施設 燃料・弾薬保管庫等の基地施設	財政支出 （真水）	31.8
	道路（高速道路）	融資または真水	10.0
	米国側負担の合計		41.8
総　　額			102.7

出所：防衛省・外務省資料より作成。

して増大することになる。財政支出の削減という政府の大目標がある以上、それはできないので、政府系の金融機関であるＪＢＩＣを使おうということになったのである。

　ＪＢＩＣなどが融資する三二・七億ドルは、グアムに設立される民間企業の共同事業体（ＳＰＥ）に貸し付けられる。この民間企業の事業主体は、「日本政府主導で選定する」ことになっている。日本政府は、三二・七億ドルは民間企業に貸すための資金であり、米軍住宅に軍人と家族が住むようになれば、家賃収入や電気・水道の使用料が入ってくるから、出資金や融資は回収されると説明する。

　しかし、米国の軍事施設建設のために日本の公的資金をなぜ使うのか。これが、この融資の最大の問題であり、誰もが抱く疑問だ。防衛省はその理由について、（一）在沖海兵隊の移転は「沖縄県の強い要望でしたので、我が国として米国に主体的・積極的に働きかけた結果、今回の合意にこぎ着けたものです」、（二）在日米軍の国内移転については日本が負担していたのであり、「今回は海外に移転しますが、海兵隊の任務には依然として我が国の防衛が入っています」、（三）米国に予算の制約があるので、「グアムで必要となる施設やインフラの整備を米国単独で行った場合、かなりの長期間を要する」、と説明していた（「在沖米海兵隊のグアム移転について」防衛省、発行年不明。最新版は防衛省のホームページ http://www.mod.go.jp/j/approach/zaibeigun/saihen/iten_guam/index.html を参照。ただし、最新版には、負担理由の説明はない）。

日本では「米海兵隊のグアム移転」と説明されているが、これは正確な表現ではない。グアム島で進んでいるのは「米軍増強計画」（military buildup）と呼ばれる、米軍の世界的な再編計画の一環として、グアム島を新たな軍事拠点にしようという計画である。沖縄にいる米海兵隊のグアム移転は、この増強計画の一部である。したがって「沖縄の負担軽減」のための海兵隊グアム移転のための経費負担というよりも、米軍増強のための援助といった方が実態に近い。

この米軍増強計画に対して、日本政府はすでに二〇〇九年度に約三五三億円を出し、二〇一〇年度予算では約四六八億円を計上した。二〇一一年度は、「真水」事業への出資一四九億円に加えて、インフラ整備（上下水道）のためにＪＢＩＣへの出資三七〇億円が計画されている。最終報告書がスケジュール見直しを示唆した最大の原因はインフラ整備、とくに上下水道の整備不足だったので、日本の資金を使ってインフラ整備を進めようという考えだ。

米国の要求に応じて資金を出している日本と比べて、米国議会は、グアムでの工事が遅れていることを理由にこの米軍増強計画関連予算を大幅に削減している。二〇一一会計年度では政府原案で約四億五二〇〇万ドル（約四〇七億円）の予算が計上されたが、上下両院は七〇％削減で合意し、一億三二〇〇万ドル（約一一九億円）だけが認められることになった（「朝日新聞」二〇一〇年一二月一八日）。二〇一二会計年度の予算教書では、前会計年度の要求額から六三％減った約一億五六〇〇万ドル（約一四〇億円）が計上されたにすぎなかったが、米上院歳出委員会は全額削除した（「沖縄タイムス」WEB版、二〇一一年六月三〇日）。

グアム島での上下水道などインフラ整備の遅れによって、予定していた二〇一四年までの計画完了が困難になったことが明らかになってきた二〇一〇年六月、ゲーツ国防長官は北沢防衛相に、インフラ整備に協力を求める書簡を送った。この要請を受けて日本政府は「ＪＢＩＣを中心に民間金融機関で融資団を組み、インフラ整備にあたる事業主体に資金提供する」ことなどを検討し始めた（「朝日新聞」二〇一〇年八月二六日）。この背後には米軍基地関連事業に日本企業を参入させようという意向、ＪＢＩＣを活用した大型融資を進めたいという意向があるようだ。

民主党政権のＯＤＡ政策は、「持続的な経済成長の後押し」を柱の一つにしている。ＯＤＡなどを使って、エネルギーやレアメタルのような鉱物を確保し、あわせてアジアを中心に鉄道や原子力発電所などのインフラを輸出しようとする考え方だ。民間企業との連携もはっきりと打ち出している。

この動きの背後にいるのは、巨大民間企業である。経済産業省は二〇〇九年七月に「レアメタル確保戦略」をまとめ、「途上国での民間企業の権益獲得を後押しするため、政府の途上国援助（ＯＤＡ）を活用して鉱山周辺に鉄道や道路を整備したり、国際協力銀行などの融資を受けやすく」することにした（「朝日新聞」二〇〇九年一二月二五日）。また、大豆やトウモロコシなどを確保するために中南米などで生産拡大をする商社などにＯＤＡを使ってインフラ整備をさせる計画も進めようとしている。ＯＤＡだけでなく、ＪＢＩＣを通じた融資も「戦略的援助」と位置づけ、巨大民間企業による資源・食糧の購入やインフラ輸出受注のための手段として積極的に使おうとしている。

民主党政権は、そのために、二〇一一年二月二五日、株式会社国際協力銀行法案を閣議決定し、二〇一二年四月にはＪＢＩＣを日本政策金融公庫から独立させ、新会社（国有化）にする法案を成立させた（法案は財務省のホームページ http://www.mof.go.jp/houan/177/sk230225h.pdf で読むことができる）。新会社は、これまで「途上国」に限定されていた投融資先を「先進国」にも広げていくことになる。

米国に強要されたグアム島での米軍増強計画へのＪＢＩＣ融資を逆手にとって、これを民主党政権が進める「戦略的援助」の先取りとして考えようというのだろう。しかし米軍基地に関連するインフラ整備に日本の金融機関が融資し、そのプロジェクトを日本企業が請け負うようになるとすれば、それは新たな「軍需産業」の誕生と言わざるをえない。もっと大きく言えば、これは日本の経済が軍事化していくことにつながる動きなのである。

グアムで何が起きているか

グアム島は、人口が約一七万人、日本の淡路島、沖縄本島の半分ほどの小さな島である。この島は先住チャモロ民族が住み、国連が脱植民地化を進めるべきとした植民地の一つである。したがって、グアムにおける米軍増強の問題は、先住民族の権利の問題でもある。

この小さな島の約三〇％を米軍基地が占有している（地図参照）。主な米軍施設は、島の北側にあるアンダーセン空軍基地（三〇〇〇メートル滑走路二本）、西岸のアプラ海軍基地（攻撃型潜水艦二隻の母港）、南部の海軍弾薬庫と演習場である。ベトナム戦争の時には北ベトナムを爆撃するためのＢ５２の出撃基地だったが、冷戦の終結にともなって駐留米軍は縮小されていった。二〇〇八年三月末にグアムに駐留していたのは「空軍一八〇〇人、海軍約一〇〇〇人」だった（吉田健正『沖縄の海兵隊はグアムへ行く――米軍のグアム統合計画』高文研、二〇一〇、四〇頁）。

米太平洋司令軍は、二〇〇八年四月に米軍再編の一環として「グアム統合マスタープラン」を公表し、グアム島にある米軍基地の増強を明らかにした。このプランを実施するための「環境影響評価書（ＥＩＳ）の素案」（以下、「ＥＩＳ素案」）が二〇〇九年一一月二〇日に発表された(9)。これによって、これまで曖昧にされてきた米軍増強計画の内容がグアム住民にも知られるようになり、住民から計画に反対・再考の声が高くなっている(10)。

グアムの主な軍事施設

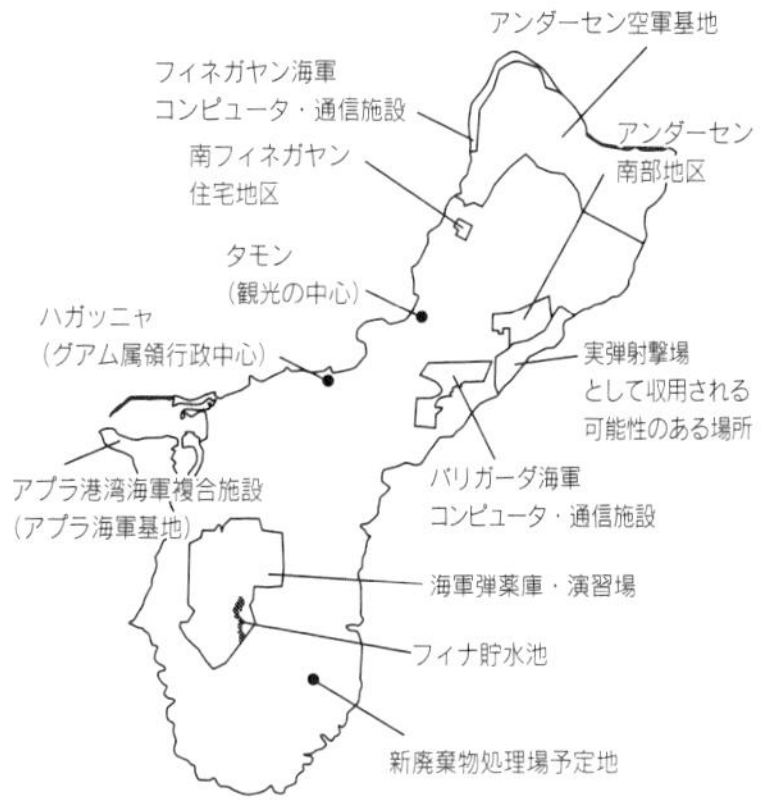

（9）「ＥＩＳ素案」（正式名称は「グアムと北マリアナ連邦の軍移転――沖縄からの海兵隊移転、空母一時寄港埠頭、陸軍対空・ミサイル防衛部隊」素案）の内容と問題点については、山口響「短期集中連載　海兵隊グアム移転――誰のための負担軽減なのか（２）」『季刊ピープルズ・プラン』四八号、二〇〇九および吉田健正、前掲書に詳しい。

（10）「毎日新聞」二〇一〇年四月三日、「朝日新聞」二〇一〇年四月四日を参照。これまでグアムの声を伝えていなかった日本のマスメディアに、二日続けて米軍増強に反対するグアムの動きが載った。

米軍増強計画は大きく、（一）沖縄から八六〇〇人の海兵隊とその家族九〇〇〇人の移転、あわせて海兵隊の訓練機能・飛行場機能・沿岸機能の移転、（二）原子力空母寄港のための埠頭建設などアプラ海軍基地の拡大、（三）アンダー

アンダーセン空軍基地。

セン空軍基地への陸軍対空・ミサイル防衛部隊の配備、に分けることができる。これを二〇一四年までに実現しようというのだから、グアム住民にとっては大問題である。

　米軍増強を歓迎しているとみられていたフェリックス・カマーチョ知事（当時）も、任期中最後の「グアム島一般教書演説」（二〇一〇年二月一五日）の中で「ＥＩＳ素案」を批判し、このままでは「ＥＩＳ素案」を受け入れられないと明言した（http://guamgovernor.net/content/view/484/2/）。

　カマーチョ知事が問題にしているのは、（一）米軍増強にともなう「痛み」の軽減に関する社会整備資金を米国政府がはっきり示していないこと、（二）二〇一四年までに米軍増強を終えるとするには期間が短すぎること、（三）実弾射撃場の設置とアプラ海軍基地の浚渫工事の見直しに米国政府が応じないこと、の三点である。とくに、（三）の実弾射撃場の設置にともなって政府が提案している土地（「グアム先祖土地委員会」と「チャモロ土地トラスト委員会」が所有する土地）の強制収用については支持しないことを明言している。

　グアム島選出の米連邦下院議員（ただし投票権はない）マデーレン・ボダーリョも、「ＥＩＳ素案」に対する批判をはっきり述べた。米軍増強によってグアム住民が再び土地を奪われることには反対であり、「現在の基地内で米軍増強を行うべきだ」とした。そして、射撃訓練場の建設と原子力空母入港のための浚渫工事（によるサンゴ礁破壊）を見直し、グアム住民の社会・経済的な改善について全面的に書き換えすることを求めたのである（http://www.house.gov/list/press/gu00_bordallo/pr0216201 0.html）。

グアム議会は、満場一致で「ＥＩＳ素案に対する所感」を決議した。この決議は、以下のように、かなり強いトーンでグアム住民の意向を無視した軍事増強計画への不快感を示している。

「米国における最も小さなコミュニティの一つにおいて、米国史上最も大規模な平時における米軍増強が計画されているが、このような過大な軍事的負担を強いるのであれば、グアムの市民コミュニティのことをもっと深く真剣に考慮する必要がある」。

米連邦環境保護局（ＥＰＡ）も、現行の計画のままでの実施は認められないと、素案に「落第点」をつけた。その理由として、急激な人口増を予想しているにもかかわらず、上下水道整備計画が不十分で住民の健康に大きな被害が予想されること、アプラ港の浚渫工事によってサンゴ礁による生態系が破壊されることなどを挙げている。

しかし、二〇一〇年七月二八日にＥＩＳ最終報告書が発表され、九月二〇日には米国防総省がその決定書を出した。これで米軍増強計画の事前手続きはすべて終了したことになる。

もちろん、このまま米軍増強が進んでいけば、自分たちの暮らしや文化、自然環境が破壊されると考え、多くのグアム住民が声をあげている。(11)グアムに投じられる巨額の資金が米軍基地の機能増強と米兵の住宅環境の改善等のみに使われ、「フェンスの内」（米軍基地）と「フェンスの外」（グアム社会）の格差がさらに広がっていることも、反感を募らせる理由となっている。

（11）私は二〇一〇年二月と九月の二回、ピープルズ・プラン研究所の山口響さんとグアムでいろいろな人たちの声を聞き、議論をしてきた。現地調査で行なったグアム住民や州議会議員へのインタビューは、『季刊ピープルズ・プラン』五〇号、ピープルズ・プラン研究所、二〇一〇）に掲載されている。グアムの住民が米軍基地についてどう考えているか、さまざまな考えを知ることができる。

米軍増強計画によってゴミ処理量が増え地下水が汚染されることを憂慮する地元の住民ジョー・チャガラフさんは、こう言う。

「グアムには二つの社会がある。米軍社会とグアム市民の社会だ。でも、米軍社会が基地の中で決めることはグアム社会を苦しめる。私は基地の中に入れないが、軍人は島のどこにでもやってくる」（前掲『季刊ピープルズ・プラン』五〇号、九一頁）。

チャモロ民族の遺跡があるパガット地区を射撃訓練場予定地とするという決定に対し、二〇一〇年一一月一七日、「We Are Guahan（私たちはグアハン）」などが、EIS最終報告は不適当なものであるとして、米国防総省などを相手どって、EISの公告やりなおしと工事差し止めを求める訴訟をホノルルの米連邦地裁に起こした。

「チャモロ・ネーション」のバナー。

「We Are Guahan（私たちはグアハン）」はグアム大学の教員や学生が中心となったグループで、「チャモロ人の自決権」を掲げた運動ではない。しかし若い世代が中心となった運動の背景には、長い間「脱植民地化」と「自決権」を訴えてきた先住チャモロ民族のたたかいの歴史がある。

日本との関係で言うと、グアムは日本が四年近く占領し、殺戮と破壊を行った島である。一九四四年八月に、米軍がグアムを日本から「解放」してから、米国はこの島をそのまま接収（強奪）し「米国領」（現在は「未編入領土」と呼ばれる）とされた。そのため、日本による占領と破壊に対する補償も賠償も、一切行われていない。にもかかわらず今度は、その島を再び軍事化し、グアムの水や土地などの資源を奪うために日本の公的資金が大量に投入される。

何よりまず、日本政府はこの歪んだ関係を正す必要がある。そのためには、米軍増強計画への資金提供を速やかにストップすることだ。そして国連の先住民族権利宣言に賛成している政府として、この宣言が先住民族の土地における非軍事化（第三〇条）をはっきり謳っていることを真面目に考えるべきである。チャモロ民族の自決権・先住権の尊重こそが、いま日本政府がすべきことなのである。問題は私たちに向かって差し出されている。

おわりに

軍事援助は、とてもわかりやすい援助だ。なぜ外国の軍隊に武器を供与する／資金を提供するのか、多くの人が疑問に思うことではないだろうか。そんなお金があるのなら、「貧しくて学校へ行けない子どもたち」や「ＨＩＶなどの感染症で苦しむ人たち」に援助した方がいいのではないか、と思う人も多いはずだ。たしかにそうなのだ。無くなった方がいい援助なのだ。

本章では、援助（外国に対する資金や物品などの提供）というものの枠を広げて考えようとした。これまではＤＡＣに加盟している「先進国」が「途上国」に対して資金などを供することが「援助」だと考えられてきたが、そのことから考えなおす必要が出てきたのではないか。軍事援助は、「先進国」と「途上国」を区別せず、同盟国・友好国に対して行われるきわめて政治的・戦略的な援助といえる。しかし、これは軍事援助に限ったことだろうか？　ＯＤＡはどうだろうか。

軍事援助は、人々の暮らしを良くすることには全く役立たないが、それを受け取る「政府」や「軍隊」にとっては役立つ。これは軍事援助に限ったことだろうか。

軍事援助は、「新しい武器が必要だ」「平和や安全保障のためには軍隊が必要だ」という軍事への依存性・軍事化をつくりだす可能性をもつ。外国からの支援によって依存性がつくりだされていくという問題は、軍事援助よりも経済援助の方が深刻なのではないか？

軍事援助という視点から、援助とは何かを考えなおしてみる。軍事援助をなくすという声を上げることは、いまの援助体制そのものを見直すことにつながるのではないか、というのがここでの問題意識である。

もう一つの問題意識がある。それは、自らは「一切の戦力（軍隊）はもたない、一切の戦争と武力行使はしない」と決めている日本が、他国に対して戦力と戦争を支援してもいいのか、ということである。日本政府は「平和の構築・定着」を重視している。「平和構築」とは、多国籍軍が介入して「紛争」を終わらせ、続けて復興支援・武装解除などを行い、新政府を樹立するという一連のプロセスである。その中に新国家における軍隊の創出も含まれているとすれば、「平和構築」プロセスは軍事援助と限りなく重なっていく。このような平和構築のあり方は、日本の憲法に違反しているのではないか。

「平和構築」から軍事的要素を全て除くと何が残るか。この点についてもっと突っ込んだ議論をすべきだったが、本章では、深く考えることができなかった。今後の課題である。この課題は、「民衆の安全保障」という考え方を、もう一度きちんと議論することにつながっていくはずだ(12)。すなわちそれは、大国中心の、「国家が平和をつくる」かのような「平和構築」のあり方を批判的に捉えなおし、「人々が平和をつくる」という原則をどうやって打ち立てていくか、という問題である。この原則を打ち立てていくには、一方で軍隊を送り込み（あるいは、その軍隊を後方支援し）ながら、一方で「援助（支援）」しているという構造そのものを変えることが必要なのだ。争いが終わってほしい、軍隊にいなくなってほしいという人々の気持ちが、平和をつくるための原則となるべきではないだろうか。そのためにも、日本における軍事援助を具体的に考え、その一つ一つを検証して、軍事援助を削減・廃止にもっていくことが必要だと考えている。軍事援助をなくすことは、今の援助を「平和をつくりだす援助」に変えることにつながるはずだ。議論を始めましょう。

(12) 日本における「民衆の安全保障」についての議論は、二〇〇〇年に沖縄で行われた国際フォーラムの記録（『ピープルズ・プラン研究』vol.3, no.4、通巻一〇号）にまとめられている。また「民衆の安全保障」の原型ともいえる思想は、ベトナム反戦運動の中ですでに芽を出していた。その一例として鶴見良行「新しい世界と思想の要請」著作集2『べ平連』みすず書房、二〇〇二（初出一九六六）がある。

参考文献

梅林宏道『在日米軍』岩波書店、二〇〇二。

草野厚『日本はなぜ地球の裏側まで援助するのか』朝日新聞社、二〇〇七。

佐藤文香『軍事組織とジェンダー』慶應義塾大学出版会、二〇〇四。

武者小路公秀編『人間の安全保障』ミネルヴァ書房、二〇〇九。

Glennie, Jonathan , *The Trouble with Aid: Why less could mean more for Africa*, London, Zed Books,2008.

Tandon, Yash , *Ending Aid Dependence*, Cape Town, Fahamu Books , 2008.

Essay 2 差別を強化する琉球の開発

松島泰勝

琉球は日本の植民地

かつて琉球（沖縄）が国であったころ、琉球は中国、朝鮮、日本、東南アジア諸国等と交流し、交易を行う島としてアジアの中で独自の存在感があった。しかし一六〇九年、薩摩藩は琉球国を侵略し、この国は幕藩体制下に置かれた。琉球国は江戸幕府への朝貢と薩摩藩への納税を強制され、薩摩役人が首里城で王府を監視した。奄美諸島は琉球から切り離され、薩摩藩の直轄領となり、サトウキビ・モノカルチャーの強制、奴隷制度の形成、飢饉・餓死、抵抗という植民地の歴史の道を歩んできた。

一八七九年、日本政府は軍隊を用いて無理やり琉球国を滅亡させ、国王を東京に拉致し、琉球を日本に併合した。日本政府は一連の併合過程を「琉球処分」と名付けた。何も問題のない琉球を日本が「処分」したという歴史捏造が行われた。琉球は沖縄県という日本の一地方になり、外交権、貿易権、内政自治権を奪われた。国際法でも違法な「琉球処分」に対して日本政府は現在まで謝罪、賠償を行っていない。近代において琉球人は同化、皇民化政策、差別の対象となった。日本企業や日本人によって県経済が支配され、県知事をはじめとする県庁幹部も日本人がほぼ独占した。

一九四五年、琉球は日本「本土」を守るために「捨て石」にされ、島々で地上戦が展開された。海に囲まれた島嶼で琉球人は戦争に巻き込まれ、逃げ場がなく、当時の琉球の全人口約四九万人のうち約一五万人が死亡した。琉球人を日本兵が虐殺し、集団死が強制された。琉球人を人質にして地上戦を展開したのであり、「民族抹殺」の行為であると言える。日本政府は現在でも日本軍による集団死の強制という事実を教科書から抹殺しようとしており、琉球人に対する「戦争」は今も続いている。終戦後、一九七一年まで琉球は米国の軍事植民地となった。琉球は実質的な米国領土となり、軍事基地優先の政策の中で琉球人は土地や生命を奪われた。米軍人が琉球人を殺害し、レイプしても、刑に服することなく米国に逃げ帰る事例が頻発した。

日本政府は琉球を切り離して米軍統治下に置き、軍事費負担を軽減し、一九五〇年代に日本人の安全を守るために在日海兵隊を琉球に移駐させ、琉球の米軍基地を拡大させた。さらに琉球人抜きの日米政府間の交渉だけで、琉球の日本への「復帰」を決めた。政治的地位についての住民投票という、通常の植民地がたどるような国連監視下における脱植民地化の過程も認められなかった。

一九七二年の日本「復帰」以降、琉球は日本政府主導の開発、画一化政策の下で翻弄された。日本の行政・政党・企業による系列化が進み、「本土」と同一の法制度が適用された。琉球は観光植民地となり、基地や振興開発によって社会は分断化され共同体の破壊も進んだ。

今の琉球も日本の植民地である。なぜなら日本全面積の〇・六％しかない琉球に米軍専用施設の七四％を集中させるという異常な状態を、琉球人が反対しているにもかかわらず、戦後六六年間、「復帰」

後三九年間も続けているからである。多くの琉球人が「沖縄差別」と叫んでも、それは「〇・六%」分の声でしかなく、日本人は無視し、国ぐるみで琉球を「被差別部落」にしてきた。

日本の国益と国際協力が緊密に結びついているように、琉球では「本土の抑止力」という国益と開発とを日本政府はリンクさせて基地を押し付けてきた。一九七二年に琉球は日本「復帰」した。以来、沖縄振興開発特別措置法（二〇〇二年より沖縄振興特別措置法）に基づき、東京にある沖縄開発庁（二〇〇一年に内閣府沖縄担当部局に組織改編）の主導によって、「経済自立、格差是正」を目標にした開発計画が作成、実施されてきた。

一九七二年から二〇一〇年まで琉球に投下された振興開発資金、約九兆九〇〇〇億円のうち約八割が公共事業である。公共事業の半分以上は日本「本土」の建設企業が受注し、開発資金の多くが「本土」に還流した。「ひも付き援助」と言われる日本のODAと同じ構造である。開発の目玉とされた自由貿易地域那覇地区、特別自由貿易地域でさえ期待したほどの企業は進出せず、金融業務特別地区と情報通信産業特別地区は「認定企業なし」の無残な結果に終わった。その原因は日本政府がこれらの特区構想を骨抜きにし、琉球を日本に依存させようとしたからである。

開発によって琉球は経済自立を果たせたのだろうか（以下の統計数値は沖縄県企画部企画調整課、二〇一〇年に基づく）。二〇〇七年における沖縄県歳入の地方税比率は一九・九%でしかない。二〇〇七年の県外受取の構成比をみると、国からの経常移転が三九・〇%、観光収入が一九・六%、米軍基地からの要素所得（軍雇用者所得+軍用地料+その他）と米軍等への財・サービスの提供が九・五%である。二〇〇九年の失業率は七・五%（全国五・一%）である。とくに若年者の失業率が高く、一五〜一九歳が二二・二%（九・六%）、二〇〜二四歳が一五・〇%（九・〇%）である。二〇〇七年の一人当たりの県民平均所得は約二〇五万円であり、全国平均の約二九三万円、東京都民平均の約四五四万円に比べると大きな格差がある。二〇〇四年の琉球全世帯のジニ係数（一に近づくほど格差が大きい）は、収入が〇・三四四（全国〇・三〇八）、貯蓄現在高が〇・六五四（〇・五五六）、住宅・宅地資産額が〇・六三一（〇・五七三）であり、県内格差も拡大している。全雇用者中の非正規雇用者比率の推移をみると、一九九七年が二六・七％（全国二一・九％）であったが、二〇〇七年には三九・〇％（三三・〇〇）に増大した。

このように開発によって琉球は経済自立するどころか、国に依存し、県内外の格差が拡大したのである。赤土汚染や埋め立てにより珊瑚礁が破壊され、ハコモノやインフラの維持管理費増大により自治体の財政状況が悪化した。「本土」企業による土地買収、地元企業の系列化・吸収合併が進み、多くの地元企業は淘汰され、倒産や失業者が増大した。不安定・低賃金・重労働雇用を特徴とする観光産業、情報通信産業、その他のサービス産業等は成長したが、収益の大部分は本社がある「本土」に還流した。

カネによって基地を押し付ける日本政府

一九九五年の三人の米兵による少女レイプ事件後、日本政府はカネ（開発）によって米軍基地を琉球に押し付ける戦略を明確にした。その推移を次に見てみたい。琉球における「国際都市形成構想」の実現を目指して、一九九六年、政府は沖縄政策協議会（首相を除いた全閣僚と沖縄県知事が出席）を設置し、九七年に特別調整費五〇億円の支出を決定した。

一九九八年二月、大田昌秀沖縄県知事（当時）が普天間飛行場代替施設の受け入れを拒否すると、鈴木宗男沖縄開発庁長官（当時）は「振興策と基地問題はリンクする」と述べ、閣議決定された「特別自由貿易地域制度や沖縄型特定免税店制度の創設、自由貿易地域那覇地区の拡充等についての法律案」の

米軍ヘリが墜落した沖縄国際大学（2004年）。

国会提出を留保させた。この年、政府は沖縄政策協議会を開催せず、内閣府の琉球担当職員も大幅に削減し、特別調整費による六一件の事業案を放置し、「沖縄経済振興二一世紀プラン」の策定を凍結した。日本政府は開発（アメ）を停止し、揺さぶりをかけることで基地（ムチ）を沖縄に押し付けようとした。

一九九八年一二月、稲嶺恵一が知事になると、政府は一年ぶりに沖縄政策協議会を再開させ、一〇〇億円の特別調整費の計上と同調整費による各プロジェクトを具体化し、「沖縄経済振興二一世紀プラン」の策定を進めた。九九年一二月、政府は普天間飛行場移設先や周辺地域の振興開発、駐留軍用地跡地利用を促進する方針を明示した。また第三次沖縄振興開発措置法が二〇〇二年三月に期限切れとなるため、二〇〇一年の沖縄政策協議会において沖縄振興新法、新沖縄振興計画の策定を決定した。

辺野古新基地に関して、沖縄県は軍民共用空港の沖合建設、一五年の使用期限を求めていた。しかし、二〇〇五年、日米両政府は軍空港を沿岸域に建設するV字型滑走路案に合意した。建設内容に関して政府と県が対立したため、政府は沖縄県を無視して名護市を中心とする北部市町村と直接交渉を行った。二〇〇六年、政府は名護市と「普天間飛行場代替施設の建設に係る基本合意書」を取り交わし、名護市はV字案を承諾した。同年、普天間飛行場移設協議会において北部振興事業の継続が決まり、他の北部市町村もV字型案を了承した。

V字型案を認めない沖縄県に対して防衛省が反発し、北部振興事業の新規・継続事業を一〇月間、凍結した（二〇〇七年一一月に凍結解除）。日本政府は県と北部市町村とを分断し、北部市町村と直接交渉し、開発というカネで沖縄人の頬をたたくことで基地を建設しようとしたのである。

しかし基地経済による経済自立は虚構である。名護市には六〇〇億円以上の基地関連の開発資金が投入されたが、失業率一二・五％（二〇〇五年）、法人事業税の減少、起債残高の増加、商店街の衰退等の問題が発生している。他の基地所在市町村も琉球全体の平均に比べて失業率が高く、ハコモノの維持管理費により財政が逼迫している。たとえば、嘉手納町の失業率は一八・〇％（二〇〇五年）であり、基地関連の開発資金が投下された沖縄島北部地域の人口減少も顕著である。

二〇〇六年における沖縄県平均の土地生産性（全産業の生産額［付加価値額］÷土地面積）は、一平方キロメートル当たり一六億円であるが、米軍基地は九億円でしかない。基地返還後の経済効果をみると、牧港住宅地区（那覇新都心）の雇用効果が三六倍（一九六人→七一六八人）、天願通信所が六〇八倍（四人→一四三一人）、那覇空軍・海軍補助施設（小禄金城地区）が一四倍（四七〇人→六七九六人）である。さらに、二〇〇七年度における普天間基地関連の基地収入は一ヘクタール当たり二八七一万円であるが、宜野湾市の非基地地域における一ヘクタール当たりの生産高は七二八三万円に上る。基地経済よりも基地跡地、基地がない場所のほうが遥かに経済効果が大きい。「基地によって沖縄が潤っており、基地がないと沖縄経済が破綻する」という言説は、日本人の妄想である。

先住民族・琉球人に対する現代的人種差別

「復帰」後三九年間の開発行政は格差是正・経済自立を実現させず、日本政府への従属度を深め、基地

米軍ヘリ墜落に抗議する沖縄人の老人。

の固定化を進め、自然環境を大きく破壊し、琉球にとって失敗であった。他方、開発によって基地負担を琉球に押し続けることができた日本政府にとっては成功であったと言えよう。失敗の主な原因は、（一）画一的な開発手法、（二）予算配分率の固定化、（三）開発計画の策定・実施過程における琉球側の主体的な参加の欠如、（四）中央官庁による介入・規制・指導、（五）基地と開発とのリンク政策である。

本来、開発（発展）は経済自立、住民福利の向上、基本的人権の保障等、人間の安全保障を促進することを目的とする。しかし、琉球では人権を侵害し続ける米軍基地を固定化するための手段として開発が利用されてきた。「復帰」後、琉球は、基地と切り離して開発自体を目的とした開発行政を実施することが許されない状況に置かれてきた。これは琉球人に対する差別的処遇である。開発は基地の過重負担の「代償」にならず、振興開発による基地と住民との「共生」も不可能である。「基地との共生」を目指した沖縄米軍基地所在市町村活性化特別事業（島懇事業）等によって基地所在市町村は発展せず、基地被害を受ける日々が今も続いている。

基地は島の平地を占拠し、逸失利益を増大させ、都市計画の障害となり、環境的、社会的、身体的なさまざまなコストや被害を生み、住民に不安な生活を余儀なくさせている。人間の安全保障を否定するのが基地であり、このような基地を固定化するために開発が利用され、構造的な琉球差別を深化させている。これが日本の国内版ＯＤＡの実態である。

琉球人は一九九六年以来、先住民族として国連の先住民族関連の会議に参加してきた。先住民族とは、特定の地域に住み、独自の言葉・社会組織・信仰・精神構造・経済様式・慣習的法制度・土地制度など、他の地域とは異なる生活世界に住み、大国やマジョリティの民族により支配・収奪・差別されてきたという植民地の歴史を有し、また現在もそのような状況に置かれている人々である。歴史・文化・自然に基づいて自らの属性を自覚することが先住民族の規定において重要になる。先に述べた琉球の植民地史から考えても、琉球人は先住民族であると言える。

二〇〇八年一〇月、国連の市民的および政治的権利に対する規約（通称Ｂ規約）人権委員会は琉球人を先住民族として認め、その文化や伝統生活様式の保護、民族教育の実施を日本政府に求めた。それに対し、日本政府は、琉球人を民族として認めず、自らの開発行政によって琉球の「文化振興」に取り組んでいると反論した。しかし、実際は、先に指摘したように開発により琉球人は民族としての生活や記憶が奪われ、生存基盤が破壊され、米軍基地を押し付けられ、日本の政府・企業・日本人による支配・搾取体制に置かれるようになった。

二〇一〇年三月、第七六会期国連人種差別撤廃委員会は日本政府に対し次のような勧告を行った。「委員会は、沖縄における軍事基地の不均衡な集中は、住民の経済的、社会的及び文化的権利の享受に否定的な影響があるという現代的形式の差別に関する特別報告者の分析を改めて表明する」（特別報告者とは国連の人種主義・人種差別に関する特別報告者である、セネガル出身のドゥドゥ・ディエン氏。二〇〇六年に琉球に存在する差別を含む報告書を国連総会に提出した）。

二〇一一年六月、私は国連脱植民地化特別委員会にグアム政府代表団の一人として参加し、グアムと琉球における植民地化過程の共通性を指摘したうえで、両地域の軍事化がリンクしていること、そして両地域の脱植民地化、脱基地化を国連の監視下で行うべきことを訴えた。

鳩山由紀夫前首相は琉球人への公約である米軍基地の「県外移設」を撤回し、米軍新基地を名護市辺野古、徳之島に建設する日米合意を結んだ。菅直人首相は二〇一〇年一〇月、沖縄県知事選直前に、沖縄基地負担軽減部会と沖縄振興部会を開催した。基地と開発とをリンクさせることで、辺野古新基地を建設しようとする人種差別政策は自民党政権だけでなく、民主党政権下でも続いている。

琉球人に対する人種差別を越えるには

開発によって基地を押し付けるという日本の人種差別政策から琉球が脱却するには何をなすべきだろうか。まず内閣府沖縄担当部局を廃止し、「琉球発展計画」を島の共的セクター・自治体・地元企業が主体的に参加して作成・実施する体制に変える。つまり琉球自体が自治力を強化して開発依存から脱する。自治力とは島の未来を琉球人が考え、実行するという、国際法で保障された人民による自己決定権の行使によって実現されるのである。

次に基地の縮小撤廃を進め、基地と開発とを切り離すために、基地に係る開発を拒否し、基地押しつけ政策に対して、ガンジーが主導したような非暴力・非協力運動を展開する。日本政府による開発政策に対して琉球人は協力せず、平和的な手段で自らの生活をつくっていく。基地を押しつけ、人権を抑圧し、地域経済を困難にした開発は、琉球の平和や内発的発展にとって大きな壁となって立ちはだかっている。それを取り除く。

琉球の発展計画において「経済成長」「所得」「本土並み」を指標とするのではなく、「島嶼民幸福度」

等、新たな価値観を政策の柱にすえる。島にすでにある島の宝（自然、文化、歴史）を見直し、育て、島外の知恵・技術・ネットワークと融合させて島の自治、自立の土台にする。琉球内で経済活動をする日本企業に対して適正な課税を行い、「ザル経済」の穴をふさぎ、搾取構造から脱却する。

琉球はかつて平和交易国家であったが、現在は日米両国によって「極東のキーストーン＝戦争を生み出す悪魔の島」という屈辱的な性格を与えられている。しかし琉球は情報・物流・観光・健康・福祉・研究・平和・文化において、「アジア太平洋諸地域連邦」の結節点になることができる歴史的経験、地理的有利性、政治経済的力、文化力を有している。アジア太平洋の人々との顔の見える民際交流を通じて琉球を平和な島に変えて、「琉球差別の時代」を終わらせなければならない。

参考文献

沖縄県企画部企画調整課編『沖縄振興計画等総点検報告書―沖縄県振興審議会意見書（付帯）』沖縄県企画部企画調整課、二〇一〇。

沖縄県企画部編『経済情勢（平成二一年度版）』沖縄県企画部、二〇一〇。

西川潤・松島泰勝・本浜秀彦編『島嶼沖縄の内発的発展―経済・社会・文化』藤原書店、二〇一〇。

松島泰勝『沖縄島嶼経済史―一二世紀から現在まで』藤原書店、二〇〇二。

松島泰勝『琉球の「自治」』藤原書店、二〇〇六。

松島泰勝『ミクロネシア―小さな島々の自立への挑戦』早稲田大学出版部、二〇〇七。

宮里政玄・新崎盛暉・我部政明編『沖縄「自立」への道を求めて』高文研、二〇〇九。

「琉球新報」四・二五県民大会特集記事、二〇一〇年四月二五日。

第3章

イスラエル占領下の「開発援助」は公正な平和に貢献するか？

パレスチナ・ヨルダン渓谷における民族浄化と「平和と繁栄の回廊」構想

役重善洋

はじめに――「中東和平」と占領のノーマライゼーション

本章では、イスラエルのパレスチナ占領と国際社会の対パレスチナ援助の関係について批判的に検討する。なかでも、二〇〇六年に小泉首相（当時）が発表して以来、日本の対パレスチナ援助の目玉事業として位置付けられてきた「平和と繁栄の回廊」構想（以下、回廊構想）が孕む問題について掘り下げて考えたい。この構想は、この間、パレスチナ人から、占領の既成事実化に加担するものとして厳しい批判を浴びてきた上、具体的な成果をほとんど上げることなく、現在に至っている。

この問題を考えるには、まず、「中東和平」と呼ばれる政治プロセスにおける国際的な対パレスチナ援助のあり方全体を問い直す必要がある。日本の対パレスチナODAは、アメリカが主導してきた「中東和平」を財政的に支える役割を担ってきた。オスロ合意が結ばれた一九九三年以降、一一億ドルの支援がパレスチナにつぎ込まれてきたが、これは、アメリカに次ぐ援助額となっている。各国の被占領地への援助額の総計は、すでに累計一五〇億ドルに達している。

これらの対パレスチナ援助が他の「第三世界」への援助と決定的に異なる点は、言うまでもなく、それがイスラエル占領下にある地域への援助であるという点、そして「中東和平」を促進するための援助だとされている点にある。もちろん、九・一一以降、アメリカ軍政下にあったイラクやアフガニスタンに対する援助も占領地への援助であり、また、その目的には対パレスチナ援助に対するのと同じように、「平和構築」が掲げられてきた。しかしながら、パレスチナ西岸・ガザ地区における軍事占領は、その四四年という期間の長さと支配システムの徹底性という点において、対パレスチナ援助を取り巻く環境の特異性を際立たせている。

このパレスチナにおける占領と援助の問題を考えるあたって、重要な点でありながら、顧みられることの少ない問題がある。それは、対パレスチナ援助の国際法上の位置付けである。占領地住民の生活保障は、ハーグ陸戦条約（一九〇七年）およびジュネーブ第四条約（一九四九年）の規定により、占領国であるイスラエルが責任を負っている。したがって、西岸・ガザ地区への援助は、イスラエルの国際法上の義務を肩代わりすることとなり、また、「両地区は国際法上の占領地にはあたらない」とするイスラエルの主張にも与することになってしまうのである。一九九三年にオスロ合意が締結されるまでは、こうした「援助の非中立性」が考慮されていたこともあり、一部の国連機関を除いて、占領下パレスチナへの大規模な公的援助が行われることはなかった。

この状況はオスロ合意でイスラエルとパレスチナ解放機構（ＰＬＯ）がお互いの存在を相互承認したことによって急転した。日本を始め、多くの「先進国」は、「占領状態」は交渉によって遠からず終結するとの見通しの下、「和平」を促進するものとしてインフラ整備などの対パレスチナ援助を本格的に開始した。その前提には、オスロ合意において設定された五年以内の最終地位合意は可能であるという楽観的な考えがあった。しかし、その際、肝心の「和平」の内容についてのコンセンサスがないという致命的な問題は見落とされていた。占領国としてのイスラエルの法的立場はオスロ合意によって曖昧にされてしまったのである。

実際のところ、西岸・ガザ地区における軍事支配を国際法上の占領ではなく行政管理だという詭弁を弄してきたイスラエルにとって、「和平」とは、パレスチナ人の抵抗闘争を終わらせることを意味するに過ぎず、パレスチナ人に「自治権」以上の権利を与える用意はそもそもなかった。イスラエルに強いシンパシーを持つアメリカも、パレスチナ独立国家への支持を明確に打ち出していなかった。その一方で、それまで抵抗闘争の中心にあったPLOを基盤に創設されたパレスチナ暫定自治政府には、「国際社会」から莫大な援助マネーが流れ込んだ。このような事態は、自治政府の腐敗を招き、自治政府が民衆の支持を失っていく大きな要因となった。

「中東和平」が決定的に行き詰っているように見える現在、あらためて、次のような原則的な問いを考える時期に来ているように思われる。すなわち、一体、この二〇年間近くにわたり行われてきた対パレスチナ援助は、パレスチナ人の奪われた権利の回復という観点から見たとき、どのような意味を持ってきたのであろうか、という問いである。言葉の真の意味での「和平」にわずかでも貢献してきたのか、それとも逆行する役割を果たしてきたのか？

本章では、こうした疑問を根底から考えることを通じて、日本が進めてきた回廊構想が成功していない理由、そしてパレスチナ人大衆の支持を得られずにいる理由を考察したい。そして、占領下パレスチナに対する、あるべき援助のあり方を模索したい。

一　従属と抵抗――占領下におけるパレスチナ経済

パレスチナ問題の中の「占領」と難民問題

まず、本章における「占領」という言葉の意味について確認しておきたい。通常、パレスチナ問題の文脈において占領地とは、一九六七年の第三次中東戦争以降、イスラエルの軍事支配下に置かれ続けている地域を指す。すなわち、東エルサレムを含む西岸地区、ガザ地区、ゴラン高原である。本章でも、基本的にこの用語法に従うが、ゴラン高原はシリア領であるので、とくに説明がなければ、占領という言葉は、西岸地区・ガザ地区のイスラエル支配を指すものとする。

わざわざこのような確認をするのは、イスラエル国家自身が、一九四八年、西岸とガザを除いた「歴史的パレスチナ」（イギリス委任統治領パレスチナの領域）から先住民族の多くを追放し、難民化することによって成立した入植地国家であるからである。歴史的に見れば、現在、国際的にイスラエル領とされている地域自体が占領地であるとも言えるのである。

紙数の都合上、本章では被占領パレスチナにおける国際援助を中心に話を進めるが、日本が行ってきた対パレスチナＯＤＡの中には、国連パレスチナ難民救済機関（ＵＮＲＷＡ）を通じた援助が含まれており、そこでは、被占領地だけでなく、ヨルダン・レバノン・シリアで暮らすパレスチナ難民も支援対象に含まれる。パレスチナ難民が、現在イスラエル領となっている故郷に帰還する権利は、パレスチナ問題の核心であり、国連決議で繰り返し保障されてきた権利であるにもかかわらず、「中東和平」プロセスにおいて棚上げにされてきている。その彼らに対するUNRWAの予算は、難民人口の増加、対パレスチナ援助全体の増額にもかかわらず、近年減少の傾向にある。外務省によると、UNRWAの活動費に日本が支援拠出している金額は、一九九五年の約二〇〇〇万ドルをピークに、二〇一〇年現在、二〇〇万ドルを割り込むまでに落ち込んだという。ここにおいても、「中東和平」における援助と政治の問題が表れている。

占領地経済と対パレスチナ援助の共犯関係

第三次中東戦争後、イスラエルは、それぞれヨルダンとエジプトの支配下にあった西岸・ガザ地区を占領すると、両地区をイスラエルの経済システムの中に統合し、その従属化をはかった。イスラエルと競合する産業は細かく制限され、占領地の独占市場化が進められた。さらに水や土地などの資源収奪が行われた。とりわけ、東エルサレム周辺および西岸地区東部のヨルダン渓谷における集中的な入植地の建設は、西岸地区の経済的従属化を決定的なものとした。パレスチナ人にとってエルサレムは宗教・文化・経済の中心地であり、また、ヨルダン渓谷は豊富な地下水源で知られていた。この二地域が「ユダヤ化」されることで、西岸のパレスチナ人の経済は、南北に大きく分断された上、他のアラブ諸国の経済圏からも切り離された。土地や資源を奪われ、独自の産業発展の道を閉ざされたパレスチナ人は、イスラエル国内や入植地における低賃金労働による収入に依存するようになっていった。

このような状況に国際的な「お墨付き」を与えたのが一九九三年のオスロ合意であった。オスロ合意およびその後の一連の和平協定によって、西岸地区は、A・B・Cの三つの行政区分に区分けされ、都市部を中心としたA地区においてのみ、自治政府による行政管理と治安管理の双方が認められた。小さな村や町に限定されるB地区では自治政府の行政管理が認められる一方、イスラエル軍の駐留も引き続き認められることとなった。西岸の半分以上を占める残りの地域はC地区とされ、行政・治安管理の双方において、イスラエルの完全な支配下に置かれ、入植地も存続することとなった。

この「暫定自治合意」のおかげでイスラエルは、A・B地区における行政管理の財政負担から解放されただけでなく、C地区における占領について、暫定的とはいえ、容認されたかたちとなった。その結果、占領地への入植活動を違法とするジュネーブ第四条約の規定（第四九条）は、それまで以上に「国際社会」の中で実効力を失い、イスラエルは、最終地位交渉に向けた既成事実作りのため、さらなる入植地建設によってC地区の実質的な併合を推し進めた。それは同時に、C地区に取り囲まれているいくつもの自治区の相互間、あるいは自治区とイスラエルの間における人と物の移動の統制管理をイスラエル軍が完全に掌握するということを意味した。パレスチナ暫定自治区は、C地区に次々と新たに建設されていく入植地、入植者

図1　西岸地区

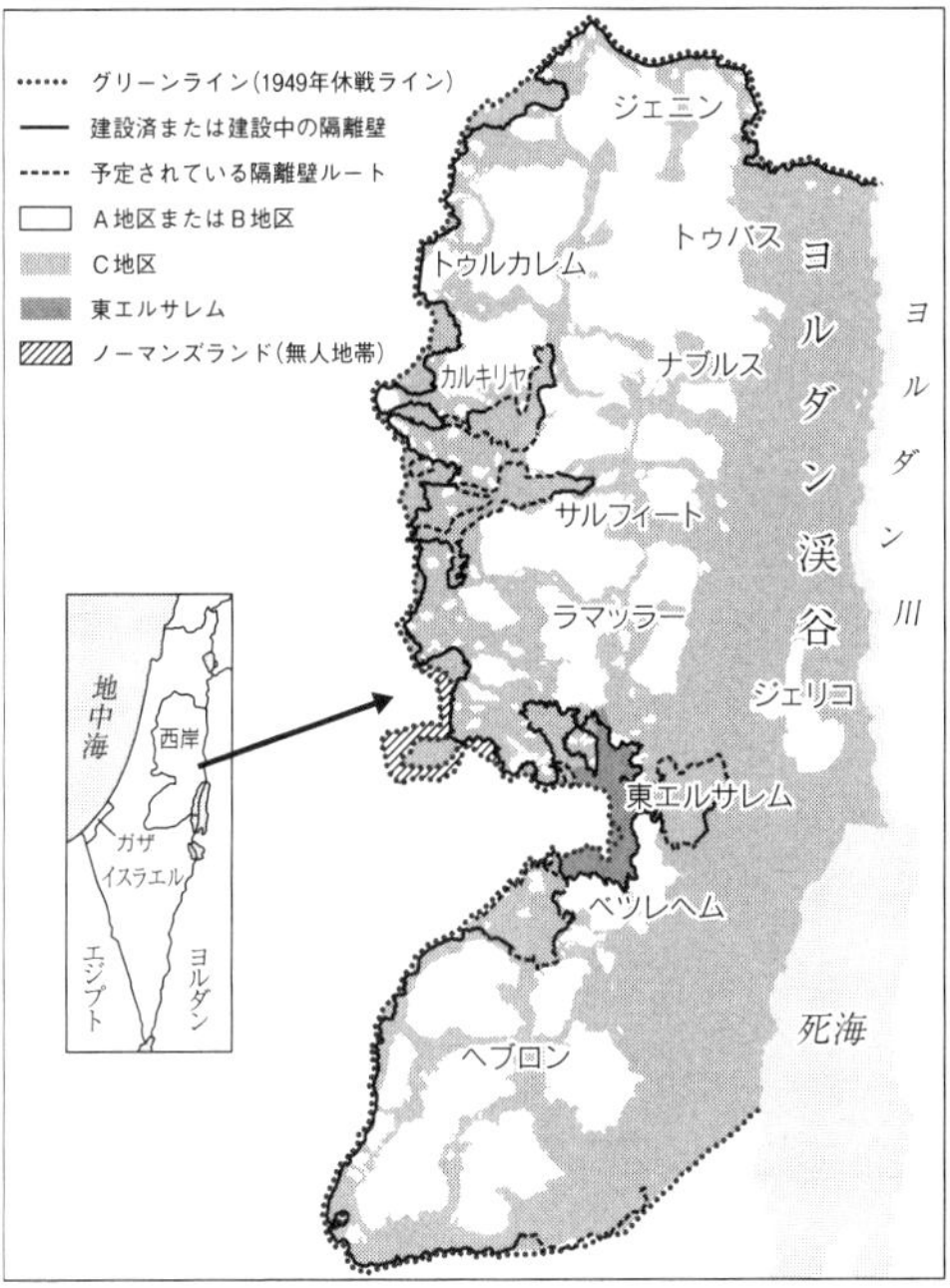

出所：国連人道問題調整部の地図（2011年2月）をもとに筆者作成。

専用道路、検問所、後には隔離壁等々の組み合わせによって、大小一五〇以上にもなる飛び地に分断されていった。それ自体が飛び地であるガザ地区においても、二〇〇五年のイスラエルのガザ撤退までは、やはり入植地や検問所によってパレスチナ人居住区は大きく三つのブロックに分断されていた。「中東和平」の名の下、パレスチナ経済の自立的発展の可能性はますます縮小していった。

パレスチナ人たちは、二〇〇〇年九月、軍事占領に対する大衆蜂起（第二次インティファーダ）をもって、この苦境を打破しようとしたが、イスラエルは自治区への大規模侵攻によって応え、パレスチナ人の農地や工場など産業基盤を集中的に破壊、それまでの援助によって整備されてきたインフラの多くも破壊された。また、一九八〇年代末の第一次インティファーダの時期から始まっていたイスラエルの労働市場からのパレスチナ人の締め出しは、頻発する自爆攻撃を経て一気に加速され、二〇〇二年には「隔離壁」建設の開始に至った。二〇〇〇年に一四・五％だった失業率は二〇〇三年には二五・七％となり、貧困率（一日二ドル以下で生活している人口の割合）は同じ期間に、二三・二％から六〇％に跳ね上がった（パレスチナ中央統計局資料）。

第二次インティファーダは、イスラエルの国際的イメージを再び悪化させ、「占領の負担」から逃れることに失敗させたと言えるが、その代償として、パレスチナ経済は崩壊状態に陥った。自立したパレスチナ経済を目指し、開発援助を中心に行われていた対パレスチナ援助は、暫定自治の崩壊を防ぐための緊急人道支援・雇用支援へと内容を変化させていった。

こうした状況からの脱却を目指し、二〇〇三年四月にカルテット（米・露・ＥＵ・国連）が発表した「中東和平ロードマップ」では、パレスチナ国家独立が明確に掲げられたものの、ブッシュＪｒ政権の親イスラエル姿勢を背景にイスラエルの入植地拡大は黙認され続けた。その一方で、「国際社会」によって財布の紐を握られている自治政府は、かつての植民地における多くの傀儡政権と同様、抵抗運動を弾圧する役回りを負わされ、民衆からますます乖離していった。

二〇〇六年一月のパレスチナ立法評議会選挙でハマースが勝利したことは、あらためて「オスロ・プロセス」に対するパレスチナ民衆の明確な拒否を表明するものであった。しかし、日本を含めた「国際社会」は、ハマース政権がオスロ合意を認めていないことを理由に自治政府への援助供与を凍結した。パレスチナ人は、民主的選挙の結果ゆえに実質的な経済制裁を受けることとなった。

この経済制裁は、二〇〇七年三月のファタハ・ハマース統一政権が誕生しても継続され、同年六月、自治政府がハマースの制圧したガザとファタハの独占支配する西岸とで分裂したとき、ようやく、西岸の自治政府への援助が再開された。しかし、ガザ地区に対する封鎖はその後も続くこととなる。

ガザ虐殺後の占領経済とファイヤード・イニシアチブ

二〇〇六年の選挙におけるハマースの圧勝は、アメリカ主導の「中東和平」に対する大きな打撃として受け止められた。しかし、それは、オスロ・プロセスにおける占領黙認という根本的欠陥を見直すことにはつながらず、対パレスチナ援助の技術的な軌道修正を促すに留まった。そのような「国際社会」の意志は、国際通貨基金（ＩＭＦ）の元上級役員で、自治政府財務相だったサラーム・ファイヤードが、パレスチナの中でほとんど支持が無いにもかかわらず（二〇〇六年の選挙で彼が率いた政党の得票率は三％に満たなかった）、ハマース追放後の自治政府首相に指名されたことにも現れた。彼は自治政府改革のイニシアチブを取り、財政の透明性確保、治安管理の強化、肥大化した公共部門の整理、民間投資の促進といった、世界銀行が世界中で進めてきた新自由主義的な改革を着実に推進しようとした。この方向性は、二〇〇七年一二月に発表された「パレスチナ改革開発計画二〇〇八 - 二〇一〇」（PRDP）によって打ち出され、「国際社会」は七七億ドルという、パレスチナでは過去最高額となる支援を約束した。二〇〇八～二〇〇九年冬のガザ虐殺は、このプロセスを一時的にストップさせたが、自治政府も「国際社会」も、イスラエル批判を最小限にとどめ、西岸優先・ガザ封鎖継続の方針は堅持された。二〇〇九年九月には、PRDPをより具体化させた「占領終結と国家建設――第一三期政府計画」（ファイヤード・プラン）が発表された。

ファイヤードを先頭に立てた自治政府改革は、「国際社会」で高い評価を受け、イスラエルも一定の協力を余儀なくされている。西岸地区内部における移動制限はかなり緩和され、欧米のメディアでは、ガザで起きた悲劇を忘れさせようとするかのように、西岸地区で二〇〇九年度に六・八％の経済成長率を実現したとか、ラマッラーにフィットネスクラブがオープンしたといった類のニュースが報じられている。

また、新自由主義的な政策だけが目立ったPRDPに比べ、二〇〇九年のファイヤード・プランでは、占領終結に向けた提言が多く見られる。たとえば、隔離壁と入植地を撤去するための政治的キャンペーンの実施、C地区における開発プロジェクトを進めるためのイスラエルに対する働きかけ、といった項目が目に付く。実際、ファイヤードは、隔離壁に対する抗議デモや家屋破壊の現場に頻繁にかけつけ、二〇一〇年からは、入植地製品に対するボイコット・キャンペーンを開始している。

しかし、これらの「ホワイト・インティファーダ」と呼ばれる動きは、あくまで官主導のキャンペーンであり、「アッバース後」を睨むファイヤードの選挙運動に過ぎないという受け止め方をするパレスチナ人も多い。「パレスチナの活況」も、実際には一部富裕層に限定されたものであり、被占領地全体が潤っているわけでは決してない。西岸地区の失業率を見てみれば、二〇〇六年に二三・四％だったのが二〇一〇年には二三・五％となっており、ほとんど変化がない。ガザを含めた被占領地の数字で見れば、二八・四％から二九・九％に悪化している（パレスチナ中央統計局資料）。

治安状況の改善も評価されているが、これはイスラエルや自治政府に対する大衆行動の制限やハマースに対する弾圧と表裏一体のものである。自治政府治安部隊の顧問として影響力を及ぼし続けているキース・デイトン米陸軍中将は、二〇〇七年のガザにおける政変の原因となった、ファタハによるハマースに対するクーデタ未遂を画策した中心人物であることが明らかになっている。

結局のところ、ファイヤード・イニシアチブの背景には、何としても二〇〇六年の選挙結果の再来を招くまいとする、「国際社会」と自治政府、さらにはイスラエルの一致した意志が働いていると見るべきであろう。そのことを最もあからさまに示しているのが、大虐殺後も続けられているガザの封鎖である。失業率四〇％、貧困率七〇％という最悪の状況にもかかわらず、「国際社会」も、自治政府も、封鎖解除と援助再開に向けて本気でイスラエルに働きかけてはいない。ガザ虐殺の際に破壊されたインフラは今も放置され、最悪の人道危機を回避するための国際機関やわずかなＮＧＯを通じた援助だけが細々と続けられている。

ガザ虐殺直後に発足したオバマ政権は、当初、「入植地建設の凍結」を強く訴え、ブッシュ政権時代からの変化を強調していたが、二〇一一年二月には、国連安保理での入植地建設を非難する決議案に対し拒否権を発動するところまで立場を後退させてしまった。現在もイスラエルは、東エルサレムとヨルダン渓谷を中心に、入植地建設・拡張とパレスチナ人の家屋破壊を系統的に進めている。「隔離壁」が西岸の北側・西側・南側ですでに完成している現在、両地域の「ユダヤ化」がさらに徹底されることは、パレスチナ自治区を半永久的にイスラエルの包囲・従属下に置くことを意味する。

ファイヤード首相が見せている、入植地や家屋破壊に抵抗する姿勢は、被占領地の状況が、もはや、「中東和平」というキャッチコピーによってパレスチナ民衆を懐柔できるような段階にないことを示しているとみるべきであろう。彼のイニシアチブの中に、「占領の既成事実化」に抗う要素があるとすれば、それは、むしろ、パレスチナの民衆が二度のインティファーダを通じて培ってきた、占領下で生き抜く知恵と実力がそうさせているのだと言える。その具体例は、後述するヨルダン渓谷の人々の実践において見ることができるだろう。

二　行き詰る「平和と繁栄の回廊」構想

占領地内の工業団地というアイディア

ファイヤード・イニシアチブの中で大きく取り上げられているのが、回廊構想をはじめとした工業団地計画である。これは、イスラエルとパレスチナの協力の下、第三国の援助・投資を導入することで、被占領地内に工業団地や経済特区を整備し、輸出志向の産業を起こすというものである。

このアイディアの原型は、ガザ地区で一九七〇年代から操業しているエレッツ工業団地に見出すことができる。そこでは、イスラエル軍の管理下、イスラエルの産業の下請けを担う低付加価値・労働集約的産業がパレスチナ人の低賃金労働力によって担われてきた。最盛期には、イスラエル企業とパレスチナ企業がそれぞれ約一〇〇社ずつ入居していた。八〇年代には西岸地区でも、同様の工業団地が入植地やグリーン・ラインの近くに建設された。

オスロ合意後には、このようなイスラエル側の政策と、パレスチナ人の雇用創出に責任を負わされるようになった自治政府側のニーズが一致し、イスラエルと自治政府との連携による工業団地という現在に続く経済協力モデルが生まれた。一九九九年には、ガザ地区の東側境界に接してガザ工業団地が設立された。西岸でもジェニンなどで工業団地のための用地買収の動きが進められた。しかし、第二次インティファーダの勃発により、西岸地区での工業団地計画は頓挫し、エレツ工業団地およびガザ工業団地も低迷を余儀なくされ、最終的にそれぞれ二〇〇四年、二〇〇七年には閉鎖された。

ところが、「ロードマップ」が発表された二〇〇三年頃から、この工業団地モデルが、低迷する「中東和平」を活性化させる手段として、「国際社会」の中で再び注目されるようになった。国際援助によって整備されたインフラの破壊や、援助に支えられた自治政府職員の肥大化といった状況に危機感を持ったさまざまなドナー国・機関が、「平和構築」「信頼醸成」とセットになった、より持続性のある開発援助モデルとして工業団地計画に可能性を見出すようになったのである。

二〇〇四年一二月のレポートで世界銀行は、「年間援助額が倍増し、一〇億ドル近くに達しているにもかかわらず、同時期に実質個人所得は四〇％近くも減少している」とし、その打開策の一つとして工業団地計画を提案している（World Bank, 2004）。そこでは、グリーン・ラインに沿った場所にある、イスラエル企業が投資しやすい環境の工業団地が推薦されている。つまり、パレスチナ企業が占領によって被る不自由・不利益を、占領の終結を通じてではなく、イスラエル企業の関与を通じて軽減しようという考えが見られる。

現在、計画が進められている工業団地としては、日本が関わるジェリコ農産業団地に加え、ドイツとトルコが支援するジェニン工業団地、フランスが支援するベツレヘム工業団地、世界銀行とトルコが支援する、ヘブロン近郊のタルクミヤ工業団地などがある。しかし、いずれの計画も用地取得や物流の確保などの問題で行き詰っており、二〇一一年現在で順調に操業に至っている工業団地は皆無である。厳しく制限されている人・物の移動に関して工業団地に関わる部分にのみ特例措置を設け、かつ、イスラエルの納得する治安管理を施し、さらに経済的利潤も保障するという相矛盾する要請を同時に実現することは、技術的にも政治経済的にも極めてハードルが高い。

それにもかかわらず、自治政府や「国際社会」が未だに工業団地計画に大きな期待をかけ続けている背景には、イスラエルの経済グローバル化を推進する人々による工業団地計画の強力な「売り込み」がある。彼らは、第二次インティファーダによって落ち込んだイスラエルの経済的誘引力を高めるための梃子として「ピース・ビジネス」を利用しようとしている。イスラエルにとって、工業団地プロジェクトは、イスラエル領内におけるパレスチナ人の雇用に比べ、次のようなメリットを持ち得る。

(1)「壁」と工業団地の組み合わせによって、より確実にパレスチナ人を「隔離」できる。
(2)イスラエルの労働法規が適用されず、より安価で便利な労働力を確保できる。
(3)イスラエルの環境基準が適用されず、また、イスラエル領内に公害をもたらさない。
(4)イスラエル資本とパレスチナ資本が関わることで対外的に「和平」を演出することができる。
(5)イスラエル企業にとって、アラブ・イスラーム諸国における市場開拓の足がかりとなる。
(6)イスラエルにとって、占領地における「合法的」活動の足がかりとなる。

一方、パレスチナ人側に、工業団地計画のメリットとして、雇用拡大はもちろんのこと、占領地におけるパレスチナ人の経済活動に「国際社会」を巻き込むことによって、少しでも占領のくびきを軽くできるのではないか、と期待する人々がいるのも理解できる。しかし、占領が続く限り、そこでの諸々の政策決定権を掌握しているのは、「国際社会」でも自治政府でもなく、イスラエルである。占領終結を前提とせずに、占領者との協調の下で経済開発を進めようとすれば、それは必然的にパレスチナ人のニーズから外れた非合理的なものにならざるを得ない。

「平和と繁栄の回廊」構想とその現状

二〇〇六年七月、当時の小泉首相によって提唱された回廊構想は、日本の中東政策の目玉商品として宣伝されてきた。しかし、その基本的なアイディアは、二〇〇五年から国際協力機構（ＪＩＣＡ）によって実施されている「ジェリコ地域開発計画」の最終報告書（二〇〇六年八月）の中で提言されており、その計画立案は、政治家ではなく、ＪＩＣＡのパレスチナ事務所や外務官僚が主導したものと考えられる。そして、その背景には、二〇〇五年当時副首相だったシモン・ペレスの影響が強くあったものと思われる。

ペレスは、オスロ合意当時に提唱していた「新しい中東」ヴィジョンの中で、ヨルダン川をイスラエルの防衛線とすることにこだわりつつ、ジェリコ・ヨルダン渓谷地域の開発を重要視し、死海の水位回復と水力発電を目的とする「死海・紅海間運河計画」など、多国間協力による巨大開発プロジェクトを通じた「経済的和平」を訴え、広く国際社会からの資本参加を呼びかけていた。二〇〇〇年八月の来日時には、「外交上の和平のみならず、経済的な和平が必要であるとして、死海と紅海を結ぶ鉄道の敷設プロジェクト、ジョルダン・パレスチナ・イスラエルの小中学校をネットワークで結ぶ e-peace プロジェクトといった地域的なプロジェクトに対して日本が官民レベルで協力することを要請」している（外務省ＨＰ「ペレス・イスラエル首相特使とアラファト・パレスチナ解放機構議長の訪日（概要と評価）、二〇〇〇年八月二一日」）。

ペレスは、ヨルダン渓谷における占領の既成事実化というイスラエルの伝統的政策を「和平」の装いをした大型ビジネスに結びつけようとしたのである。

回廊構想の中で中核プロジェクトとして位置付けられることとなった農産業団地計画は、ヨルダン渓谷で生産された農作物をジェリコに設置する工業団地で商品加工し、ヨルダンとの国境にあるキング・フセイン橋から世界市場に輸出するという構想であり、上述の工業団地計画の一ヴァリエーションと言える。この構想のミソは、パレスチナ・イスラエル・ヨルダン・日本の四者協議を軸に、パレスチナ・イスラエル間の信頼醸成を目的の一つとして行うという点にある。

農産業団地計画のフィージビリティ・スタディ（実施可能性調査）開始にあたり、二〇〇七年四月に発表されたＪＩＣＡのプレスリリースでは、「農業加工品やその他工業製品を取り扱う外部市場を念頭に生産する工業団地の建設計画とともに、域内貿易の振興と経済回廊などのインフラ整備も視野に入れた計画を策定する」とあり、「農業振興、農産物加工品の生産、流通を一貫して支援することで、農業をヨルダン渓谷の主幹産業に育成するとともに、「平和の繁栄の回廊」構想の実現をめざしていく」とされている。

しかし、今日にいたるまで、回廊構想、とりわけ農産業団地計画は、具体的成果をほとんど挙げることができずにいる。当初、六〇〇〇人の直接雇用を創出するとされていたが、その前提となる農産業団地の用地の半分はC地区にあるため、イスラエルが使用を許可する可能性は極めて低い。また、肝心のキング・フセイン橋の国境検問所までのルートとなる道路の建設さえ、イスラエルが許可する見通しはまったく立っていない。仮に国境検問所までの道路が確保されたとしても、現在、一日に検問所を通過できるトラックが、輸出で四〇台、輸入で二〇台しかないという状況では、到底、予定している規模での操業は不可能である（Japan International Cooperation Agency etc., 2010）。さらに、万が一、これらの障害をクリアーすることができたとしても、治安上の問題等で検問所がいったん封鎖されれば、輸出のストップだけでなく、原料の仕入れや労働者の出勤も困難になる。封鎖が長引けば、ガザ地区のケースのように農産業団地そのものが破綻せざるを得ない。

他の工業団地が行き詰っている原因も多かれ少なかれ、同様の問題、つまり占領政策によるインフラ整備や物流の制限に根を持つ。しかし、次の節で見るようなヨルダン渓谷における占領政策の特殊性を考えれば、回廊構想の成功を楽観視できるような材料はより一層限られていることが分かる。

ヨルダン渓谷地域の政治的軍事的現実

回廊構想の対象地であるヨルダン渓谷は、イスラエルにとって、国境地帯という軍事的戦略的側面と、豊富な水資源という側面から、一貫して重要視されてきた。西岸地区の面積の約三割を占めるヨルダン渓谷は、その九四％がC地区に指定され、大部分が軍事閉鎖地域か入植地とされている。C地区に割り当てられた規模の小さいパレスチナ人コミュニティは、電気や水道、道路等の基本的インフラが整備されず、家を改修したり、新築することも許されないという無権利状態に置かれている。また、同じヨルダン渓谷地域の中で六％に過ぎないA・B地区は、ある程度の規模の村や町（都市と言えるのは人口約二万人のジェリコのみ）に限られており、周囲のC地区で建築許可が出ないため、もともと人口密度が低いヨルダン渓谷の中で不自然に過密な住環境を強いられている。利用できる水資源は厳しく制限され、ヨルダン川や死海へのアクセスは禁じられている。

こうした政策の結果、占領以前、三〇万以上あったといわれるパレスチナ人の人口は、現在では五万六〇〇〇人にまで減少してしまった。そのうち一万五〇〇〇人はベドウィン（遊牧民）である。一方、一九六七年以降、ヨルダン渓谷には、三〇以上の入植地が建設され、現在約九〇〇〇人の入植者が居住している（Ma'an Development Center and Jordan Valley Popular Committees, 2010）。パレスチナ人も入植者も主な生業は農業であるが、その条件は全く異なる。パレスチナ人の多くがわずかに残された土地で小規模な天水農業ないし牧畜を行っているのに対し、入植者はパレスチナ人から奪った土地と水資源で大規模な灌漑農業を行い、そこでは多くのパレスチナ人が低賃金で雇われている。

このようなプランテーション経営をしているイスラエル入植地はヨルダン渓谷に限られており、イスラエル入植地で働くパレスチナ人三万人のかなりの部分がヨルダン渓谷の農業入植地で働いている。渓谷外の西岸地区からやってくる出稼ぎ労働者が多数いる一方、ヨルダン渓谷出身の労働者は目立って未成年者が多いことが指摘されている。このヨルダン渓谷の入植地における児童労働の比率の高さは、子どもたちの高いドロップアウト率（中学校に通う子どもは三割しかいない）の裏返しでもある。そして、その背景には、許可される学校の数が少ないために通学時間や通学費が余計にかかることや、他地域に比べ貧困率が六〇％と高いことなど、ヨルダン渓谷特有の占領システムに結びついた問題が絡まりあっている。

水問題も深刻である。ヨルダン渓谷の入植者はパレスチナ人住民に比べ、一人当たり約二〇倍の水を消費している（Land Research Center, 2008）。水道の整備を許可されない村のパレスチナ人が、遠くの水源から何時間もかけて移動用タンクで生活用水を運んできている一方、彼らのすぐ隣にある入植地には、大きな井戸が掘られ、水泳用プールやスプリンクラー付の庭がある生活が営まれている。

ヨルダン渓谷と他の西岸地区との間のパレスチナ人の移動は、いくつもの検問所によって厳しく管理され、とくにヨルダン渓谷住民用に発行されたＩＤカードを持たないパレスチナ人は、検問所の通過をしばしば拒否される。これは東エルサレムと西岸地区の間における移動制限のパターンと類似している。イスラエルは、ヨルダン渓谷に対し、東エルサレムのような併合宣言まではしていないものの、繰り返しその保持を主張している。

暗殺される直前の一九九五年一〇月、ラビン首相（当時）はこう語っている。「われわれは一九六七年六月四日の停戦ラインに戻るつもりはない［…］イスラエルのセキュリティボーダーは、最も広い意味でとらえた場合のヨルダン渓谷に置かれることになる」。その後の歴代の首相も同様の発言を行ってきた。とくに、ネタニヤフ現首相は、二〇〇九年三月の二度目の首相就任以降、これまで以上に頻繁にヨルダン渓谷の保持を繰り返し主張している。彼は、一方で、西岸地区内の移動制限の部分的緩和によって「国際社会」に対し、「経済的平和」を進めるポーズを取りつつ、戦略的・イデオロギー的に重要なヨルダン渓谷や東エルサレムに対しては強硬姿勢を堅持することで彼の政治基盤である右派住民の支持も離さないようにしているのだと考えられる。そうした中、近年、極右入植者による渓谷のパレスチナ人に対する暴力事件が頻発しているが、イスラエルも「国際社会」も放置しており、「野放し状態」となっている。

パレスチナ側から噴出する批判

ＪＩＣＡが農産業団地計画のフィージビリティ・スタディを開始した直後の「土地の日」（二〇〇七年三月三〇日）、パレスチナの代表的人権ＮＧＯアル・ハックは、「ヨルダン渓谷における土地と自決権」と題した声明を発表した。そこでは次のように述べられている。

アル・ハックは、最近、第三国が支援するヨルダン渓谷開発プロジェクトの概略が発表されたことについて、重大な懸念をもっている。〔…〕それらのプロジェクトは、国際法に違反する形で行われてはならず、イスラエルによる違法入植地の建設や土地収用、パレスチナ人民の自決権への侵害に対する擁護・隠蔽に貢献するものとなってはならない。

これは、名指しこそしていないものの、回廊構想がもつ本質的な問題性に懸念を表明した最初の政治的声明となった。

次に現れたパレスチナ現地からの声は、同年一一月一三日、ヨルダン渓谷の九つの自治体首長が連名で発表した「ヨルダン渓谷におけるＪＩＣＡプロジェクトについて」と題する文書である。そこでは、「地域住民から示されたニーズを満たしていない」「計画の予算および支出のあり方が不透明である」「すでに決定されたプロジェクトの実施も遅れている」といった批判が指摘されている。回廊構想が対象とするヨルダン渓谷の一七自治体のうち、半分以上の自治体首長が名前を連ねたこの声明は、外務省・ＪＩＣＡに大きな衝撃を与えたものと考えられる。

この動きと連動して、「隔離壁」に反対する住民組織やＮＧＯの連合体である反アパルトヘイト・ウォール草の根キャンペーンからは三〇ページ以上の詳細な批判レポートが発表された。そこでは、占領の既成事実化への加担という問題と、パレスチナ住民のニーズの無視という、これまでアル・ハックや自治体首長によって指摘されてきた回廊構想の問題点がより詳細に展開され、回廊構想がパレスチナの市民社会において全く歓迎されていないことがいよいよ明らかになった。

このレポートの発表からまもなく、私が所属する「パレスチナの平和を考える会」は、この文書の作成者の一人であり、現地住民リーダーであるファトヒ・クデイラート氏を日本に招聘し、各地での講演会をコーディネートすると同時に、彼を交えて外務省との話し合いの場を持った。回廊構想に入植者が関わったり、同構想が入植地の生産活動を扶助する結果になる危険性について追求する私たちに対し、外務省の担当者は、自分たちは入植者を協力者としてではなく、むしろ（経済的な）競争相手として見なしている、と答えた。入植地の違法性に対する問題意識そのものが彼らの中で低いことは明らかだった。

二〇〇八年八月、私はヨルダン渓谷を初めて訪ね、多くの回廊構想関係者やヨルダン渓谷住民に会って話を聞いた。このプロジェクトに関わっていたＪＩＣＡの元現地職員のパレスチナ人は、ＪＩＣＡは宣伝のためのワークショップや調査プロジェクト、職員の移動宿泊費といったものに多額のお金を費やしているが、何一つ具体的な成果がない、と厳しく批判した。上述の批判声明に署名した村長の一人にも会ったが、批判のポイントはほぼ同様であった。声明を出した直後には、ＪＩＣＡの所長が彼のところに慌ててやってきて、ひどく論詰されたという。おそらく、他の八つの村の村長も同様の「説得工作」を受けたものと思われる。

結論から言えば、私がヨルダン渓谷で出会ったパレスチナ人の多くは、回廊構想そのものに批判的というよりも、むしろその具体的成果が見えないことを批判した。しかし、このことは、パレスチナのＮＧＯが強調する、回廊構想が占領の既成事実化に荷担するという批判と矛盾するものではない。占領政策の中でもがきながら生活を続けている人々にとって、入植地での労働であろうが、回廊構想であろうが、それが少しでも生活の糧につながるのであれば、引き受けるというのが現実の要請である。ＮＧＯレベルでは客観的な分析として「占領の固定化」という観点での批判をすることができても、現地の多くの人々の意識としては、「成果が見えない」というところに批判が集中するのは当然である。彼らの生活意識に根ざした批判は、回廊構想が占領問題を回避し、本来矛盾するはずの占領者と被占領者の要求がぶつからないように調整を試みているということの根本的な欺瞞性と不可能性を突いている。

三　占領に抵抗する開発援助は可能か？——現地ＮＧＯの取り組みから考える

ヨルダン渓谷連帯委員会の非暴力直接行動

それでは、ヨルダン渓谷のパレスチナ人は、占領システムに従属し続けるしかないのであろうか。ここでは、ヨルダン渓谷の住民による草の根の相互互助の取り組みを紹介し、渓谷の自然と歴史の中に生きてきた住民たち自身の中に非人間的なシステムを打破する強い意志と可能性が脈々と生き続けていることを示したい。

ヨルダン渓谷北部バルダラ村出身で、同村の村長を務めたこともあるファトヒさんは、二〇〇七年の来日後、渓谷の住民や、渓谷と関わりが深い西岸の町トゥバスの住民を組織し、ヨルダン渓谷連帯委員会を結成した。彼らは、孤立しがちな渓谷の各コミュニティを足繁く訪ね、そこに共通する占領の問題に立ち向かうためには、住民の連帯と行動が必要であることを具体的な実践——非暴力直接行動——によって示してきた。

彼らの活動の中心は、Ｃ地区においてイスラエルに禁じられているインフラの整備や、入植者・軍によって破壊された家屋の再建、そして、渓谷で起きている人権侵害を世界中のメディアやＮＧＯ、連帯組織に伝えることである。より具体的には、Ｃ地区における学校やコミュニティ・センター、サッカー場等の建設、道路・水道管の整備まで行っている。こうした活動は、あくまで各々のコミュニティの住民の主体的参加に基づいており、同じパレスチナ人同士だからといって、外部からの押し付けは絶対にしない。彼らのスローガンは、「存在することは、抵抗すること」である。以下では、教育と水資源という、人間の生活にとって不可欠な二つの分野に関する、住民たち自身による「開発援助」の実践を紹介する。

エイン・イル・ヒルウェ村の学校建設

二〇一〇年一一月、ヨルダン渓谷連帯委員会の支援の下、渓谷北部のエイン・イル・ヒルウェ村で新たな学校が開校した。ただし、イスラエル軍による破壊に備えた、テント製の極めて簡素な校舎である。それでも、この学校に対する地域のニーズは非常に高い。この学校に通えるようになるまで、この地域の子どもたちは、イスラエルの検問所を越えて、一四キロ離れたタヤシール村の学校まで通学しなければならなかった。歩く場合、朝六時前に家を出なければならず、通学途中に入植者の暴力を受ける危険もある。バスを使う場合、子どもの親は一人あたり一カ月に一〇〇シュケル（約三〇〇〇円）を負担しなければならない。この場合も検問所での嫌がらせの可能性は避けられない。あるときには、子供たちはイスラエル兵によってバスから強制的に降ろされ、一〇キロ以上の道のりを家まで歩いて帰らされた。このような負担やリスクを避けるため、子どもを学校に通わすのをあきらめる家族も多かった。

この人口約一五〇人のベドウィンの村は、周囲を五つの入植地によって取り囲まれている。その中の一つであるマスキヨットは、最も攻撃的な入植地の一つとして有名である。もともと軍の施設だったところに、二〇〇五年のガザ撤退の際に最後まで抵抗していた入植者らが許可なく移り住んだ。二〇〇八

エイン・イル・ヒルウェ村の学校。校庭のスペースを造るために、タイヤに色を塗る作業を行う村人とヨルダン渓谷連帯委員会のボランティア。

同。校庭で体育の授業を受ける子どもたち。

年、バラク国防相によって住宅建設の許可が出され、渓谷における二六年ぶりの新入植地の認可として話題になったものの、国際的な圧力によって、その地位は今でもうやむやなままになっている。

マスキヨットの入植者は、これまで何度にもわたってエイン・イル・ヒルウェ村を襲撃している。二〇一一年二月二七日には、マスキオットの入植者三〇人以上が大挙して村にやってきた。彼らは、村の母娘二人（娘は一一歳）を殴打し、また、生活の糧である家畜を略奪しようとした。

イスラエル軍も、彼らと連携して村への攻撃を強めている。二〇一一年一月一五日、イスラエル軍は、村の家畜が、軍事閉鎖地区に指定されている村の湧き水を飲んだという理由で、三人の住民にそれぞれ七五〇シュケル（約一万八〇〇〇円）の罰金を課した。家畜が入植者専用道路を横切ったという理由で罰金を課せられることもある。

連帯委員会が新たに作った学校も、イスラエル軍によって撤去を求められている。こうした状況の中、現在一七〜三五人の子どもたちがアラビア語、英語、数学などをテント製の学校で習っている。連帯委員会は、テントの拡張を計画しており、周辺地域の子どもも合わせ、最大一〇〇人の子どもを受け入れる体制をめざしている。

ファリシーヤ村の水道整備

エイン・イル・ヒルウェ村からロテム入植地をはさんで北に二キロほどの位置にあるファリシーヤ村には豊かな湧き水があり、長年、農業用水および生活用水として利用されてきたが、二〇〇八年三月、イスラエル軍は、湧き水の周辺地域を軍事閉鎖地区に指定し、そこから各世帯に水を引いていた水道管もすべて破壊してしまった。

渓谷では、新たな井戸の掘削が禁じられているため、水源を持たない多くの村では、移動給水タンクで最寄りの水源まで水を汲みに行く。近くに水源がない場合、イスラエルの水道会社であるメコロットから水を購入するしかなく、そのことが渓谷の人々の大きな経済的負担となってきた。したがって、ファリシーヤ村の水源が無くなることは、近隣の村の人々の生活にも大きな打撃となる。

二〇一〇年四月、湧き水の利用が禁止されて以降、村の主要な水源になっていた三つの井戸についても封鎖がイスラエル軍によって命じられ、揚水ポンプも収用されてしまった。窮地に陥った村の農業と生活を守るため、村人たちは、ヨルダン渓谷連帯委員会とともに、七キロ離れた水源のある村からプラスチック製の水道管を引いた。しかし、水道管の破損など、工事がうまく進まない中、同年七月から八月にかけてイスラエル軍は、二度にわたり大規模な家屋破壊をこの村で行い、それぞれ一〇〇人以上のパレスチナ人が家を奪われた。村の人々は連帯委員会の支援の下、あくまで非暴力に徹して破壊された家の再建を行いつつ、引き続き水道管と村の貯水池の修復に取り組み続けた。二〇一一年一月、工事はようやく完成し、周辺地域の農家やベドウィンも水を得るためにファリシーヤ村の貯水池を利用できるようになった。

ヨルダン渓谷で農業や遊牧を営む人々にとって、水が手に入らなくなれば、農地や家畜を手放すしかない。十分な教育を受ける機会を奪われてきた彼らに、入植地で働く以外に選択肢は残されていない。そうして使われなくなった農地や遊牧地は、入植者によって奪われ、彼らの大規模灌漑農業によってますますパレスチナ人が使える水が減る。また、パレスチナ人の農作物は、入植地産農作物に比べ、水資源の欠乏だけでなく、移動制限による販路の制限といった面においても、圧倒的に競争に弱い。農業や遊牧で賄いきれない家計を入植地における児童労働によって担うパレスチナ人世帯も多く、彼らの劣悪な労働条件は、入植地産農作物の競争力を高める一方で、自らの生業にとってはますます不利な状況を作り出すことに貢献してしまう。

ファリシーヤ村に水道管を引く作業に結集する村人とヨルダン渓谷連帯委員会のボランティア。

軍令違反の学校建設や水道管設置といったヨルダン渓谷における住民たちの非暴力直接行動は、彼らの日々の生活の闘いと直結しているがゆえに、巨大な占領システムに対する有効な挑戦にもなり得る。イスラエル軍が、非暴力の抵抗運動に取り組む村を集中的に攻撃していることは、それが占領者にとっての脅威となっていることを物語っている。

その際、重要なポイントは、住民間、コミュニティ間における連帯であり、また、自分たちの伝統・文化・歴史に対する誇りである。回廊構想の一つのプロジェクトとして、オリーブ・オイルを用いた料理教室が行われていたことに対し、連帯委員会のファトヒさんは、憤りを隠さない。われわれは自分の家族・コミュニティの中で、料理の仕方は受け継いできている。料理のやり方を教えるなどという援助は、パレスチナ人の文化に対する侮辱だ、と。

一方、村人たちが総出で、占領者の押し付ける「法」を破って、コミュニティのための学校や貯水池等のインフラを作る様は、アルジェリア解放闘争の最中にあったフランツ・ファノンの有名な一節を思い起こさせずにはいられない。

ひとつの橋の建設がもしそこに働く人びとの意識を豊かにしないものならば、橋は建設されぬがよい、市民は従前どおり、泳ぐか渡し船に乗るかして、川を渡っていればよい。橋は空から降って湧くものであってはならない、[…] そうではなくて、市民の筋肉と頭脳とから生まれるべきものだ。[…] 市民は橋をわがものにせねばならない。このときはじめて、いっさいが可能となるのである。（ファノン、一九九六、一九三頁）

おわりに——占領への抵抗をエンパワーする援助とは？

最近の回廊構想をめぐる動きの中には、計画の行き詰まりやパレスチナ人からの批判という状況に対して、方向修正を試みていると考えられるものも見受けられる。

上述した反アパルトヘイト・ウォール草の根キャンペーンによるレポートでは、農産加工団地計画のフィージビリティ・スタディのインセプション・レポート（二〇〇七年三月）における次のような記述が引用され、厳しく批判されていた。

順調にビジネスを進めているイスラエルの移住者の農場のいくつかを調査する予定である。［…］たとえば、生産技術のイノベーション、経済的な規模の物流システム、イスラエルとヨーロッパ諸国の市場の安定性などが、調査・検討の対象となる。

ここでは、入植者は移住者（immigrant）と言い換えられ、その違法性に触れるどころか、農産業団地が見習うべき対象として入植地が扱われている。

しかし、このフィージビリティ・スタディの最終報告書（二〇〇九年五月）では、イスラエル入植地はもちろん、イスラエル企業への言及も一切現れない。むしろ、採算上の問題から、初期段階での外国直接投資が困難であることが指摘され、入居企業として西岸地区の中小企業が推奨されている。

また、二〇一〇年度に実施された「ヨルダン渓谷コミュニティのための公共サービス活動支援計画」では、渓谷の自治体のニーズ調査に基づき、学校や道路、コミュニティ施設の新設、診療所の改修、スクールバスや給水車の供与などが行われた。実施地区にはわずかながらC地区の村も含まれている。

こうした方向修正の背景に、パレスチナの地元ＮＧＯと日本のＮＧＯとが連携して回廊構想に関する情報・問題意識を共有し、パレスチナと日本の双方の市民社会に広く問題を提起し、ＪＩＣＡと外務省に対してプレッシャーをかけてきたことが一つの要因としてあるのは間違いないだろう。

さらに重要なのは、ヨルダン渓谷の多くのパレスチナ人たちが、追放の圧力に屈せず、世代を超えて自分たちの土地と文化を守り続けてきたということである。井戸を破壊されれば、隠れて別の井戸を掘る。あるいは、何時間もかけて遠くの湧き水から水を汲んでくる。家を破壊されれば、廃材や手作りの泥レンガで再建する。学校が近くになければ、何時間もかけて通う。封鎖のために野菜を西岸の町まで売りに出ることができなければ、入植者用道路で露天販売をする。それでも生活が苦しければ入植地で働く。こうした地を這うような彼らの日常の闘いこそが、すべての変化の根底にあると言える。ヨルダン渓谷連帯委員会の取り組みはこのような、パレスチナ住民が占領下で積み重ねてきた非暴力抵抗の伝統をより効果的に組織化しようとするものである。外国人が対パレスチナ援助に携わろうとするのであれば、公的なものであれ、市民レベルのものであれ、こうした現地住民のニーズと主体性を最優先したものでなければならない。

実際には、楽観的な材料ばかりとは到底言える状況にない。ある関係者の話では、回廊構想における諸プロジェクト間の連携は弱く、イスラエル企業の関与を避けるという考えも、ＪＩＣＡ・外務省の中で共有された問題意識とは決して言えないようである。入植地問題の重要性についてでさえ、対パレスチナ援助に関わる機関・関係者の間で共有されているとは言い難い状況がある。たとえば、回廊構想の一環として二〇〇九年より行われている「持続可能な観光振興プロジェクト」の事前調査報告書（二〇〇八年九月、ＪＩＣＡ作成）では、占領といった言葉は一切登場せず、また、そこが違法な入植地であるという認識もないまま、死海沿岸の「カリヤ・ビーチ」に言及していたり、決定的に重要なはずの東エルサレムやベツレヘムの観光資源との連携に際し、パレスチナ人にとって検問所が深刻な障害になっていることについてもほとんど触れられていないなど、まったく見当はずれな記述に溢れている。この報告書に基づいてプロジェクトが進められているとすれば、効果がないだけならまだしも、イスラエルのツアー会社のためのプロジェクトになりかねない。

回廊構想がその出発点において持っていた矛盾を抜本的に正す責任は、ＪＩＣＡではなく、外務省あるいは日本政府にある。外務省・日本政府は、いつまでも回廊構想の看板にこだわらず、パレスチナ住民のニーズと国際法という二つの原則を尊重し、一貫性のある中東外交・援助戦略を練り直すべきであろう。パレスチナ人の草の根の取り組みが自治政府およびイスラエルの政策に大きな圧力を与えているように、日本においても、パレスチナ人の抑圧に加担しかねない援助政策をより良い方向に持っていくため、草の根の市民・ＮＧＯの力が試されている。パレスチナにおける占領に抵抗する人々をエンパワーするためには、まず、日本における外交・ＯＤＡ政策の決定過程から阻害されている私たち自身がエンパワーされなければならない。

参考文献

アジア太平洋資料センター『月刊オルタ』（特集「パレスチナ「平和と繁栄の回廊」構想」二〇〇七年一二月。

小田切拓「「対テロ戦争」と二つの回廊」サラ・ロイ／岡真理・小田切拓・早尾貴紀編訳『ホロコーストからガザへ——パレスチナの政治経済学』青土社、二〇〇九。

清末愛砂「パレスチナ・ヨルダン渓谷再訪」（1）-（2）『ミフターフ』Vol.26-27、パレスチナの平和を考える会、二〇一〇。

ファノン、フランツ／鈴木道彦・浦野衣子訳『地に呪われたる者』みすず書房、一九九六。

Hever, Shir, *The Political Economy of Israel's Occupation: Repression Beyond Exploitation*, Pluto Press, 2010.

Japan International Cooperation Agency etc., "Preparatory survey for assistance to small and medium sized enterprises : final

report," 2010.
Land Research Center, "Water, a Tool of Living or Eviction," March 1, 2008. (http://www.poica.org/editor/case_studies/view.php?recordID=1290)
Ma'an Development Center and Jordan Valley Popular Committees, *Eye on the Jordan Valley*, 2010.
World Bank, *Stagnation or Revival? Israeli Disengagement and Palestinian Economic Prospects*, December 2004.

参考ウェブサイト

特集「平和と繁栄の回廊」構想（パレスチナ情報センター）　http://palestine-heiwa.org/feature/oda/
ヨルダン渓谷連帯委員会－非暴力による草の根の住民活動　http://jvsj.wordpress.com/
Palestinian Central Bureau of Statistics（パレスチナ中央統計局）　http://www.pcbs.gov.ps/

第二部

NGO・市民社会と国際協力

第4章 人道支援における「オール・ジャパン」とNGOの独立

藤岡美恵子

はじめに

ここ数年、国際協力分野では「連携」が一つのキーワードになっている。NGOと政府の連携と言えば、ODAを使ったNGOへの資金的支援を意味することが多いが、二〇一〇年の外務省によるODAの見直し「最終とりまとめ」では、資金援助の他に外務省・国際協力機構（JICA）とNGOの人的往来の促進、NGOの独自財政基盤強化の支援、政府とNGOが共同してとりくむ新たな援助手法の創設といった連携強化策が提案されている。最近ではNGOの間から、政府とNGOが共同で政策作りを行う官民共同アドボカシー（政策提言・推進）を提唱する声も出ている（NGO・外務省定期協議会議事録、二〇一〇年四月一三日、二五頁）。

こうした「連携」の主流化の中で気になることがある。NGOが政府との「連携」を志向するのは、財政基盤の強化や政策立案過程への参画が主な動機と思われるが、政府がＮＧＯとの「連携」を進める背景には「日本のＮＧＯが果たす重要な役割、また国民の幅広い層が国際協力に参加する「国民参加型援助」の推進が重要との認識」（傍点は引用者、http://www.mofa.go.jp/mofaj/gaiko/oda/shimin/oda_ngo/partnership/index.html）がある。ＮＧＯは「国民参加型援助」という枠内に位置付けられ、政府が指令する援助活動の実働部隊と定義されることにたびたび反発してきたが（大橋正明「政策立案レベルからＮＧＯ参画が必要」『国際開発ジャーナル』二〇一〇年八月号、一五頁を参照）、ＮＧＯの自律性や政府からの独立という問題がほとんど（少なくとも公には）議論されないまま「連携」が推進されているように見える。

なぜそのことに懸念を覚えるのか。それはＮＧＯ（非政府組織）の存在意義が非政府性にあるからだ。ＮＧＯは政府から独立しているからこそ、国益や国家間の関係にとらわれることなく、政府にはできない役割を果たし、政府の間違いを正し、新しい考え方やビジョンを示すことができる。多くの人が感じるＮＧＯの魅力もそこにある。しかし「連携」の推進によってＮＧＯの独立性が損なわれれば、ＮＧＯの存在意義そのものが揺らぐ。しかも日本では、一般に現場での支援活動に比して政府への異議申し立て・批判・提案の活動（アドボカシー）が脆弱で、そのような状況で財政基盤強化といったＮＧＯにとって「魅力的」な支援策が「連携」の名の下に推進されれば、ここ数年指摘されているような政府や行政の事業をＮＧＯが肩代わりする「下請け化」が進んでいくのではないかと危惧する。

とくに国家にとっての戦略的重要性が高い分野での「連携」には、一層の注意が必要である。紛争における人道支援はそうした分野の一つだ。日本は二〇〇三年の改訂ＯＤＡ大綱（新ＯＤＡ大綱）で初めて、紛争下の緊急人道支援や紛争予防、紛争後の国づくりまでを行う「平和の構築」を重点課題に掲げるようになったが、それは欧米諸国や日本などの利益にとって脅威とみなされる武力紛争や「テロ」を軍事的に抑え込もうとする流れに呼応したものであった（本書第2章参照）。

この人道支援の分野において政府とＮＧＯの「連携」が具体的な仕組みとして実現したのがジャパン・プラットフォーム（ＪＰＦ）である。ＪＰＦは二〇〇〇年、ＮＧＯ、政府（外務省）、経済界の連携による国際人道支援のための新しい仕組みとして設立された。政府が資金を拠出し、これに日本経団連などが寄付を募り、紛争や自然災害の発生時に日本のＮＧＯが素早く現地に出動できるようにするという仕組みである（後出図1参照）。ＪＰＦの新しさは、ＮＧＯが個別に外務省のＮＧＯ支援事業から資金助成を受けるのではなく、資金を予めプールしておき、必要性が生じたときにＮＧＯの連合体に対し迅速に援助を決定できることにある。

ところが、近年、紛争下の人道支援において、ＮＧＯの独立性が脅かされる深刻な事態が生じている。九・一一後の「対テロ戦争」の開始とともに、人道支援がフセイン政権（イラク）の転覆やテロリスト掃討（アフガニスタンなど）といった政治的目的と結び付く傾向がかつてなく強まっているからである。アフガニスタン戦争開始後、当時のパウエル米国務長官が人道支援ＮＧＯを米国の軍事作戦の「部隊増強要員」(force multiplier) と呼んだことは、政府がＮＧＯをその軍事・政治戦略の一翼に位置付けていることを如実に示すものであった。アフガニスタンでは米軍や北大西洋条約機構（ＮＡＴＯ）軍が自ら人道援助を行うようになり、軍と人道支援団体の境界が曖昧になる事態に多くのＮＧＯが危機感を募らせている。人道支援団体の中には国境なき医師団（ＭＳＦ）のように、紛争の当事者である国（たとえば米国）の資金は一切受け取らないという方針を掲げて独立性を保とうとしている団体もある。その一方で、人道支援ＮＧＯが公平や独立といった原則を堅持しようとする限り、政府の資金を受け取ったからといって政府の政治・軍事戦略の道具になっているとは言えないという意見もあり、人道支援におけるＮＧＯの独立をめぐってＮＧＯの間で、またジャーナリストや研究者も巻き込み激しい議論が起きている。

翻って日本では、軍とＮＧＯの関係をめぐる一部の団体による意見表明や論考を除き、資金問題を含めたＮＧＯの政府からの独立に関する議論や論考は極めて少ない。ＮＧＯの独立が十分に意識され議論されていない状況下で「連携」が進められつつあることに危惧を覚える。

本章はそうした問題意識から、「連携」や「オール・ジャパン」の言説が支配的な中でのＮＧＯの独立という問題を考えるために、政府からの資金援助や軍との「連携」が、人道支援ＮＧＯの独立性と自律性に及ぼす影響を考察するものである。ＪＰＦを取り上げるのは日本の人道支援団体の多くが加盟しているからだけでなく、政府とＮＧＯの「連携」が構造化されており、政府からの独立という問題が最も切迫して現れると考えられるからである。ただし、人道支援の政治化という問題の包括的議論や、日本政府の対ＮＧＯ政策およびＪＰＦ加盟団体と政府の関係の本格的検討は、本章に与えられた紙幅や筆者の能力を超えるものである。今後の本格的な検討・議論を期待しながら、本章がそのための予備的な考察となることを期したい。

こうした検討から明らかになるのは、人道支援活動がきわめて政治的な状況下で行われるものでありながら、日本の人道支援ＮＧＯの間で独立性に対する意識が低いこと、政府によるあからさまな介入がない場合でもＮＧＯに対する政策誘導は可能であること、そして日本の場合、ＮＧＯと政府の関係は日本の社会と国家の関係を映す鏡であり、「オール・ジャパン」の「連携」は、日本社会に根強く残る「官」志向（「お上」意識）の維持・助長に結びつくおそれがあるということである。最後に、こうした結論を踏まえた上で、日本の人道支援ＮＧＯが政府からの独立を志向し維持するために何が可能かを筆者なりに考えてみたい。

一　ジャパン・プラットフォーム（JPF）の誕生と懸念

ＪＰＦの設立を牽引した大西健丞ピースウィンズ・ジャパン代表は、その動機を「地域紛争や内戦に迅速に対応しようとしても、財政基盤が弱いため、新たに寄附を募り現場に駆けつけるまでにたいへんな時間がかかる。出遅れてしまった現場では、欧米の大規模なＮＧＯの下請け的な仕事に甘んじるしかなく、理想とする活動がなかなかできなかった」と述べる（大西健丞「ジャパン・プラットフォーム（ＪＰＦ）」内海成治・中村安秀・勝間靖編『国際緊急人道支援』ナカニシヤ出版、二〇〇八、九九頁）。そうした環境を変えるためには「ＮＧＯがひとつにまとまり、政府、企業、民間財団、マスコミ、大学を結びつける必要がある」と他のＮＧＯに訴えた（原田勝広『こころざしは国境を越えて―ＮＧＯが日本を変える』日本経済新聞社、二〇〇一、五頁）。ＮＧＯの側から「オール・ジャパン」体制を呼びかけた動機は財政基盤の確立であった。

政府がこのプラットフォーム構想の支持に動いたのは、ＯＤＡを「効率的に活用する観点から当時の大蔵省主計官が関心を示し」たためで、その後、経団連や外務省を巻き込む形で一気に具体化が進んだという（大西、前掲書、一〇五頁）。政府にとって、ＮＧＯ側の提案はマスコミの注目を集める大規模な人道危機の現場で「日本の援助の顔」を見せるという意味でも、まさにＯＤＡの効率的活用という位置付けにふさわしいアイデアだったのであろう。

しかし、政府とＮＧＯの接近は設立当初から懸念をよんだ。「オール・ジャパン」の「顔の見える援助」ではＮＧＯが国家利害に絡みとられ、中立的な活動をすることが難しくなるという異議がＮＧＯの中か

図1　ジャパン・プラットフォーム構成図

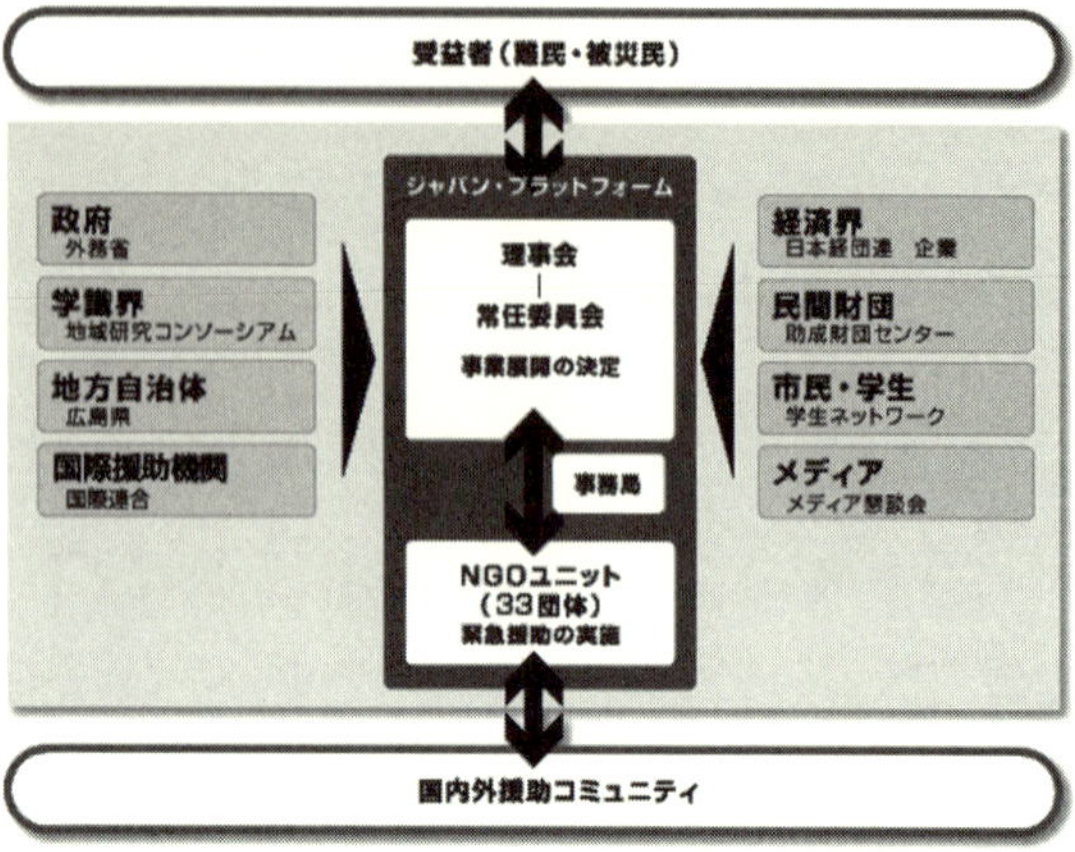

出所：JPFのウェブサイトより。

ら出された（日本国際ボランティアセンター［JVC］事務局長・谷山博史〈NGOと『国益』の接近は危険〉「朝日新聞」二〇〇〇年一〇月三日「論壇」）。自衛隊と一緒に活動しようとしているのではないかという疑念も出た（原田、前掲書、二三六頁）。紛争の場合、人道支援のニーズについての見極めは国益に縛られないNGOでなければできない役割だが、「難民が発生した途端に、政府が指定した支援対象めがけて「お助けします」と出かけるNGOは果たしてNGOの名に値するであろうか。軍事作戦と一体となったこうしたNGOが「非」政府の立場を貫けるとは思えない」という危惧も表明された（三好亜矢子「再び、「学び」から「未来」へ」三好亜矢子・若井晋・狐崎知己・池住義憲編『平和・人権・NGO—すべての人が安心して生きるために』新評論、二〇〇四、三八七頁）。

　こうした懸念はいずれもNGOの政府からの独立性に関係する。JPF設立から一〇年を経た現在、これらの懸念はどこまで妥当するのだろうか。その検討に入る前に、まず人道支援というきわめて政治的な領域で活動するNGOが、今どのような課題に直面しているのかを概観することとする。

二　人道支援の政治化とＮＧＯの独立性

人道支援の政治化

従来、人道支援活動の遂行には人道性、公平性、中立性、独立性という人道主義の原則が重要だと考えられてきた。すなわち、紛争における傷病者、捕虜、犠牲者の生命と尊厳を守り（人道性）、敵味方の区別なく救援の必要性という観点を最優先に救援する（公平性）ために、いずれの紛争当事者の立場にも立たず、政治的・社会的議論には加わらず（中立性）、どの国・機関・紛争当事者からも、また紛争への政治的介入（紛争の調停、仲介など）や軍事的介入からも独立を保つ（独立性）という原則である。言い換えれば、人道主義は戦争そのものの正義／不正義を問わない。いずれかの紛争当事者から敵対者または妨害者とみなされれば、活動を妨害され、ときに攻撃の対象となり、救援という目的が遂行できなくなるからだ。アフガニスタン戦争に関しても、人道支援ＮＧＯの多くは多数の民間人を殺傷しそれ自体が人道危機を生じさせている多国籍軍の撤退を求めるのではなく、基本的に救援活動に徹しようとする。その代わり、人道支援が政治に利用されないようにすることが最も重要だと考えられてきた（人道支援の諸原則が生まれた背景と、一九九〇年代以降の人道支援の政治化に至る経緯については、中満泉「人道支援組織の視点から見た民軍関係の課題」上杉勇司・青井千由紀編『国家建設における民軍関係―破綻国家再建の理論と実践をつなぐ』国際書院、二〇〇八を参照）。

ただし「中立性」については、紛争においてたとえ政治的意図を一切もたず「中立」に徹しようとする場合でも、人道支援も含む何らかの意味の介入に、厳密な意味での「中立」があり得るのかという根本的な問題がまずある。人道支援を行うことが、紛争当事者の力関係に影響を与え得るからだ。一九九四年のルワンダ虐殺を逃れてきた難民のキャンプに、虐殺の首謀者が紛れ込んでキャンプが軍事基地と化したために、ＭＳＦが難民キャンプへの支援から撤退した例は、実際上「中立」を保つことの難しさを物語っている。

冷戦終結以降、とりわけ九・一一後の「対テロ戦争」開始以降、人道支援ＮＧＯが中立性と独立性を保つことはますます困難になりつつある。それは、紛争に対する「国際社会」の対応が、米国が主導し欧州や日本など「北」の諸国が同調して決める「国際社会にとっての脅威」――「テロリズム」「テロ支援国家」「破綻国家」など――を排除するための国際治安維持活動の様相を色濃くしているからである（本書第6章参照）。それが最も顕著に現れているのがアフガニスタンだ。米国を中心とする「国際社会」は一方でアフガニスタン国民の主権を無視した一方的な体制転覆を行い、「対テロ戦争」と称するアルカーイダ、ターリバーン掃討のための軍事行動を継続して多数の民間人死傷者を生みながら、他方で「復興」と国家再建を進めている。そこにおいて人道支援は、国連と米欧が主導する国家再建に対するアフガニスタン国民の支持を集める手段として位置付けられている。ストックトンが「援助誘導型平定」（aid-induced pacification）と呼んだこの戦略は、援助を梃子にアフガニスタンの人々の「人心を掌握」し、ターリバーンやアルカーイダなど「国際社会」が脅威と見なす勢力を平定しようという政治・軍事戦略にほかならない（Nicholas Stockton, "Strategic Coordination in Afghanistan," Afghanistan Research and Evaluation Unit, 2002）。このため、人道支援は軍事介入の「後始末」役を担うことでそれを補完する機能を果たすのではないかという以前から存在する批判が、さらに強く主張されるようになっている。

このような状況下では、人道支援が政治的・軍事的目的に左右されるようになる。たとえば米国際開発庁（ＵＳＡＩＤ）とアフガニスタン政府は、支援を必要とする人にアクセスするために国家の敵または国際テロ組織と見なされる勢力と交渉してはならない、それらの勢力を利するような支援をしてはならないと定めていた（Róisín Shannon, "Playing with principles in an era of securitized aid: negotiating humanitarian space in post-9/11 Afghanistan," *Progress in Development Studies*, January 2009, pp. 15-36）。これは援助を受けるに値する人々と値しない人々を分けることに等しい。

人道支援の政治化をもたらしているのは軍事介入する国家ばかりではない。近年、国連は紛争や「破綻国家」への介入に際して、緊急人道支援のみならず、より長期的かつ政治的性格を帯びる復興・開発活動、国家建設や国連平和維持活動（ＰＫＯ）も含む統合的戦略への傾斜を強めつつある（中満、前掲論文、一二三頁）。人道支援ＮＧＯもまた、従来の緊急支援が対症療法に過ぎず、紛争の原因への対処や住民の危機対応能力の強化という根本的な課題に応えるものではないという認識を強めるようになり、より長期的な開発の分野へと活動範囲を拡大してきた。

こうしたアプローチは「新しい人道主義」と呼ばれる。その論客の一人、ＮＧＯのオックスファム・アメリカのオブライエンは人道支援が本来政治的なものであることをむしろ積極的に認めた上で、ＮＧＯの独立性を保つために活動原則を伝統的な人道主義ではなく、人権に依拠したアプローチにシフトすべきだと提唱する（Paul O'Brien, "Rights-based responses to politicization of aid in Afghanistan," Paul Gready, Jonathan Ensor (eds.), *Reinventing development? Translating rights-based approaches from theory into practice*, Zed Books, 2005）。人権に依拠したアプローチとは、人権という「普遍的」な価値の実現を活動の基盤に据え、紛争当事者、当該国の政府、資金提供国らに対しても国際的に認められた人権基準の遵守を求めることで、独立と公平の原則を保つというものである。このアプローチは潜在的に多くの問題と矛盾をはらむと筆者は考えるが、紙幅の制約上、十分に論じることはできない。ここでは、オブライエンの主張が「人権」を掲げればNGOの公平性と独立性が確保できるという前提に立っているものの、むしろ「人権」を旗印にした外部からの介入は、「国際社会」が「貧しく、人権侵害のはびこる、自国民を保護する能力または意思のない国家」と見なす非欧米世界の国々に対する、帝国主義的な介入になる可能性をもつことを指摘するにとどめておく（「新しい人道主義」の問題については、阿部浩己『国際法の暴力を超えて』岩波書店、二〇一〇を参照）。

「新しい人道主義」は紛争が政治的にしか解決できないことを認識し、外部の支援をその方向性に位置付けようとするという意味で、より望ましいアプローチに見える。しかし、政治的解決の中身を決めるのはだれなのか？　統合的アプローチは社会をある特定の考え方――たいていの場合、経済と政治の自由化、複数政党制、人権、「貧困」削減など――に沿って構築するものである。その考え方の枠組みを決めるのは往々にして援助する側の国連、世界銀行、欧米諸国である。そのような枠組みの中で、NGOが緊急人道支援を越えて開発の領域に活動を広げる場合（アフガニスタンでのJPFの活動も学校建設や教員研修、地雷回避教育など社会開発事業である）、当該国の人々に寄り添い、その自己決定を尊重し、そのニーズを側面支援するというよりも、介入する国家・国際機関の政治戦略・政策の推進役に位置付けられる危険性がある。NGOがそれを回避するためには、少なくとも政府の政策からの自由と独立を極力確保する志向性がなくてはならない。

NGOの独立

このような人道支援の政治化の中でNGOの独立性が具体的に問われるのは、軍との関係と政府からの政策的・資金的独立においてである。

長谷部（本書Essay3）が具体的に描写するように、アフガニスタンでの軍による人道支援活動は、先に述べた「人心掌握」のための軍事・政治戦略の一環であり、NGOがこれと一体化していると見られることはNGOの活動自体を危うくする。ある人道支援機関の関係者は、軍による人道支援活動は「すでに止めようのない現実」であり、人道支援組織がいくら「独立」や「無関係」を強調しても現実には意味をもたないという認識から、文民人道支援組織は軍の人道支援への参画を最大限人道原則に近づけるために努力すべきだという（中満、前掲論文）。この見解は、軍を人道原則に近づけることが可能だという前提に立っているが、たとえ軍による人道支援活動の基準・指針を「整備」したとしても、基準・指針通りの人道支援を行いながら、他方で民間人を犠牲にして戦争を継続することも軍にとって矛盾はない。その根本的矛盾が解消されることはないからこそ、長谷部は「民軍連携を自明とするのではなく、紛争地においていかに独立性や中立性を保った人道支援を行えるのか」を模索すべきだという立場に立つのである（本書一八〇〜一八一頁）。

ＮＧＯが政府から資金援助を受けている場合、軍や政府と距離をおくことはできるのだろうか。イラク戦争が始まり米軍が人道支援ＮＧＯをその統制下に置こうとしたとき、政府資金が財源の大きな割合を占める米国のＮＧＯは、軍の指令下に入るのを避けるため文民機関であるＵＳＡＩＤらとの協働を宣言することで何とか独立を保とうとした。しかし、たとえ文民機関でも戦争当事国であり占領国である米国政府の一部であることに変わりはない。果たして、ＵＳＡＩＤのナツィオス長官（当時）自身が米国政府の資金援助を受けるＮＧＯは事実上「米国政府の一翼」であると発言し、資金援助を受け続けるために文民と軍をご都合主義的に分けようとしたＮＧＯの試みは破綻した。ＭＳＦのあるスタッフは、もしイラクで多国籍軍が描いた「戦争から復興への迅速で継ぎ目のない移行」というシナリオが実現していたなら、ＮＧＯを傘下に取り込もうとした米国政府の戦略に米国のＮＧＯが抗しきれなかったという事実は見過ごされていたかもしれないと述べている（Nicolas de Torrenté, "Humanitarian Action Under Attack: Reflections on the Iraq War," *Harvard Human Rights Journal*, Vol. 17, 2004, pp.18-20）。

このような状況下で政府や軍からの独立を維持するため、ＭＳＦのように資金的にも政府に依存しないことを基本原則とする団体もある（二〇〇九年度の収入の約八六％は民間寄附（ＭＳＦウェブサイト上の会計報告より））。しかし、ＮＧＯの中には「新しい人道主義」の立場に立つオブラインのように、政府資金にはどの場合に政治的動機が生じるのか、ＮＧＯの人道目的と政府の政策が一致した場合に政府資金を受け取ることに問題があるのか、という疑義を呈する論者もいる（Paul O'Brien, "Politicized Humanitarianism: A Response to Nicolas de Torrente," *Harvard Human Rights Journal*, Vol. 17, 2004, pp. 31-39）。

いずれの立場に立つにせよ、人道支援ＮＧＯにとって政府からの資金援助は団体の存在意義に関わるきわめて重要かつセンシティブな問題であることは明白である。また、資金の問題は軍との関係とも密接に関わる。次節ではＪＰＦがこの二つの問題にどう対応しているのかを検討することとしたい。

三　ＮＧＯの独立性とＪＰＦ

民軍関係

ＪＰＦ加盟団体をはじめ日本の人道支援団体の間で、政府からの独立という問題への関心は、一部を除いてきわめて希薄である。長有紀枝ＪＰＦ前代表理事（二〇〇六年七月〜二〇一一年三月）によれば、多くのＮＧＯの関心はもっぱら現地での人道支援活動にあり、政府への意見提起などアドボカシー活動の占める比率は高くない（二〇一一年二月一七日付、筆者によるインタビュー。以下、出典を明示している以外は同インタビューによるもの）。

民軍関係については、ＪＰＦ加盟団体の一部も含めＮＧＯの共同意見表明が何度か行われている（本書Eassy3参照）が、これらを除き、日本の人道支援ＮＧＯは民軍関係についてもおおむね沈黙もしくは静観の姿勢を保ってきた（長有紀枝「民軍協力とＮＧＯ」功刀達朗・内田孟男編『国連と地球市民社会の新しい地平』東信堂、二〇〇六、三二四頁）。さらに日本の緊急救援型ＮＧＯは、人道的危機の発生を知らせる、人権侵害を告発する、政府・国連の活動を監視するといった、独立の立場のＮＧＯならではの機能よりも政府との「共同」を重視するため、「民軍協力を考える際、「独立」はあまり意味をもたなくなるかもしれない」という（同上）。

実態としてＮＧＯと軍の「連携」は着実に進展している。ＪＰＦは少なくとも二〇〇八年頃から毎年、陸上自衛隊が主催するアジア太平洋地域多国間協力プログラム（ＭＣＡＰ（http://www.clearing.mod.go.jp/hakusho_data/2008/2008/html/k3324200.html））への参加依頼に応じて、民軍関係に関するプレゼンテーションを行ったり議論に参加したりしており、指揮所演習（ＣＰＸ）に求められてＮＧＯの現場経験を話す機会もあるという（筆者の質問に対する椎名規之ＪＰＦ事業部長の回答。二〇一一年三月一日付）。二〇一〇年の第九回ＭＣＡＰは「国際的な人道支援・災害救援における即応性向上のための多国間（軍軍間および軍民間）の連携、協力について」をテーマとし、ＮＧＯのアジア医師連絡協議会（ＡＭＤＡ）の代表が基調講演を行ったと防衛省・自衛隊の専門紙『朝雲』ウェブ版は伝えている（http://www.asagumo-news.com/news/201009/100902/10090212.htm）。

さらに二〇一〇年には、米国海軍が主催し自衛隊も参加する「パシフィックパートナーシップ」（ア

表1　「行動規範」

1　人道的責務が何ものにも優先する。
2　援助は人種、信条、国籍の区別なくいかなる種類の差別なく行われる。援助の優先順位は必要性のみに基づいて決定される。
3　援助は特定の政治的、宗教的観点を推進するために行われてはならない。
4　政府の外交政策の道具として行動することのないよう努める。
5　文化と習慣を尊重する。
6　現地の対応能力を高めるような災害救援を行うよう努める。
7　救援活動の運営に受益者が関与できる方法を探る。
8　救援活動は基本的必要性を満たすとともに、将来の災害への脆弱性を軽減しようと努める。
9　我々は援助対象者および援助活動の支援者に対し説明責任を有する。
10　我々の情報、広報、宣伝活動において、災害の被害者を無力な者ではなく尊厳のある人間としてとらえる。

ジア太平洋地域での国際緊急支援活動の連携強化を目的に、対象国を艦艇が訪問し、各国やNGOらと共同で医療活動などを行うもの。二〇〇七年から実施（http://www.mod.go.jp/j/approach/others/pp10/index.html を参照））に、JPF加盟の災害人道医療支援会（HuMA）、Civic Force、ピースウィンズ・ジャパンの三団体が参加した。

こうした軍との接触の増大を見る限り、JPF加盟団体が自衛隊や米軍と海外の支援の現場で協働するようになる日も近いと思わざるを得ない。しかし、JPFが助成の必須条件として加盟NGOに義務付けている「国際赤十字・赤新月運動及び災害救援を行うNGOの為の行動規範（一九九五年一二月）」の第四原則は、「政府の外交政策の道具として行動することのないよう努める」と定めている（表1参照）。長前代表理事は「行動規範」を加盟団体に義務付けている限り、JPFが「行動規範」に反する形で自衛隊を含む軍と協働したり、地方復興支援チーム（PRT。アフガニスタンにおけるNATO主導の多国籍軍傘下で復興活動を行う軍組織）に参加したりすることはあり得ないと断言する。

では、各地の紛争で「当事者」になってしまっている米軍が主催する「パシフィックパートナーシップ」への参加は「行動規範」に抵触しないのか。ＪＰＦ内でこの点が議論されたことはない（椎名ＪＰＦ事業部長）と言うが、長前代表理事は個人的意見と断った上で、現在の国際情勢の中でアフガニスタンやイラクなど特定の地域の活動について米国を中立とみなすことはできないため、米軍との協働は「行動規範」に抵触する可能性があると指摘する。しかし他方で、紛争ではなく自然災害の場合で、かつ、日本が歴史的に中立のアクターと見られるような国において自衛隊が人道支援を行うような場合、少なくとも最初から協働を拒否することはないが、どこで線を引くべきかは、「協働」の中身や民軍連携に対する各団体の方針に依るという（長、前掲論文を参照）。

軍との協働について問題を整理しよう。紛争下の支援現場での協働は先に見たようにＮＧＯ自身の活動を危うくするという意味で、また軍による「人道支援」の補完的役割を果たすという意味で、ＮＧＯにとって命取りとも言える危険をはらむことは明らかである。それを確認した上で、日本の人道支援ＮＧＯにとって目下の最大の問題は、米国を中立とみなすことができないならば自衛隊も同じように中立とみなすことはできないということだ。なぜなら越田論文（本書第2章）が明らかにするように、自衛隊と米軍の実質的統合が進み、人道支援・復興支援活動における協働も日米の「パートナーシップ」強化という戦略目標に位置付けられているからだ。

もう一つは、災害救援なら軍と協働してもよいのかという問題だ。本章執筆時点で東日本大震災・福島第一原発事故の救援に自衛隊はもちろん米軍も関与している。いま私たちは、だれによるどんな支援でもほしいという状況にある。しかし、必要としているのは大型輸送ヘリや消火設備などの装備、専門的訓練を受け防護体制を備えた救命・救難・復旧の人員などであって、戦争や国際警察活動のための部隊ではない――このことを私たちは今一度冷静に確認しておく必要がある。災害時の救援でさえ、災害救助隊などの非軍事的な組織が行うことが理想なのではないだろうか（だからといって現状、自衛隊が日本において災害救援をすべきでないと言いたいのではない。自衛隊は日本を守るために存在していると自己規定しているのだから、災害救援は重要な任務である）。

そして、たとえ災害でもわざわざ海外に軍を派遣して救援にあたるのは、国内の救援出動とはまったく別次元の政治的な問題である。軍による「人道支援」活動が、並行して行われる軍事行動への批判を和らげる効果を意図しているように、軍による災害救援活動は戦闘集団としての軍に「人道的」な顔を与える。被災した国に軍事基地を置く場合、災害救援を基地存続に向けた当該国民からの支持を取り付けるための手段として位置づけていることは想像に難くない。東日本大震災救援における自衛隊と米軍の統合運用に見られるように、軍にとっては、災害救援も紛争における「人道支援」も実際の運用はさほど変わらないものであろう（本書序章参照）。ならば、災害救援でのNGOと軍の協働やそのための訓練の蓄積は、いずれ紛争地での協働につながっていく可能性が十分にある。それを認識した上で敢えてNGOが軍との協働を積極的に模索するとしたら、それは何のためなのか。そこでNGOの独立が侵されないという保証はどう確保するのか。協働する、しないをその時々の状況や連携の中身に応じて判断するのであれば、その判断の基準は何なのか。「行動規範」に違反する協働とはどういう場合なのか。これらの問いにNGOが答えなければならない時期に来ている。

政府資金がNGOに与える影響

資金の受け取りの強要や、逆に資金援助カットをちらつかせて政府の思惑に従わせるといったあからさまな介入がなければ、政府の資金助成を受けていてもＮＧＯの独立性は保たれるという意見をよく耳にするが、それは妥当だろうか。

ＮＧＯの自律的意思決定やアイデンティティへの影響はもっと微妙な形で現れることが、いくつかの調査によって明らかにされている。たとえば、イギリスのＮＧＯセクターの独立性に関するある調査は、政府からの助成金カットを恐れて、団体自身が予め政府批判を自己規制する傾向があると指摘している（Ann Blackmore, *Standing apart, working together: A study of the myths and realities of voluntary and community sector independence*, National Council for Voluntary Organization, 2004, p. 30）。

政府資金への依存度が深まれば、資金を通じた政策誘導も生じ得る。たとえば二〇〇六年に右派寄りの政権に交代したカナダとスウェーデンは「偏狭な国益重視に基づく政府の方針に沿った援助を行うことをＮＧＯに求め、それに従わない場合は補助金を削減するという暴挙に出てきた」（国際協力ＮＧＯセンター（ＪＡＮＩＣ）事務局長のブログ http://ameblo.jp/janic10/entry-10640647070.html）。日本でも「ＮＧＯ連携無償［日本のＮＧＯが開発途上国で行う経済社会開発事業に外務省が資金協力を行う制度］の中で外務省が重点分野や地域を指定して、そこに対しては支援を厚くするということで政府の政策をＮＧＯの援助に反映させようという試みも始まって」いる（同上）。資金的誘導は、ＯＤＡの「国民参加」に「学」を引き込む動きに顕著に現れている。二〇〇三年改訂ＯＤＡ大綱で大学も「国民参加」の一アクターとしてＯＤＡへの参加を求められるようになったが、文部科学省はＯＤＡという新たな競争的資金の導入によって大学間の競争を強化し、それを通じて政策誘導を行うことが可能になったばかりでなく、「高い社会的信用度、専門的な人材の集積場としてＯＤＡ外交・政策の一翼に大学を組み込み、政治・外交の資源とする方向性もみえる」ようになった（藤山一郎「大学による国際協力事業展開の要因—ＯＤＡの国民参加と大学の第三の使命」『立命館国際地域研究』第三〇号、立命館大学国際地域研究所、二〇〇九年一二月、五九頁）。人道支援ＮＧＯに対しても、それと同様に資金助成を梃子にした政策誘導を行おうと思えば行えるのである。

　政策誘導の具体例がカナダにある。モントリオールにある**Alternatives**という左派系と見られているＮＧＯ（地元のコミュニティに根ざした活動や国際連帯活動を行う定評のある団体）が、二〇〇九年末に突然、カナダ国際開発庁（ＣＩＤＡ）から二四〇万ドルの助成金を打ち切られた。交渉の末、三年間で八〇万ドルの助成復活にこぎつけたものの、その対象はそれまで**Alternatives**が活動してきたパレスチナやラテンアメリカではなく、アフガニスタン、イラク、ハイチという、いずれも「国際社会」が軍事的に（ハイチの場合は災害救援の名目で）介入した三カ国に限られた（Yves Engler, "The Humanitarian Invasion of Afghanistan: Occupation by NGO," *Global Research*, September 5, 2010. http://www.globalresearch.ca/index.php?context=va&aid=20919）。**Alternatives**はアフガニスタンとイラクの戦争開始前はこの三カ国でとくに活動をしていなかったため、「カナダの援助金がたとえ軍事占領の強化を目的とするものでも、それをどこへでも追いかけて行くのか」（同上）という疑念を生じさせることになった（ちなみに**Alternatives**の財源にＣＩＤＡ助成金が占める割合は二〇〇七年度で四八％だった（http://www.alternatives.ca/sites/jalt.aegir.m2014.net/files/annual_report_2007-2008.pdf)）。

　Alternativesの例は、政府が助成金を通じてＮＧＯの活動を左右することができること、ＮＧＯ自身の主観的意図とは関わりなく、客観的にみて政府の政策を実行する役割を負わされ得ることを示している。

JPFにおける資金と独立性の問題

ＪＰＦの二〇〇九年度の事業活動収入の合計二六億円余りのうち二一億円が外務省からの支援金であった（http://www.japanplatform.org/report/2009/2009jpf_program2.pdf）。長前代表理事によれば、設立当初は外務省からの援助と民間からの資金調達を五分五分にすることを目指していたが、実際には経済危機などの情勢が影響したほか、経済界からの資金は自然災害向けが中心であったため、紛争地での人道支援には民間の寄附はほとんど集まっていないという（長、前掲インタビュー）。つまり紛争に関わる人道支援については、ＪＰＦに集まる資金は「オール・ジャパン」ではなく、ほぼ「オール官」ということになる（ただし、他の財源の資金を加えて事業を行う場合があるので、事業の財源が一〇〇％国の資金であるとは言えない）。

政府への財政依存の高さはＪＰＦの活動にどのような影響を与えているのだろうか。過去、ＮＧＯが具体的案件として助成申請を行ったものの中で外務省に拒否された事例はないという（長、同上）。ただし、これまで朝鮮民主主義人民共和国（北朝鮮）が援助対象からはずされているという指摘（谷山、前掲記事）や、二〇〇六年のイスラエルのレバノン攻撃に際して現地入りを模索したＮＧＯに外務省から「強い待ったがかかった」（伊勢崎賢治『国際貢献のウソ』筑摩書房、二〇一〇、一六三頁）という指摘がある（実際は、レバノン人道支援は実施された。北朝鮮への支援はいまも行われていない）。ＮＧＯが具体的に申請する以前の段階で、何らかの形で外務省から非公式な圧力がかかることもあり得ないことではない。先に引用したイギリスのＮＧＯの調査報告に照らせば、むしろＮＧＯ自身が自己規制する危険性の方に注意を払う必要がある。

長前代表理事はこれまで外務省から政策誘導的な意図を感じたことはないと証言する。唯一、外務省からＮＧＯへの注文があるとすれば、ＪＰＦを資金獲得の場と捉えるＮＧＯが多い中、もっとＪＰＦならではの付加価値、一例としては「キャンプ・ジャパン」のようなものを求められている点だという（「キャンプ・ジャパン」とは旧ユーゴスラビアのコソボ難民の受け入れのために日本のＮＧＯ四団体がアルバニアに建設したキャンプで、このときの経験がＪＰＦの生まれるきっかけとなった）。ＪＰＦに対する外務省の期待は原田（前掲書）が言及するような「日本の顔」の見える援助を担うことなのであろうか。だとすれば、外務省の「注文」はＮＧＯを「部隊増強要員」に位置付ける米国のような露骨なアプローチではないにせよ、国家の政策的意図を表明したものと捉えるべきであろう。外務省が何らかの付加価値をＮＧＯの活動に求めること自体、ＪＰＦに対する資金援助が、ＮＧＯが個別に外務省の助成金を受けるときと異なり、微細なものであれ政策的意図が反映され易い構造にあることを示している。

では、外務省から政策誘導の意図が具体的に感じられないことをもって、政府からの独立が確保されているといえるのだろうか。二〇一〇年、ＪＰＦのアフガニスタンおよびパキスタン人道支援に政府が援助を決めた（第一段階に最大一五億円。ＪＰＦ加盟団体の三分の一にあたる一一団体が参加）が、これはＮＧＯの側から求めた結果であるという。この助成金は二〇〇九年一一月のオバマ大統領来日の直前に突如発表された、五年間で最大五〇億ドルというアフガニスタン支援策の一環である（本書第2章参照）。この支援策がパキスタン北西部アフガニスタン国境沿いの「連邦直轄部族地域」も対象としているのは、政府自身の説明を借りれば「［パキスタン］政府の実効支配が及ばないアフガニスタンとの国境付近が国内外の武装勢力の温床となっており、この地域を拠点とした勢力がアフガニスタンやパキスタンの各地でテロ攻撃を実行し、不安定な状態が続いて」いるため、「安定化支援」が重要との認識からである（http://www.mofa.go.jp/mofaj/press/pr/pub/pamph/pdfs/afghan_paki_support_01.pdf）。その「部族地域」では米軍の無人機がターリバーン関係者らを狙った爆撃を続け、民間人の死者も多数出ている。つまり、この地域への支援は「援助誘導型平定」活動のパキスタン版といえる。たとえNGO自身が望んだ活動であるとしても、それは紛れもなく米国の「対テロ戦争」と分かちがたく結びついた「安定化」作戦の一環に位置づけられている。

今後、米軍あるいはNATO軍が「国際社会」も巻き込みながら介入する局所的紛争や反体制運動の現場における軍事行動とそれに並行する「人道支援」に、日本は自衛隊の派遣も含めてより積極的に関与するようになるだろう。その際は、日頃の災害救援共同訓練の「成果」の発揮が目指されるはずである。そのときに、現地に人道支援ニーズがあり、団体の活動方針とも矛盾しないという理由でNGOが政府の助成を受けて活動するとしたら――オブライエンがいう、NGO自身の人道目的と政府の政策が合致する場合――、そしてそこに、政府の政策への批判、異議の表明、意見提起にあまり関心を払わない日本の人道支援NGOの傾向を考慮に加えたならば、当の団体の主観的意図はどうあれ、政府の政策の実行部隊の役割を負うことにつながるのではないか。それはNGOが意図せずして（または意識に上ることもなく）、国家を下支えすることを意味するのではないだろうか。

政府資金を受け取らずに自己資金や募金だけで活動するのなら、どこで活動しようともその団体の自由である。しかし、政府の資金を受け取るのであれば、最低でもその割合を一定レベル以下に抑え、かつ政府の政策や軍の戦略に批判や対案を提示することによって独立性を保とうとするのでない限り、どのようにしてNGOの非政府性を保つのだろうか。

四　「オール・ジャパン」と自律した〈民〉

なぜ政府助成を受けるのか

ＮＧＯが政府からお金をもらって活動するなどあり得ない――。一見、非現実的でナイーブな意見のようだが、この原理自体を否定することは難しい。ＪＰＦ自身が政府資金への依存の高さを問題だと認識していることにもそれは現れている。それでもなお政府の資金援助を受けるのはなぜなのか。このような問いを立てると、〈政府資金を受け取ればＮＧＯの独立が侵される〉という議論は現実に立脚しないイデオロギー的断言だと反論されそうだが、そうした反論はＮＧＯの独立という問題をできるだけ根源的に議論することを妨げている。

ＪＰＦ設立の背景を振り返れば、寄附文化がなく、民間資金の調達が困難な日本で、ＮＧＯが多額の資金を要する人道支援活動をするには、政府に頼るしか選択肢がなかったというのが理由になる。だがそれは、なぜＮＧＯの独立を侵す危険を知りながら政府の助成金を受け取るのかという根本的問いへの答えにはなっていない。日本にも、たとえばペシャワール会のように完全に民間からの寄附と会費だけで、長年にわたり相当規模の活動を維持している団体があり、ＭＳＦ日本支部の集める民間寄附に至っては年間四〇億円に及ぶ（http://www.msf.or.jp/info/pdf/report2009.pdf）。両団体のように多額の民間資金を集められなくとも、資金が少なければ少ないなりにその範囲で活動することを選ばないのはなぜなのか。

人道支援ＮＧＯに関わる諸個人が、人々が苦しみ援助を求めているのに座視することはできないという善意から活動していることは疑いない。その立場に立てば、人道支援の圧倒的ニーズに応えるにはほど遠い資金力であるのが現状であり、もっと資金があればもっと人を助けられると思うのも無理はない。そこで出てくるのがスケールアップの発想である。

しかし、スケールアップを是として疑わない発想からは、拡大し続ける「ニーズ」がなぜ生まれるのかという問いは後景に退き、第二節で見たような人道支援活動がはらむ矛盾やジレンマに向き合い独立を確保しようとする姿勢も生まれにくい。政府資金に活動存続を頼るのであれば、そのときはＮＧＯの看板を下げて活動すべきであろう。その場合は準公的な組織に見合った透明性とアカウンタビリティ（説明責任）が求められることになる。

政府の資金援助を是とするもう一つの理由に、税金を市民が使うことに問題はないという考え方がある。これには一理ある。税金の使い方を主権者としての市民が決めるのが本来の民主主義だからだ。ただし、そのためには、税金の使い道を決める過程に市民が実効的に参加でき、市民が税金を使う際に政府の介入を拒否できる仕組みがなくてはならない。たとえば、ブラジルのポルトアレグレ市には、住民が市の予算の使い方を一定程度決められる「参加型予算」の制度があるが、残念ながら現在の日本にはそうした仕組みがないため、その仕組み作りのビジョンや行動を伴わない限り、税金を市民が使うのだから問題はないと主張しても説得力がない。

伊勢﨑（前掲書）は、航空取引や金融取引などへの課税をプールして開発協力に使おうという国際連帯税構想に触れて、ＪＰＦが将来この連帯税収の受皿となれば晴れて完全に「非政府」になれると提案している（一六四～一六六頁）。この提案自体に検討を加える紙幅はないが、このような提案を検討する過程で、ＮＧＯが税金を活用するときに求められるアカウンタビリティとは何か、税金を使いながらどうやって自己の独立性を維持するのかといった問題を議論できるのであれば意味がある。それでも筆者は、民間資金でできる範囲で活動するという原則に立つことができないのはなぜなのかと、いま一度問いかけることが必要だと思う。

独立を志向すること

資金的独立を達成できない状況でも、人道支援NGOが独立性を維持するためにできることはたくさんある。

まず現場で活動しているからこそできることがある。紛争現場における政府、国際機関、軍の活動の監視や国際人道法（文民の保護など）の遵守の促進などは現地にいるからこそできる活動である。とくに援助側の国際機関や政府に対する監視は「北」のNGOの義務とさえ言える。

また、たとえばアフガニスタンで活動する団体のウェブサイトやニュースレターを見ると、ごく一部を除いて、団体の活動内容以外の情報があまりにも少ないことに驚かざるを得ない。日本ではマスコミも現地情勢についてほとんど報道しないため、なぜ治安が悪化しているのか、アフガニスタンの人々はどう考えているのかなどを知ることが難しい。結果として「国際社会」が「テロリスト」を掃討し、アフガニスタンの復興と発展を手助けしているというイメージだけが助長されていく。

軍との関係については、軍との協働がNGOの独立性を侵食し、その存在意義そのものを脅威にさらすことは明らかである。自衛隊が本格的に紛争介入に乗り出せば、日本の人道支援NGOは米国や欧州のNGOと同様のジレンマと困難な決定を迫られることになる。気付いたときには自分たちの意思に反して軍との協働に巻き込まれているかもしれない。

資金については、外務省の資金援助をすぐに断つことはできなくとも、加盟団体が共同で資金の使い道（援助対象国の選定を含む）について外務省に対して働きかけ、それを外部にも見えるような工夫をすれば、外からも独立性を保持しようとする意思が見えるようになる。

しかし、ＪＰＦが政府からの独立を維持するために最も重要で基本的なことは、仕組みそのものを変えることであろう。創設者の大西（前掲書）は、ＪＰＦでは支援方針や助成金拠出の決定に外務省以外のメンバーも加わっているため力のバランスが生まれ、決定プロセスも透明化するとして、「［こうした仕組みは］援助政策という「公益」の決定に民間組織あるいは市民の参加を広げようとしている点で、「参加民主主義」の一種ととらえることもできる」と述べている（傍点は引用者（一一六頁））。

ここには誇張と論理矛盾がある。なぜなら、ＪＰＦに対する拠出はＯＤＡのごく一部に過ぎないため（二〇〇九年度のＪＰＦに対する拠出二一億円に対し、ＯＤＡは六七二一億円）外務省の政策全体への影響はほとんどないと考えられるし、助成決定過程の議論は外部からは見えないため、透明性という意味でも問題がある（助成決定を行う助成審査委員会の議論の中身は公開されていない。同委員会の上部に位置する常任委員会の議事録は公開されているが、助成に関わる議論の中身は分からない）。ＮＧＯと外務省がＯＤＡ方針や相互の「連携」の中身を話し合うＮＧＯ・外務省定期協議会の方が、議事録や資料をウェブサイトで公開しているので、よほど透明性がある。ＯＤＡであればその使い道を国会で正すことは理論上可能であるし、そうすべきだ。意思決定過程について情報の公開を（現実にどこまで可能かは別として）求めることもできる。しかしＪＰＦの場合、そのようなアカウンタビリティの仕組みは構造上確保されていない。さらに、もしも加盟団体がＪＰＦをたんに資金援助を受けるための枠組みと捉えているとしたら、ＪＰＦ内での意思決定が「参加民主主義」に近づいたとしても、それが日本の援助政策の民主化につながると期待できる根拠はないし、ＮＧＯの独立性を担保するわけでもない。

大西はまた、ＪＰＦが官庁（外務省）だけを取り込んで議会を迂回したのは「国民の負託を受けた議会が予算の使い道を決めるという議会制民主主義の建前とは別に、日本ではふつう議会よりも官僚機構が事実上の主体となって使途を差配しているとの認識があったためである」（前掲書、一一八頁）と説明する。これは現実認識としては正しい。しかしだからといって議会を無視し官僚と交渉するというのでは民主主義を自ら否定することになり、この国の官僚支配の構造を強めるだけである。大西もこの点は「やや思慮に欠けていたかもしれない」（同上）として、場合によっては組織の再編成を考えてもいいと述べている（同上、一一九頁）。ただし、議会といっても大西が具体的に問題にしているのは当時の自民党の族議員であって、主権者としての国民への言及は出てこない。

これまで多くのＮＧＯが求めてきたＯＤＡ改革の柱の一つは、ＯＤＡに関する意思決定を官僚の手から国会へ移すことだった。ＪＰＦが交渉相手を官僚から国会に変えて、つまり究極的には主権者たる国民と納税者による議論を経る中で、人道支援ＮＧＯへの援助に関する新たな仕組み作りを模索するのであれば、ＮＧＯと政府の関係についてもっと社会全体として考えていくことができるだろう。

おわりに――ＪＰＦは日本社会を映す鏡

ここまでＪＰＦを例にＮＧＯの政府からの独立について考えてきたが、この問題は結局のところ、日本社会と政府の関係という問題に帰着する。日本の人道支援ＮＧＯがアドボカシーに関心をもたないのは、日本社会に議員や利益団体以外の「普通の市民」が政策をウォッチし、批判し、自分たちの手で政治を運営するという意識がきわめて希薄なことの反映であろう。そして政府との距離についてあまり考えないのは、明治以来染みついた日本社会の「お上」意識が目に見えない形でいまだ私たちを覆っていることの証左だろう。ＮＧＯの独立性が厳しく問われないのも、社会の側にその視点が欠けているからに他ならない。ＮＧＯが政府ではなく社会に支えられて存在できるようにするためには、ＮＧＯの側から、なぜ人道危機が起きるのか、なぜ人道支援を行うのか、なぜ社会に支援を求めるのか（たんに活動資金がほしいという動機以上に）を社会に向かって語り、働きかけることが重要ではないだろうか。

こうしてみると、ＪＰＦは日本の社会を反映して、生まれるべくして生まれたと考えることもできる。「オール・ジャパン」が生まれるべくして生まれたとすれば、「オール・ジャパン」を変えるカギも日本社会の中にある。

参考文献

Chandler, David, "The Road to Military Humanitarianism: How the Human Rights NGO's Shaped A New Humanitarian Agenda," *Human Rights Quarterly*, Vol. 23, No. 3, August 2001.

Curtis, Devon, *Politics and Humanitarian Aid: Debates, Dilemmas and Dissension. Report of a conference organised by ODI, POLIS at the University of Leeds and CAFOD, London, 1 February 2001*, HPG Report 10, Overseas Development Institute, 2001.

de Torrenté, Nicolas, "Humanitarianism Sacrificed: Integration's False Promise," *Ethics & International Affairs*, Vol.18, No. 2, 2004.

「新たな時代における日本の安全保障と防衛力の将来構想──「平和創造国家」を目指して」新たな時代の安全保障と防衛力に関する懇談会報告書、二〇一〇年八月。http://www.kantei.go.jp/jp/singi/shin-ampobouei2010/

「座談会　ＮＧＯと政府の協働目指して」『国際開発ジャーナル』二〇一〇年八月号、二八～三三頁。

Essay 3 アフガニスタンにおける民軍連携とＮＧＯ

長谷部貴俊

先の見えないアフガニスタンの現状

二〇〇一年「九・一一同時多発テロ」事件の報復措置として始められた米英を始めとする有志連合によるアフガニスタン攻撃に対して、日本国際ボランティアセンター（ＪＶＣ）は当初より反対の立場を表明してきた。「テロ」犯罪に対して国を相手に先制攻撃を行うことは国際法上の違反行為であり、しかもアフガニスタンへの武力攻撃によって「テロ」の根絶をめざすことは、終わりのない憎悪と暴力の連鎖を生み出すことにしかならないというのがその理由であった。実際、二〇〇二年頃はまだ、ＪＶＣの日本人駐在スタッフも事務所のあるジャララバード（アフガニスタン東部、ナンガルハール県の県都）市内のマーケットに徒歩で行き、床屋にも行けたそうだが、私がスタッフとして初めてアフガニスタンを訪れた二〇〇五年にはもう、外国人が街を歩けない状況になっていた。二〇〇四年頃から治安は徐々に悪化していた。

民間人への被害も深刻化していった。二〇〇七年八月には、ナンガルハール県南部で発生した米軍の誤爆により、JVCスタッフの親戚を含む三七名が亡くなり、うち一〇名は爆破の威力で遺体すら見つからなかった。米軍は反政府の人間を対象とした爆撃と発表したが、実際に狙われたのは結婚式を終えて移動中の、女性や子どもを含む普通の人々であった。赤十字国際委員会が現地調査を行い、民間人への誤爆を裏付ける報告書を外国軍に対して出した後も、米軍からの真相究明、謝罪、補償は一切なかった。過去数年間、このような話は決して少なくない。

東部ナンガルハール県ジャララバード市内を走る米軍の装甲車。市内でも頻繁に走っている。

地元のNGO、アフガニスタン・ライツ・モニターの調べによると、二〇一〇年の一年間におけるこの紛争での民間人の死者は少なくとも二四二一人、負傷者は三二七〇人となっている。その数は年々増加の一途をたどっている。米国の国際NGOが二〇一〇年一一月に発表した報告書には、「民間人の被害の多くは反政府勢力の攻撃によるものだが、外国軍による夜の家宅捜索・空爆が続く中で、外国軍に対するアフガニスタン市民の反感も強くなっている」との言及がある。その反感は高まるばかりで、オバマ新戦略の増派に対しても、ジャララバードの市民の多くは「どうせ民間人の被害が増え、反政府との争いが激しくなるだけだ」と懐疑的である。

二〇一一年二月には、反政府勢力による攻撃で、ジャララバード市内の銀行に給与を引き出しに来ていた民間人四〇名が死亡、九〇名が負傷するという事件も起きている。

地方復興支援チーム（PRT）は「平和構築」の有効な手段なのか？

二〇〇一年以降、国際社会はアフガニスタンへの復興支援のため、巨額の資金援助を約束している。二〇〇二年一月に東京で開催されたアフガニスタン復興支援国際会議では、累積合計額四五億ドル以上の援助が確約され、日本は二〇〇一年から二〇一〇年の一〇年間で約二七六一億円（約二四・九億ドル）の復興支援を行っている。

二カ国間支援や国連、NGOの支援が実施される中、アフガニスタンでは地方復興支援チーム（PRT）という、軍事組織と文民組織が共同で復興に取り組む形態の支援が推進されている。二〇〇二年一一月に導入され、NATO軍による国際治安支援部隊（ISAF）の下部組織として、二〇一一年二月末時点で二八のPRTが展開されている。今井千尋（二〇〇九、四六頁）によれば、「その基本概念は、治安、開発、統治という平和構築の三つの局面に総合的に対応するために、軍事組織（治安担当）と文民組織（開発、統治担当）が一つのチームとして行動することである」。PRTを推進する立場からその意義を簡単に言えば、「アフガニスタンは危険である。丸腰のNGOが復興支援に携わるには危なすぎる。ならば軍隊が復興支援要員を守り、スムーズに支援をしてはどうか。PRTはアフガニスタンの復興を通じて、カルザイ政権の影響力を地方にも拡大させる大きな力である」となる。なお、PRTは、それを担う軍隊の所属国によって考え方や方法論が異なり、特に米軍PRTは戦闘と一体化していると言われている。

二〇一一年六月現在、日本外務省は文民職員四名をゴール県チャグチャランに派遣し、リトアニア軍が指揮するPRTと共に、復興のためのニーズ調査や支援案件の発掘を行っている（今井、二〇〇九）。また、二〇〇七年一月の安倍首相（当時）のNATO訪問後は、PRTと連携しつつ、アフガニスタンの地元

NGOや地方行政等に対して「草の根・人間の安全保障無償資金協力」の拠出を決めている。外務省のホームページ（二〇一一年二月現在）によれば、このODA資金贈与の制度によって一六のPRTと連携した九七の草の根無償プロジェクト（初等教育、職業訓練、医療・衛生）が実施されている。

では、日本の「平和構築」専門家はPRTについてどのような議論をしているだろうか？　上杉勇司はPRTの問題点を指摘しつつも、アフガニスタン東部や南部といった文民援助機関が活動できない戦闘地域ではPRTを通じた支援が現地の人々に「平和の配当」を届ける唯一の手段かもしれないと述べている（上杉、二〇〇八）。また、武装解除（DDR）を指導した伊勢﨑賢治は、「誰でも武器を持てるアフガニスタンは、未だに「非常事態」であり、支援活動に軍がかかわることはやむを得ないだろう」と述べ、PRT文民派遣要員の増員を提案している（伊勢﨑、二〇一一、二一〇頁）。

NGOからの批判

このように、民間の支援関係者の安全を確保しながら支援を実施するためには軍隊の護衛が有効だとも言われているが、アフガニスタンの現状に照らしてそのアプローチが果たして本当に有効なのか、きちんと検証する必要があるだろう。

何よりも、PRTの支援活動が地元の人々に不信感を与えている現実に目を向ける必要がある。PRTの活動はアフガニスタンの国家政策との連携が薄いうえ、PRT間の統一性も欠けている。一部のPRTにおいては、民間人に対して援助と引き換えにテロリストの情報を提供するよう促すことまでしており、まさに軍事活動の一環として存在している。たとえば、二〇〇九年八月には、米軍PRTが東部地域の住民に対して国連との調整もなく現金を配布したり、PRTの上部組織であるISAFが単独で断続的に空から物資配布を行うなどして、人道支援活動そのものに混乱を引き起こしている。そのため、これまで地道な人道支援を行ってきた民間援助団体による活動も、地元の人々からはPRTの活動と混同され、長年培ってきた住民との信頼関係が揺るがされるという事態にもなった。私がジャララバードで話したある住民は、「外国軍は、あるときには治安維持のためと言って一般市民を巻き添えにしながら銃を持ち、あるときには人道・復興支援のためと言って突然物資を配り出す。彼らの行動はまったく見当がつかない」と憤っていた。

ＪＶＣの遭遇した事件

二〇〇五年二月、ＪＶＣが支援するクナール県の診療所に突然、米軍ＰＲＴがやって来て、診療もせずに薬をばら撒くという事件があった。その際、敷地内では米軍による射撃も発生した。この一件を含め、赤十字国際委員会はＰＲＴによる同様の事件を取り上げて米軍との交渉を行った。その結果、アフガニスタン国内の米軍司令部は、「米軍部隊は緊急時を除き、ＮＧＯが運営する医療施設での活動を禁じる」との命令を出した。しかし、東部地域へのＰＲＴによる薬のばら撒きはその後も続けられていた。また、二〇〇八年四月にも、ＪＶＣが支援するナンガハール県の診療所に米軍の特殊部隊が物資の配布にやって来て、ＪＶＣに関する情報を聞き取っていった。その様子を見ていた村の男性は後日、ＪＶＣのスタッフに「ＪＶＣは米軍と協力しているのか？」と尋ね、不信感を露わにした。もちろんそんなことはないし、このときには「ＪＶＣも皆と同じ被害者です」と伝え、誤解を解かなければならなかった。

その後も米軍ＰＲＴによる東部地域でのばらまき活動は止むことがなかったため、この地域で活動するＪＶＣ等のＮＧＯは米軍ＰＲＴに激しく抗議した。そしてようやく、二〇〇八年後半から医療分野でのこうした問題は減少していった。

NGOのアドボカシー（政策提言活動）

二〇〇七年一月、JVCはアフガニスタンで活動する日本の複数のNGOとともに、日本政府に対してPRT支援強化に関する公開質問状を提出した。これは当時安倍首相がNATOに対して、「日本もPRTとの連携を強化する」と述べたことに対する行動であった。同様に、同年秋の国会で民主党の小沢一郎代表（当時）がPRTへの協力を示唆した際には、日本の平和的アプローチの重要性を伝える要望書を各政党に提出した（アフガニスタンの支援において日本はもう平和的でないというのが実情と言えるが、アフガニスタン人の間ではこの点に対する誤解がある。自衛隊によるインド洋での給油活動を通じてすでに日本は有志連合に協力しているわけだが、二〇〇七年の安倍首相の退陣時まで多くのアフガニスタン人はそれを知らなかったし、今でも日本がアフガニスタンに軍隊を出していないという点から日本の支援を評価している人が多い）。

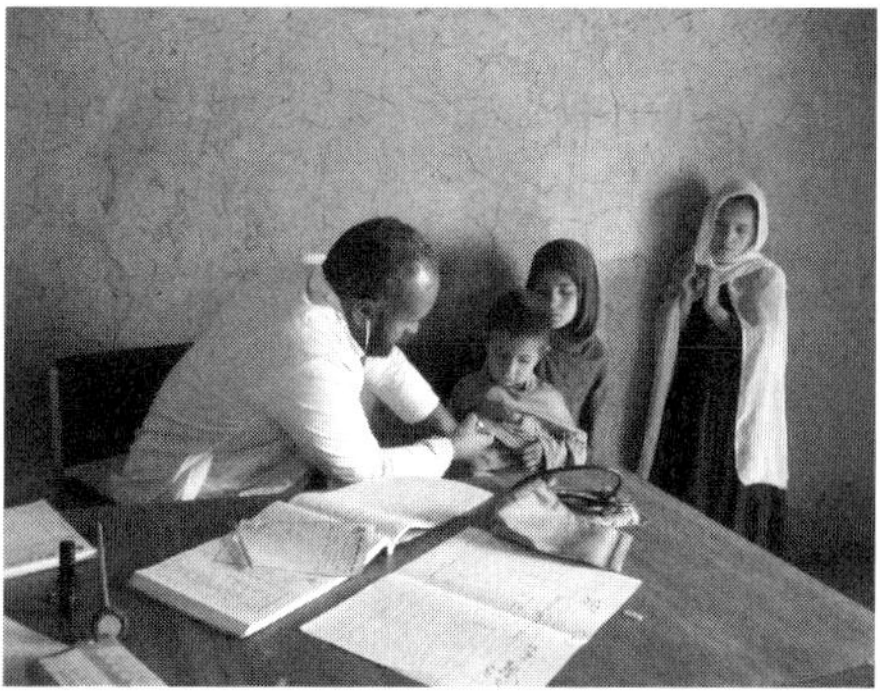

JVCによるナンガルハール県シェワ郡での地域医療支援。診療所、簡易診療所には毎日160～180名の患者がやって来る。住民2万以上のこの地域でJVCは健康教育、診療所の運営、スタッフの派遣、薬剤の共有など、全面的な支援を行っている。

NGOによる公開質問状や要望書を通じたアドボカシー（政策提言活動）の論点は次の三つであった。

①PRTの援助活動には、その効率性、専門性、公正

性において疑問がある。

②ＰＲＴの援助活動は軍事組織と文民組織との境を不明瞭にしてしまい、援助関係者の中立性を脅かす危険性がある。

③現地住民の間で軍関係者と文民とが混同されているため、援助関係者等への安全上の脅威が高まっている。この状況の下では、本来必要とされるＮＧＯの支援がアフガニスタン国民に行き届かず、結果として非人道的な状況を生み出しかねない。

アフガニスタンで活動する欧米の国際ＮＧＯの間では、軍は文民の援助機関が活動できない場合のみ活用されるべき、援助の最終手段でなければいけないと考えている。後述するように、この問題についてはＮＧＯによるきっちりとした議論が必要であろう。

文民だけによる復興支援の重要性

南部カンダハールの市外では地元援助団体すら安全に活動できない状況にあると聞く。だからこそＰＲＴを、という人もいるが、地元出身のアフガニスタン人の友人は、「それは押し付けであり、地元の人たちは、外国軍と区別がつかないＰＲＴを受け入れる用意はない」と私に語った。

ＪＶＣを含めアフガニスタンで活動するＮＧＯは、防弾車や護衛をつけることはない。武装すれば流れ弾にやられる心配は軽減されるかもしれないが、それよりも、完全防備することで米軍の下請け機関に間違われることのほうが怖いのだ。それゆえＪＶＣは、武装警護も防弾車も使用せず、住民に受け入れられることで身を守る道を選んだ。

地元のＮＧＯネットワークの代表の一人、サイード・ラヒーム・サタール氏によれば、アフガニスタンでは治安の問題から、二国間援助・国際機関援助を問わず援助資金はＮＧＯを通して流れることが多い。治安の悪い地域も含め、地方の現場の末端で支援を行っているのは常に地元のＮＧＯである。アフガニスタン政府や国際ＮＧＯでさえ活動することが困難な、戦闘の激しい南部のヘルマンド県、カンダハール県など五つの県では、一七の地元ＮＧＯが住民と連携しながらプロジェクトを実施している。彼らの活動を支援し、さらに住民へのアクセスを高めるにはどうすればよいのか。

すでに水面下ではターリバーンとアフガニスタン政府との間で和解に向けた対話が行われている。その対話が早期に、スムーズに進むことは難しいかもしれないが、アフガニスタン支援に関わる多くの関係者は、それが最善の解決方法であると感じている。まずは紛争中の地域であっても戦闘に関わる当事者同士が人道上のアクセスを認めることに合意する必要がある。一部の人道支援機関はそのための対話をすでに始めており、ターリバーン支配地域へのアクセスはすでにできている。

このような現実を見ていくと、ＰＲＴに拠らず文民だけで復興支援を行うことは決して不可能ではない。

日本の果たす役割は?

現在、日本の政府内では防衛大綱の見直しが進んでおり、自衛隊とＮＧＯとの連携を視野に入れた議論が活発化している。この議論では軍事組織の持つ機動性が利点として挙げられている。

確かに災害支援において軍が一定の役割を果たしてきたことは事実である。しかし、ある状況下において軍が本当に最終手段になるのかという点については、常に疑問をもって検討されねばならないだろう。これを考える上で、赤十字国際委員会のあるシニア・スタッフが、「これまで数多くの紛争地で活動してきたが、私たちは一度も武装したことはなく、防弾車ではなく赤十字のマークをつけた車で移動していた」と語っていたことは示唆に富む。

一方、日本では、アフガニスタンで見られるような軍による支援の負の側面についてはほとんど議論がなされていない。それどころか逆に、アフガニスタンについては自衛隊によるPRTへの派遣協力の可能性について何度も検討されているというのが実情である。」。日米同盟を重要視した議論の中でPRT派遣論議がされているのである。

二〇一〇年一一月一三日に行われた菅首相とオバマ米大統領との首脳会談（横浜）の数日前、次のような報道が流れた。日本側はアフガニスタンへの協力として自衛隊の医官・看護官一〇名程度を派遣する旨、当会談で表明すべく検討を進めている、と。JVCは即座に、「日米同盟に配慮するような自衛隊の医官・看護官派遣の表明は、（民主党政権発足以来）これまで民生支援に特化するとしてきた日本のアフガニスタン支援の方針を軍への支援を含んだものに大きく転換するというメッセージを、アフガニスタンおよび国際社会に出すことになりかねない。私たちは、これによって和平に向けた環境作りが損なわれることを懸念する」といった主旨の声明文書を政府関係者に送った。しかし、この声明は無視され、政府は会談後、派遣検討中との発表を行った。

私はこれまで何度かJVCの事務所のあるジャララバード市内で地元の県政府高官や大学関係者と支援調整の打ち合わせを行ってきた。そのようなときにはよくこう言われた。「日本の支援は欧米諸国と違い、軍事支援に拠ることのない、復興に特化したアプローチだ。市民を巻き添えにしない点で日本のプレゼンスは大きい」。日本の支援はこうした地元の期待を決して裏切ってはならない。武器を持たないからこそできる支援がある。日本政府は民軍連携を自明とするのではなく、紛争地においていかに独立性や中立性を保った人道支援を行えるのか、追求していくべきだろう。NGOには今、紛争が長びく中にあっても、紛争そのものを前提とした支援活動を行うだけでなく、そうした状況に対して常に異議申し立てを行い、和平への取り組みをサポートしていくことが求められている。

参考文献

伊勢﨑賢治「インタビュー　民軍共同の復興支援とは」『国際開発ジャーナル』二〇一一年二月号。

今井千尋「PRT（地方復興チーム）参加のチャレンジ」『外交フォーラム』二〇〇九年一〇月号。

上杉勇司「アフガニスタン―破綻国家の再建とPRT」『国家建設における民軍関係―破綻国家再建の理論と実践をつなぐ』国際書院、二〇〇八。

外務省『日本のアフガニスタンへの支援』二〇一一。(http://www.mofa.go.jp/mofaj/area/afghanistan/pdfs/shien.pdf)。

日本国際ボランティアセンター『軍が平和をつくるんだって?―アフガニスタンで起こっていること』日本国際ボランティアセンター、二〇〇七。

Jackson, Ashley, *Nowhere to Turn, The Failure to Protect Civilians in Afghanistan*, OXFAM, 2010.

第5章　日本の国際協力NGOは持続可能な社会を夢見るか？
自発性からの考察

高橋 清貴

はじめに――NGO・自発性・持続可能な社会

ボランタリズム（自発性）こそがNGOにとって重要な要素であることは、その語源をたどるまでもなく明らかである。しかし、このところ国際協力NGOは、ボランタリーセクターとしての「自発性・市民性」（市民として自発性を発揮する可能性）が揺らいでいるように見える。政府や企業からの補助金（NGO支援）が増え、市民からの寄付以上にそうした資金に依存した事業形態を取る機会が増えるにつれ、政府・企業との連携や協力を慫慂する「オール・ジャパン」や「官民連携」「民軍協力」といった言説が広まっているからである。こうした連携や協力は、お互いの足りない部分を補完し合い、それぞれの強みを活かして相乗効果を図ることで、より大きな成果を得ようとするものであると一般には言われている。しかしその一方で、NGOはこれまで以上に多くの時間やエネルギーを協力・連携相手との調整に費やすことになり、そのためにＮＧＯの主体性が発揮しにくくなるという側面が見逃されがちになっている。とくに、こうした事業単位での連携や協力は、それぞれのアクターが歯車となって役割を分担し合うことから、それぞれが機械的な仕組みの一部となって全体を構成するという形態をとることが多い。最近では、援助アクターの増加や多様化も進んでいる。「援助を受ける側」から「援助をする側」に移行する新興国や、社会貢献を積極的に進める企業・投資家といった国際協力の「新しい担い手（アクター）」が増えてきたことで、アクター間での競合が生じてきているのである。その結果、ＮＧＯの間でも「事業をすること」に重きを置くことが多くなり、「事業を通して（社会の変革のために）何を達成するか」という、いわゆる組織ミッションが相対化される傾向を高めているようにも感じられる。これは、ＮＧＯの存在意義の相対化にもつながる問題である。

こうした状況に国際協力ＮＧＯはどう対応しているのだろうか、また、どう対応すべきだろうか、というのが本章の背景にある問題意識である。政府や企業との連携・協力が増え、ＮＧＯの組織的安定性が高まる一方で、ＮＧＯの役割が相対化されて、ボランタリーセクターとしての「自発性」を発揮していく可能性が狭まっているのではないか。政府や企業との連携に積極的なＮＧＯは、財政的に安定化し、組織を拡大することができる。一方、そうした連携に一定の距離を置き、社会変革への組織ミッションを重視してボランタリーセクターとしての自発性を維持しようとするＮＧＯは、財政的に不安定で、組織運営に苦慮する場合が多い。こうした狭間にあって、多くの団体は自分たちの立ち位置を決めかねて揺らいでいる。それは結果として、ＮＧＯに自発性の発揮を躊躇させることにもなっている。この課題への取り組みを先延ばしし、ずるずると時間だけが流れていく中で、国際協力ＮＧＯの存在意義が薄まってきているように感じる。しかし、このことに対する危機感はＮＧＯの間で十分に共有されていない。

筆者が知る限り、一部のＮＧＯを除いて、多くの国際協力ＮＧＯは漠然とした不安を抱きつつも、それを「危機感」として共有し、意識化するまでには至っていない。

理由はいくつかあるだろう。上述したように国際協力を担うアクターが増加し、多様化する中で競合関係が強まったことも一つだ。加えて、「ミレニアム開発目標」（ＭＤＧｓ）といった「貧困削減」に対する遠大な目標を時間軸とともに設定したことで（二〇一五年を目途に目標を達成すること）、目標に直線的に邁進することをよしとする傾向が生まれたこともあるだろう。それらによって、ＮＧＯは自らが置かれている広い政治経済的な文脈を正しく認識できなくなってしまったばかりか、そこに意識を向けることさえしなくなってしまう、いわゆる視野狭窄の状態に陥っているように思われる。そこにきて政府や企業との「連携」「協力」によって資金が獲得しやすくなり、安定した組織運営が可能になるという魅惑的な現実の中で、問題が先送りされているのである。

こうしたＮＧＯの「自発性」を脅かしかねない事態に、ＮＧＯで活動する筆者自身もどうしたらよいか悩んでいた。そこに現れたのが「援助効果／開発効果」という新たな国際的議論である。後述するように、「援助効果／開発効果」の議論が生まれた背景やこの議論が扱っている課題は、一見するとＮＧＯの「自発性」の問題とは無関係のように見える。しかし、議論の展開を詳細に追っていくと、ＮＧＯの、特に途上国で活動するＮＧＯの苦悩や逡巡の中に、ＮＧＯの「自発性」を考え直す契機が見い出されてくるのである。

本章では、この「援助効果」議論の流れを追いながら、これに対する日本の国際協力ＮＧＯの関わり方を考察することで、ＮＧＯと「自発性」の関係を考える材料を提供し、また、これからの国際協力ＮＧＯはいったい何に、どう取り組むべきかという視点から、一つの方向性を示唆してみたい。とくに、

「日本＝先進国」という枠の中にとどまらず、また「援助する側／援助される側」という関係にとらわれずに、途上国の市民社会から学ぶという姿勢の重要性を強調する。そして、ボランタリーセクターとしての「自発性」を発展していくために、他セクター、とくに自然環境分野への関与をより強めていくことの重要性を指摘する。「貧困削減」という大目標に盲目的に邁進するのではなく、また組織の温存に内向きになることなく、国際協力ＮＧＯが本来的に持っている「外部に開かれた組織」という特性を最大限に活かしながら「自発性」を開いていくことで、ＮＧＯは「持続可能な社会」のありうべき可能性を探り続ける役割を、よりよく発揮していくことができると考えるからである。

一　ＮＧＯと自発性

「近代」の問い直しから生まれた二つの「自発性」

人間とって「自発性」は重要である。人間は本来的に自発的な生き物であり、それは「自由」の証でもある。生き物としての「生きる」という本能と意思が、自発性となって現れる。その「現れ」は困難なときこそ活発になる。社会的困難を前にして、人間は「生きる」ことに向き合い、自発性を発揮してさまざまなものや概念を発見し、発明し、創造してきた。それは、そのまま人間の歴史を形づくる。産業革命をもたらした「機械」、フランス革命がもたらした「市民」、アメリカ独立をもたらした「民主主義」などだ。また、概念に限らず、メディア（イギリスのコーヒーハウス）、組合運動（マルクス共産党宣言）、赤十字（イタリア統一戦争）、私塾や寺小屋（江戸から明治に向かう変革期）などの活動や組織も、自発性の賜ということができる。まことに多様である。しかし、そこにはある一つの共通項がある。いずれも国家や政府、企業という時の権力者に抵抗したり、不満を持ったところから始まっているということだ。今ある社会システムの欠陥を指摘し、それを改善するよう政府や企業に迫り、それが適わないとき、市民が自らの手で補足ないし変革しようとして生み出されたものだったのである。

こうした市民が創り出す社会は、国家という存在と広い意味で関係している。現在まで続くボランタリーな活動の近代的基礎は、実は国家、とくに一八世紀から一九世紀にかけて、欧州で帝国主義的に拡張してきた近代国家の成立によってもたらされたものだったからである。それは、「市民社会」やＮＧＯ、ボランタリーな活動などが「西洋の産物」だと言われる所以とも重なる。ＮＧＯと国家はアンビバレントな関係にあり、現在までその影を落としている。第一次世界大戦により、近代国家は大きな挑戦を受けた。戦争は、国民を総動員し、引き際のない泥沼に陥り、すべてが加害者であり被害者であるという未曾有の状況を作り出した。これに対して人々は、戦争というものを生み出した近代国家の有り様と「（国家）理性」に強い疑問を持つこととなった。産業革命以降、人々は、科学を始めとする理性を精緻にすることで人間はより良い社会を作り出せるという信念を抱いてきたが、それが大きく揺らいだのである。この事態に、人々は二つの方向性で自発性を発揮して対応した。一つは、自らの社会の「外」に飛び出して突破口を見い出そうとする自発性である。世界や歴史上にはまだまだ私たちの知らない社会がたくさんあるはずだが、その「未知の社会」から、習慣や道徳、価値観を作り上げるさまざまなつながりを新たに学ぼうとする姿勢である。この時代に文化人類学が発展し、膨大な歴史研究が生まれている（この時期、事件中心の歴史把握に対して、「心性や感性の歴史」、あるいは歴史の深層構造やマクロ的な把握を目指すアナール学派がフランスで生まれている）。そしてもう一つの方向は、それとは逆に、人間を「内部」へ掘り下げていき、そこから危機を乗り越えようとする、反省的態度から生まれた自発性である。ハイデガーやサルトルが人間の「実存」を探求する中で近代を超える思想を構築しようとしたことが、その現れである。これにより人々は、人間とは何ものなのか、どんな存在なのかと自分自身に問う省察の時代に入っていった。

「自発的な協同」――一九九〇年代の「市民社会論」の論点

困難なときにこそ人は自発性を強く発揮し、乗り越えようとする。この二〇世紀初頭の困難の乗り越えの中から生まれた二つの自発性の方向性は、近代から現代に至る市民ボランティアにも息づいている。「内部性」を目指す自発性が規範的理念の探求となり、「外部性」を目指す自発性がつながり（人と人、人と自然の両方で）の多様性に対する学びの姿勢となって現れているのである。

一九九〇年代、東欧の革命と東西冷戦の終結という大きな時代の節目に、欧米では「市民社会論」が隆盛した。それは日本にも広がり、以後たくさんの市民社会論が生まれた。その一つに、坂本義和の『相対化の時代』（岩波書店、二〇〇七）がある。この書の中で坂本は「市民社会」について次のように述べている（同上、四二～四五頁）。

［市民社会という言葉で］私が指すのは、人間の尊厳と平等な権利との相互承認に立脚する社会関係がつくる公共空間だが、それは無時間的な空間ではなく、不断の歴史形成過程そのものなのである。［…］それは単なる分析概念ではなく、ひとつの批判概念であり、規範的な意味をも含んでいる。換言すれば、それは「現実」と離れた規範や理念ではなく、人間の尊厳と平等な権利とを認め合った人間関係や社会を創り、また支えるという行動をしている市民の社会関係を指しており、そうした規範

意識を持って実在している人びとが市民なのである。〔…〕市民社会という言葉には都市のにおいが強いが、しかしそれは、都市に限らず農村も含めて――したがって途上国の農村も含めて――、地域、職場、被災地などで自立的で自発的な（ボランタリー）に行動する個人やグループを指している。

ここでは「人間の尊厳と平等な権利との相互承認に立脚する社会関係がつくる公共空間」という、「市民社会」が持つ主要な役割としての規範的理念の重要性と、NGO組織と個人との「自発的な協同」が作り出す「市民社会」への期待が述べられている。坂本は同書の中で、市場をどう相対化させるかが市民社会の主要な役割になるだろうとも述べている。つまり、「市民の自発的協同」の意義は、市民によるボランタリーな経済圏の構築、さらに言えば人と人、人と自然の「新しいつながり」の下で経済のあり方を追求するところにあるというのである。一九九〇年代の市民社会論の主要な論点の一つは、八〇年代から続く新自由主義的思想の下での国家と市民社会の関係にあったが（植村邦彦『市民社会とは何か』平凡社、二〇一〇）、これはイギリスをはじめとする民主主義諸国が「小さな政府」として経済を市場の機能のみに任せる政策に着手する状況の中で、市民社会をそのパートナーとして位置づけることについての是非をめぐる議論であった。アンソニー・ギデンズの唱えた新しい「市民社会」論は、イギリスで九七年に政権をとった労働党の政策「第三の道」の理論的支柱になったことでよく知られているが、これは、安定した市民社会が存在しなければ市場は繁栄せず、民主主義の基礎は掘り崩されてしまうという考え方に立ち、「自由主義的市場経済」「小さな政府」「市民社会」の三者によるパートナーシップが「資本主義経済」「民主主義」「福祉政策」を前進させるというものである。このギデンズの考え方は、国家が社会福祉の供与から撤退した後の社会的空白部分を埋める存在として市民社会を位置づけている点で、

「社会福祉の民営化」をＮＧＯに担わせようとする議論に等しいと言えるだろう。先の坂本の市民社会論は、こうした動きに対して警鐘を鳴らすものであった。つまり、ＮＧＯ＝市民社会に本質的に要請されていることは、むしろ、「社会福祉の民営化」によって一層格差や貧困を広げている「市場」との関係を問い直し、新しい社会のあり方を常に追求していくところにあるとしたのである。

「ＮＧＯの自発性」を問い直す時代

しかし、国家と対峙し、人間の自発性を求めるさまざまなボランタリーな団体が、生み出されては衰退し、所期の目的と意義を失って国家に回収されているというのもまた事実である。これは、近代国家を支えている資本主義経済が、実は「人間の自己規律」と「外の世界への希求」という、まさしく国際協力ボランティアが持つ気質と親和的であることに加え、ボランティア活動の中心的担い手の多くが、比較的経済に余裕のある中間層の個人（いわゆるエリート）に多いという現状による。資本主義制度は自由を尊び、社会内階層を昇る仕組みをともなった魅惑的なシステムであるため、「エリート」中心による彼らのボランティア活動は次第に市場経済に回収されていくという危険性を本質的に持っているのだ（http://www.jica.go.jp/partner/kusanone/entry.html）。自発性の問い直しが必要な理由はここにある。社会においては規範的理念を確認したり、己と他者を照らし合わせながら学び続けることが常に必要なのであり、ボランティアやＮＧＯの自発性・市民性はそのためにこそ期待されているのである。

筆者が知る限り、これまで日本の国際協力ＮＧＯの間で、規範的理念の探求や新しい社会のあり方について真剣な議論が行われてきたようには記憶しない。坂本が言う、理念を持ち、市場を相対化させながら、どうやってＮＧＯの経済的基盤を成り立たせるかという難しい課題を国際協力ＮＧＯは避けてきたように思う。そうしているうちに、途上国のNGOから「CSO（市民社会組織）開発効果」（後述）に関する議論が盛り上がってきた。途上国では今、NGOが存在するための前提である「結社の自由」や「表現の自由」という基本的人権が、国家政府によって脅かされるという事態が進行している。必然的に、「NGOは誰のために、何のために存在するのか」という根本的問いがNGO自身につきつけられている。日本では、ようやく二〇一〇年後半から国際協力NGOセンター（JANIC）が中心となって、この議論に関わりはじめた。次節では、この議論を紹介しながら、日本の国際協力NGOの今後について考えてみたい。

二　「援助効果」と「パリ宣言」

「開発」から「開発言説」へ

最初に、ODAの「援助効果」についての議論が、どのような歴史的背景をもって生まれてきたのか概観する。

一九六〇年から七〇年代にかけて、「開発」は工業化重視の近代化政策の下で、途上国に対して巨額の融資を行ってきた。しかし、その後オイルショック等により焦げ付きが生まれ、それが八〇年代の構造調整プログラム（SAP）に結びついていった。SAPによって押しつけられた緊縮財政政策が教育や保健の有料化、国民生活の窮乏化を招き、それが市民によるグローバルな債務救済運動を導いたことはよく知られている。これにより国際社会の間では、単発のプロジェクトベースの経済的介入だけでは「開発」は十分な効果を上げられないという認識が広まり、より上位の政策をもって受け入れ国の政治に介入する必要性が高まっていった。「プログラム援助」という中期的な経済介入をともなうアプローチの始まりである。同時に、自由市場の下での経済成長促進のために、金融セクターの改革への取り組みも始まった。一方、冷戦終結の恩恵としての「平和の配当」という議論が新たな流れを作り出し、社会開発のためのコペンハーゲン会議や女性のための北京会議（共に一九九五年開催）など各種の国際会議が国連主催の下で開催され、貧困削減を主要課題とする「開発言説」が生み出されていった。そして、二〇〇〇年代に入ると、債務帳消しの運動の高まりと併せて、教育や保健といった「セクター」に焦点を当てた「プログラム援助」がアフリカで盛んに行われるようになっていった。これらの動きの中で生まれたのが、貧困削減の指標化を目的に二〇〇〇年に枠組み化された「ミレニアム開発目標」（MDGs）である。その意味で、MDGsは九〇年代の「開発」議論の一つの成果であると言ってよい。しかし、この流れも二〇〇一年に発生した「九・一一事件」によって一変した。たとえば、これを契機に、米国を中心とする先進諸国は、公的資金の割り振り先として「環境」や「開発」より「安全保障」分野を優先する方針に一八〇度切り替えた。実際、二〇〇二年に南アフリカのヨハネスブルクで開催された地球環境サミット（通称「リオ・プラス10」）は、先進諸国の関心があまりにも低かったために大した成果も上げられず失敗に終わっている。もちろん、巻き返しの動きもあった。国連や国際協力NGOなどからドナー諸国に対して改めて「開発」に関心を向けさせる働きかけが起こり、同じ年にはメキシコのモンテレーで開発資金会議が開かれ、「ODAを国民総所得（GNI）の〇・七%にする」という、ドナー諸国に対するMDGsの努力目標が再確認された。それまでは、MDGsは途上国が達成すべき目標、という理解であったが、これにより達成目標リストのゴール8（「開発のためのグローバル・パートナーシップの推進」）に掲げられた先進ドナー諸国のこの努力目標がクローズアップされるようになったのである。

「援助効果」に関する「パリ宣言」

しかし、「開発」においても、一九八〇年代以降から通奏低音のように流れている自由主義経済を基調とする考え方は変わらない。ODAの目的が、貧困削減であれ、「テロ対策」であれ、それが国際社会の（少なくとも先進ドナー諸国の間での）共通活動とされたならば、「効果」についての議論も避けて通れなくなってしまったのである。この結果として生まれたのが「援助効果」の議論である。二〇〇三年に経済協力開発機構（OECD）の開発援助委員会（DAC）による「ローマ宣言」を受け、この「援助効果」の中身は二〇〇五年に「パリ宣言」として指標化されることとなる。こうした歴史的経緯があるために、「援助効果」に関する「パリ宣言」には次のような五つの文脈が影のように貼り付いている。

一つは、二〇一五年を達成目標としたMDGsの実現への焦りである。貧困削減重視という目標を新しい世紀を迎えて公言したからには、その実現に向けた努力を少なくとも先進諸国は示さなければいけない。これは、ある意味、「援助効果」を向上させるための正当な表向きの目的となる。二つ目は、債務救済議論や「開発」の背景にある政治への関心の高まりとともに現れる、受け入れ途上国のマネジメントや行政能力の改革に対する関心である。これは、途上国の財政の帳簿外に計上されてきたために汚職を招きやすかった「プロジェクト援助」アプローチを見直そうとする議論、あるいは新手法としての「プログラム援助」や財政支援といったアプローチを拡大させてきた二〇〇〇年代の「開発」議論、という三つ目の文脈に接続して現れている。そして、四つ目として挙げられるのは、貧困とテロとのリンケージに関する言説および援助の安全保障イシューへの取り込みである。これは、途上国のガバナンス能力の問題に対する関心、とくに民主化や援助の透明化といった議論の流れにつながっている。さらに、自由主義経済というイデオロギーの下で、教育や保健といった社会開発分野における基本的な援助アプローチが後退し、経済支援や工業化（インフラ援助）のアプローチの揺り戻しが生じていることも、五つ目の重要な文脈として指摘しておくべきだろう。かつて、ベーシック・ヒューマンニーズを必要とする貧困層に直接支援を行うアプローチが主流だったイギリスやカナダにおいても、経済成長を再評価する援助議論が台頭しはじめている。

「パリ宣言」に貼り付く近代思考の危うさ

このように、「援助効果」の背景には、ニュー・パブリック・マネージメント的な効率性重視の発想、財政支援などの新しい援助アプローチの成功を信じる「社会科学としての開発」の信奉、あるいは民主化などの政治的介入に対する確信など、二〇世紀の近代主義の思考が影のように貼り付いており、その中で「質の高い援助」とは何かといった二律背反的な議論が模索されているのである。これを私たちはどう捉えたらよいであろうか？　「援助効果の議論は、古い開発言説に毒されたままである」から、結局は「政府や企業の思惑に取り込まれてしまう」と危惧して、一切議論をせず、これを廃棄すべきだとするナイーブな反応もあり得るだろう。しかし、その一方で、そこに少しでも「真に質の高い援助」を模索できる可能性があるならば、取り組んでみようではないかという考え方もある。多くのＮＧＯは、この二つの立場の間で揺れている。筆者は、「パリ宣言」に貼り付く近代思考の危うさに注意をしつつ、これまでこの問題をまともに議論してこなかったドナー国政府（とくに日本政府）に対して、「真に質の高い援助」について検討し合う「場」を求めていくために、この議論に取りあえず乗ってみるという立場をとっている。実際、二〇〇八年には外務省と「援助効果」について定期的に議論していく場をつくり、国際NGOと連携しながら途上国のNGOや市民の、援助のあり方についての「考え」や「声」を広く伝えることに努めてきた。

ODAの「援助効果」を指標化した二〇〇五年の「パリ宣言」では、「援助の質」を高めるために、①オーナーシップ（被援助国が主体的に援助政策を決めるべきだとする認識）、②アライメント（被援助国が決めた優先分野を、被援助国の制度や手続きに沿って援助すべきだとする認識）、③ハーモニゼーション（援助ドナー間で援助を調整する必要性があるという認識）、④結果による管理、⑤アカウンタビリティ（相互説明責任）の五つの原則を柱にすえた。このうち途上国のNGOが最も重視したのが、「オーナーシップ」と「アカウンタビリティ」である。「オーナーシップ」とは文字通り、「誰のための援助か」を問う原則だが、途上国のNGOにとってはその対象が単に「受け取り国」を指すという答えだけで満足するのではなく、受け取り国の「誰なのか?」という問いを発することが重要となっている。援助につきまとう債務や汚職の問題を引き合いに出すまでもなく、政府間で行われる援助（ODA）が住民に裨益するとは限らない（つまりトリクルダウンが有効に機能しない）中で、そもそも「援助」が誰のために、誰によってデザインされているのか、という根源的な問いを「援助の質を高める」ための議論の要にすべきだと彼らは考えている。つまり、ODAが単に受け取り国政府の政策に合致しているかどうかではなく、住民を主体としたものになっているかどうかを問うているのである。これを、途上国のNGOは「民主的オーナーシップ」と呼んで、一般的な「オーナーシップ」の語法とは区別して議論をしようとしている。そして注意すべきは、この議論は同時に、「北」のNGOが行う国際協力に対する同様の問いかけにもなっていることである。

途上国のＮＧＯが重視するもう一つの原則「アカンタビリティ」（相互説明責任）の議論についても、単に会計処理上の資金使途の説明を求める議論とは区別されなければならないと彼らは主張している。「相互」という言葉が付いているように、資金を提供する側と資金を受け取る側の「対等な関係」への希求である。これまで援助は、経済という地平においても政治という地平においても、常に資金を出す側の意向が反映され続けてきた。資金を得るために、援助を受け取る側は、精神的にも、実質的にも、資金を出す側の考え方や方法論、条件に、時には強要される形で、時には自主的な意向を示す形で従ってきたのである。その意味で、援助やＯＤＡには「資金を提供する側」と「資金を受け取る側」との間に依存的な従属関係を作らせる側面がある。言い方を変えれば、すでにある非対称の力関係（たとえば、地域社会の利権関係）を再生産していくツールになっているのである。この権力関係を再生産する仕組み、そして専門家と言われる人の「知」と援助組織によって正当化し可視化していくプロセスが「開発」である（開発言説）。これは、ミシェル・フーコーにならって言えば「生政治」と言えるものである。これに対して途上国のＮＧＯは、「アカウンタビリティ」（相互説明責任）、すなわち「資金を提供する側も同様に、受け取る側に対して説明責任を負う」という関係を作り上げることで、この開発言説を脱構築したいと考えている。とはいえ、「パリ宣言」が議論されはじめたときはまだ、彼らは「アカウンタビリティ」という言葉にここまで深い意味は込めていなかった。せいぜい、ＭＤＧｓの八つ目のゴールである「ＧＮＩの〇・七％」という資金量の達成に関し、被援助国側が中長期的な開発政策を立てやすくなるよう、「目標」という表現を「予測可能性」という言葉に替えた程度の理解であった(1)。しかしその後、「パリ宣言」の中間レビューのためのハイレベル会合（二〇〇八年、ガーナの首都アクラで開催）

に向けて、途上国のNGOを中心に援助の透明性に関する議論が高まった。International Aid Transparency Initiative（援助透明化イニシアチブ）などの議論が生まれ、ドナー側にも援助やODAに関する情報公開のプレッシャーが強まっていった。単にODAに関する情報をテクニカルに公開せよというこれまでの議論を超えて、コンディショナリティ（融資・貸付にかかる条件）の問い直しやドナー国政府の援助政策に関する情報公開までをも含めて要求していくようになったのである。

（1）「パリ宣言」では、「アカウンタビリティ」に関して、パラグラフ四九で次のように書かれている。「ドナーは、以下にコミットする。適宜に適った、透明で包括的な援助フローに関する情報を提供する。これによりパートナー国政府は議会・市民に対して包括的な予算に関する報告を行うことが可能になる」。「援助効果向上にかかる合意された約束の実施に関する相互の進捗状況につき共同で評価する」。

「パリ宣言」（二〇〇五年）からアクラ会合（二〇〇八年）に至るNGOによる一連の議論を「オーナーシップ」と「アカウンタビリティ」に焦点を当てて俯瞰してみると、彼らが援助にまつわる政治や国内・国際的な権力関係に極めて敏感になり始めていることがわかる。そして、「民主的オーナーシップ」の議論は途上国の市民社会のあり方に直結し、「アカウンタビリティ」（相互説明責任）の議論は「北」のNGOの役割の見直しにつながっていくことがわかる。後述する「CSO（市民社会組織[2]）開発効果」の議論は、そうした途上国の国内政治と開発をめぐる南北関係に対して鋭い批判を投げかけるものである。

（2）「CSO開発効果」の議論では、市民社会組織（CSO）という言葉は非政府組織（NGO）という言葉と明確に区別して使われている。CSOという言葉は、NGOだけでなく社団法人や労働組合、あるいは市民が自主的に作った小規模な組織までをも含む広い概念を持つ。日本ではこの言葉は定着しておらず、本章の分析対象は国際協力NGOであることから、本章では「ＣＳＯ開発効果」と明記する場合にのみこの言葉を使っている。

三　国際協力を取り巻く情勢の変化

「ＮＧＯだけを特別扱いしてよいのか」

ここでは、ＮＧＯが「援助効果」に関心を向けた背景となる、国際協力を取り巻く情勢の変化、とくに途上国の国内政治の変化について改めて考えてみたい。まず、一般にＮＧＯが自ら進んで自らの批判材料を提供するような「負」の「援助効果」を検証することは考えづらい。「援助効果」に関する議論はもともとＯＤＡを対象に始められたものである。それをＮＧＯが受け入れるには、受け入れに適ったそれ相応の条件が必要となる。実際、二〇〇八年の「援助効果に関するハイレベル会合」（アクラ会合）までの議論では、ＮＧＯは「援助効果」議論の対象外とされてきた。そのため「援助効果」に関するドナー政府からの問いかけに対しても、ＮＧＯは「政府はわれわれの批判をかわそうとしている」として正面から取り合うことを避けてきた。

卑近な例だが、先述のように二〇〇八年には日本でも「援助効果」に関するＮＧＯ・外務省の定期意見交換会が何度か行われており、そのときのエピソードを一つ挙げておく。「オーナーシップ」原則をめぐる議論のときであったが、その流れの中でＮＧＯ側が日本のＯＤＡの「タイド」（ひも付き援助）について意見を述べたところ、興奮した当時の外務省担当課長から「日本のＮＧＯが日本のＯＤＡから補助金を受けることはタイドには当たらないのか」という質問を逆に投げかけられた。ところがこのときＮＧＯ側は、その感情論のような質問に対して「ＮＧＯはパリ宣言の対象ではない」（「援助効果」を問われる対象ではない）と返答し、まともな議論を避けた。確かに、ＤＡＣの定義に従えば、ＮＧＯに提供されるＯＤＡ資金は「技術協力」のカテゴリーに分類されているから、その補助金がアンタイド率の統計にカウントされることはない。しかし、外務省の質問も一概に「的外れ」とは言い切れないところがある。その質問は「援助効果／開発効果」の観点から見て「ＮＧＯだけを特別扱いしてよいのか」と問うたものと解釈することも可能だからだ。もしＮＧＯ側が「援助は誰のためにあるのか」という視点を常日頃から強く意識していれば、外務省のこの質問にも正面から答え、建設的な議論へと発展させていくことができたかもしれない。しかし、ＮＧＯ側にはそうした議論を引き受けるだけの余裕がなく、暗黙のうちにそれを避けてしまった。普段からＮＧＯ自身が途上国の住民の視点に立って自らの「開発効果」を問うていれば、このような不毛なやりとりは避けられたのではないかと想像する。

支援を行うアクターの多様化

これまで国際協力ＮＧＯは、「市民活動だから」とか、「規模が小さいから」という理由で、自らの成果（あるいは負の影響）についての説明を十分に行わずとも大目に見られてきた。そしてそれに甘んじてきた。誰からも問われないから、あえて自らを問うという切迫感もなかった。とはいえ、この間、外部からまったくそれを問われなかったわけではない。たとえば、二〇〇四年一二月の北スマトラ大地震のときである。この地震は、津波被害も大きく、スマトラ島のみならず、南部タイやスリランカなど周辺地域にも甚大な被害をもたらした。その被災者支援において、米国や欧州では政府資金を越えるほどの支援金が市民の手で集められた。この事実はドナー諸国政府に少なからずショックを与えた。このような背景の中で、ドナー諸国政府はＮＧＯに対しても活動の「効果」を問うようになった。

そこに、支援を行うアクターの多様化[3]が加わった。国際協力ＮＧＯと呼ばれるいわゆる「専門家集団」に加えて、これまで営利目的で活動をしてきた個人や企業が、「社会貢献」を行う目的で教育や保健といった国際協力の「業界」に参入する傾向を強めはじめた。ＯＤＡが途上国に与える影響（「援助効果」としての正負の影響）は相対的に小さくなり、代わってＮＧＯが、多様な援助アクターの比較優位の中でその役割と「効果」を明確に示す必要に迫られることとなったのである[3]。

（３）援助アクターの多様化は、特に大手企業系の財団の台頭がめざましい。たとえば、ビル・ゲイツ財団は資産運用によって年間三〇億ドル近くの資金を作り、途上国支援にあてている。小さなドナー国のＯＤＡを上回る。

「国際協力」という「業界」はこの一〇年で著しく変化し、その中で非政府セクター（民間企業も含む）の役割はＯＤＡに比して相対的に大きくなった。また、一方ではアクターの多様化が進み、ＮＧＯというセクターの存在意義は「サービスの質」という観点からも問われるようになってきた。ＮＧＯが自らの意志によらず、自分たちの活動の「効果」を自主的に問わざるを得ない状況に徐々に追い込まれていったのは、こうした開発分野をめぐる情勢の変化が重なってのことである。しかし、それが決定的となったのは、援助を受け入れてきた途上国でのＮＧＯを取り巻く政治環境の変化である。それは、次節で見るように、援助受け入れ国がＮＧＯに対して活動の登録義務を強化しはじめたことによる。

四　ナショナリズムの台頭とＮＧＯ登録の波

ＮＧＯによる「CSO開発効果」議論

近年、ＮＧＯは「援助効果」の議論に積極的に参加するようになっている。その背景を見ていこう。まず言葉の整理をしておく。ここまで筆者は「援助効果」（Aid Effectiveness）という言葉を使ってきた。しかし、ＮＧＯが自らの「効果」を議論する際にはこの言葉は使わない。「開発効果」（Development Effectiveness）という言葉を使っている。なぜだろうか？　そこにはどのような意味が込められているのだろうか？　結論を先取りして言えば、ＮＧＯは、「パリ宣言」が限定的に示そうとしている「援助効果」の概念（本書第二節）は最低限達成すべき指標に過ぎないと位置づけている。真の「効果」を向上させていくにはそこにとどまってはならず、貧しい人々の社会的正義や人権、エンパワメントを含めた開発全体への効果（「開発効果」）を目指すべきだと訴えている。「援助効果」から「開発効果」への概念化の発展の背景には、ＮＧＯの、とくに途上国のＮＧＯの置かれた政治環境の変化がある。

「パリ宣言」の「オーナーシップ」に関する原則について、国際的なＮＧＯネットワーク組織 Better Aid の国際運営グループは、「真のオーナーシップに基づいた説明責任のある援助関係とは、民主主義と、それらの権利を要求する貧しく社会から阻害された人々のエンパワメントを支援するものでなければならない」と述べている。つまり、「開発」とは単なる物質的・金銭的な生活条件の改善だけを意味するのでなく、貧しい状況に置かれた人々の社会的正義や人権、エンパワメントをも重視するものでなければならないという主張である。あるいは、ＭＤＧｓという単純な目標の実現にとどまらず、人々をとり

「CSO 開発効果」についての「イスタンブール原則」

1. 人権と社会的正義を尊重し、推進する。
2. 女性と少女の人権を推進し、ジェンダーの平等と公平性を実現する。
3. 人々のエンパワメント、民主的オーナーシップと参加に焦点を当てる。
4. 環境の持続可能性を推進する。
5. 透明性とアカウンタビリティを遵守する。
6. 公平なパートナーシップと団結を模索する。
7. 知識を創出、共有し、相互学習に関与する。
8. プラスの持続的変化の実現に寄与する。

このイスタンブール原則に従い、CSO は自分たちの開発実践を改善し、確実にアカウンタビリティを示すために積極的に行動することを誓った。同等に重要なのは、すべてのアクターによって生み出される開発の効果を発現させるための政策や実践である。イスタンブール原則に従った行動を通し、ドナーや途上国政府はアクラ行動計画（AAA*）で「CSO が開発への貢献において十分に能力を発揮できるよう保障する」と宣言したことを実行しなければならない。すべての政府は、結社の自由、集会の自由、表現の自由などを尊重し、基本的な人権を遵守する義務がある。これらの本質が開発効果の前提条件となる。

トルコ　イスタンブール　2010 年 9 月 29 日

「CSO 開発効果」についての「イスタンブール原則」

＊：アクラ行動計画（AAA）とは、「パリ宣言」（本章第二節参照）の中間レビューのためのハイレベル会合（アクラ会合、2008年）において参加各国間で合意された、「援助効果」向上に向けた行動計画のこと。

まく広い政治経済的状況の改革をも含めて「援助」のあり方を議論するべきだという主張である。ここには、公共財としての「援助」はそれら開発全体と無関係であってはならないとするＮＧＯの問題意識が現れている。

ではなぜ今、このような解釈の「ＣＳＯ開発効果」議論が国際社会で高まっているのだろうか。そして、それが社会運動として取り組まれている意味は何か。

「ＣＳＯ開発効果」の議論においては、ＮＧＯ自らがその効果を高めるべく努力するだけでなく、それを可能ならしめるために必要な政治環境・経済条件について積極的に政府やドナーに働きかけていくことも重視されている。たとえば二〇一〇年九月、世界各地のＮＧＯがイスタンブールに集まり、「ＣＳＯ開発効果」についての「イスタンブール原則」を共同で作成した。そこでは「ＣＳＯ開発効果」の原則として「結社の自由」や「表現の自由」といった基本的人権の遵守が訴えられた。ＮＧＯに期待された成果を十分に発揮するためには、ＮＧＯの自由な活動自体を制約するような「登録制度」は見直されるべきだという主張である。

「NGO登録」という名の「NGO管理」

実際、国際ＮＧＯが現地活動を行う際に「ＮＧＯ登録」を義務づけている国は少なくない。対象をアジアに限っても、アフガニスタン、インド、ウズベキスタン、カンボジア、スリランカ、タイ、中国、ネパール、パキスタン、バングラデシュ、東ティモール、フィリピン、ブータン、ベトナム、マレーシア、ミャンマー（ビルマ）、モンゴル、ラオスなどで国際ＮＧＯは登録が必要となっている。原則不要、あるいは曖昧だが必要とされない国は、インドネシア、キルギスの二カ国だけしかない（http://www.jica.go.jp/partner/kusanone/entry.html）。もちろん、審査内容、提出必要書類、登録先、必要期間・条件、了承形態などについては国によってさまざまだが、いずれにせよ、登録をすれば必然的に政府の管理下に置かれる点では同じである。登録を求める政府側の理由もさまざまだが、どの国においても二〇〇一年の九・一一事件以降の「国家安全保障としてのテロ対策」の言説が実質的にも名目的にも強く意識されていることは確かだろう。

たとえば、スリランカではスマトラ沖大津波地震以降、各国から多くの援助団体が災害復興支援のために当地を訪れるようになったが、長期化する紛争問題を抱えているこの国では、市民活動の目的やリソース、キャパシティなどには神経をとがらせており、ＮＧＯ登録については、従来は社会福祉省のみの審査で済んでいたものが、現在ではこれに財務計画省と国防省が加わるようになった。そのため提出書類も増え、承認取り付けにも時間を要するようになった。

カンボジアでもＮＧＯの「管理」が進んでいる。この国では二〇一〇年一二月一五日、ＮＧＯ関係者の間ではかねてから懸念されてきたＮＧＯ法のドラフトが公開され、施行への歩みが加速されることとなった。ドラフトが通れば、カンボジアで活動するすべてのＮＧＯは政府への登録が義務化され、活動が著しく制約される恐れがある。

カンボジア政府がＮＧＯ法を必要とするのは、「テロリスト」からの資金がカンボジアに流れるのを防ぐため、というのが表向きの理由であるが、その真のねらいはＮＧＯの「管理」にある。実は、ＮＧＯ法についての議論は、その前年まで大きく進む動きはなかったが、二〇一〇年末から急速に動き出した。その背景には、ここ数年カンボジア政府が進めている国内での土地収奪をめぐる動きと、それが大きな社会問題に発展していることがある。カンボジアでは、一九九一年のパリ和平協定後フンセン政権による一党独裁支配が続いているが(4)、支配の形態がかつてのような直接的暴力によるものではなく、選挙管理機関への関与、メディアへの野党のアクセス制限、賄賂・買収による選挙人への干渉、選挙名簿の改ざんといった、より洗練された支配の手段に変わっている。名誉毀損や虚偽情報流布などの罪を活用して、政府に批判的な勢力を「合法的」に封じ込めようという手法である。政府は、土地収奪を合法的に進めるために、人々が土地登記する前の間隙を狙い、奪っていくのだ（登記率は二〇〇六年時点で一五％程度）。奪われた土地はすぐさま、土地高騰を狙った観光産業による土地転がしや、観光開発・森林伐採・資源採掘・パームオイルやゴムなどのプランテーション用のために外国人投資家、とくに中国系企業に売られていく。表向きは国家財政を潤すように見えるこうした政策が、実際には政府役人を含む多くの権力者の利権や汚職と絡み、環境破壊を進行させ、土地を奪われた住民の貧困を一層深刻化させているというのが現状である。住民に寄り添って弁護をしようとする弁護士に対しては、政府は

「弁護士資格を剝奪する」と脅迫し、土地収奪を強行している。そんな中、政府にとって厄介なのが、LICARDOやADHOCといった国際的にも知られる地元の人権NGOの存在である。つまり、政府がNGO法を急ぐ理由は、「復興」から「開発」に進む中で、山地の少数民族の強制立ち退きや森林乱伐などさまざまな局面で政府と住民とが衝突し、人権上の問題が増えるにつれて、それを押さえるために「NGO管理」の強化が必要になってきたからである。

（4）正確には、一九九一年のパリ和平協定で二人首相制でスタートしたが、一九九七年にフンセン第二首相が第一首相のラナリットを追い出してから独裁体制が固まった。

日本のNGOの「自発性」が問われている

「結社の自由」や「表現の自由」は市民社会の前提である。しかし、それら人権理念は、市場経済と独裁政治という二つの大きな力（開発独裁）の前では蔑ろにされてしまう。人権NGO等による市民活動（運動）がいかにその擁護のために立ち上がっても強い国家権力の前では押しつぶされてしまうのが現実である。

このような状況に対して、カンボジアの地元NGOの間では「CSO開発効果」という国際的議論と、これにともなう国際的な市民の連帯、国際社会のバックアップに期待が寄せられている。もちろん、先述したように「援助効果／開発効果」というツール自体には近代化の影がまつわりついており、彼らはその限界も認識している。また自らを「評価」対象に置いてしまうことには恐れもある。それでも、どうにかして、国家権力によって市民社会が押しつぶされることだけは避けたいと彼らは願っている。民衆虐殺というかつての狂信的な政権によるつらい歴史記憶があるだけに、事態は彼らにとって一層深刻なのである。こうした現実に「北」のNGOはどこまで寄り添うことができるだろうか。「北」のNGOには今、援助や開発プロジェクトだけというこれまでのやり方を越えた、規範的理念（「結社の自由」や「表現の自由」）に対する共感と協働、さらには「南」から起こった社会変革運動からの学びという新たな思考が求められている。おそらく、この「CSO開発効果」の議論に参加すれば、私たち日本のNGOも自らの活動が「評価」と「批判」の俎上に乗せられることになり、それにはある種の怖さもともなう。しかし、もし日本のNGOが、この「CSO開発効果」議論を避けてしまえば、いよいよ日本のNGOはその「自発性」を失うことになる。そのようなNGOは、国家と資本主義を両輪とする社会システムの中で安寧を続けるだけの存在として凋落していくだろうし、「持続可能な社会」の実現を担える存在には到底なり得ない。

五　「自発性」の追求に必要なもう一つの議論

「持続可能な社会」「定常型社会」議論

今、日本の国際協力NGOは、「CSO開発効果」の議論に遅ればせながら参加し、二つの「自発性」の追求（「内省的な規範の追求」と「他者からの学び」）を辛うじて保っている。しかしこの先、この問題意識が広まり、議論が深まっていくかどうかについては予断を許さない。議論をもう一歩先に進めるためには、さらなる工夫が必要だろう。筆者は、一九八〇年代から九〇年代に隆盛した「持続可能な社会」の議論に、改めて国際協力NGOは向き合うべきだと思っている。その理由は、自然環境とのつき合い方、たとえば資源の有限性に対する配慮や自然と人間の関係についての思考は、これからの「開発」

「CSO 開発効果」アジア地域ワークショップの参加者（2010年12月）。

のあり方を考える上で不可欠だと考えるからである。これまで国際協力NGOが向き合ってきた援助の世界はあまりに人間中心主義的に過ぎた。それは近代国家というものが、またそれにともなって生まれた市民社会という概念が、人間中心主義によって形づくられてきたことによる。しかし、私たち人類が直面している課題は、「開発」によって解くことはできないほど大きく、深刻なものとなっている。人間としての規範の追求と新しい社会のあり方の模索は、すべからく自然とのつきあい方をベースにしてやり直す必要がある、と筆者は考える。

実際、自然資源というインプットと現代の大量消費社会というアウトプットの両面において明らかになってきた地球の有限性については今も多くの議論がなされている。経済成長主義からのパラダイムシフトについての議論もここ数年よく見かけられるようになってきた。広井良典の「定常型社会」という概念もその一つである（広井良典『定常型社会』岩波書店、二〇〇一）。「定常型社会」とは、経済成長を絶対的な目標とせず、物質、エネルギー消費が一定となり、自然、コミュニティ、伝統など安定的なものに価値を置くことで十分な豊かさが達成されていく社会、いわゆるゼロ成長社会のことを指す。ここで広井は、世界が「生産の拡大」という一つの方向だけに向かっていくとする発想からの脱却を訴える。この概念は国際協力活動にも活かすことができるだろう。たとえば、国際協力のあり方を、経済、コミュニティ、社会福祉の三つの領域から以下のような考え方で捉え直してみると、NGOによる活動も「定常型社会」へのパラダイムシフトに寄与することができる。

まず経済の領域では、マネー経済に見られるようなフローばかりを追い求める考え方をやめ、ストック、それも多様なストックを重視した経済に転換することである。とくに、森や海などの自然環境と〈社会を構成する〉人間というストックを大切にすることである。「人間というストック」と言っても、それは貨幣のような目に見えるものをストックに転換していくのではなく、知恵や関係性、信頼や評判といった目に見えないものを価値として育て、共有していくような経済を作ることである。次にコミュニティの領域では、コミュニティそのものが持つ価値を見直していくことである。「経済成長」を突き詰めれば「労働生産性の向上」に行き当たり、その追求が多くの失業者を生み出し続けることは必定である。そうではなく、むしろコミュニティ単位で互いに役割を担い合う集約型労働の意義を再認識し、風土的多様性の尊重や世代間での文化・知恵の継承を大事にしていくような労働に価値を見出していくことである。そうした労働はグローバル化した都市よりも地域コミュニティの中で生み出されていくものである。最後に、社会福祉の領域では、社会福祉のあり方を事後的対応策として捉えるのではなく、事前的にリソースを再配分するようなものに重心を移し政策を進めていくことである。たとえば教育や保健などへのケアを厚くしていくことである。これは、「機会の平等」の確保は「予防原則」に通ずる、という考え方でもある。

こうして見ると、実は「定常型社会」のモデルは意外と〈身近〉なところに発見することができる。たとえば、日本の国際的ＮＧＯ、日本国際ボランティアセンター（ＪＶＣ）が活動するラオス。この国の村人たちが森と共生する暮らし方はまさにこの「定常型社会」に近い。もちろん、ラオスは〈身近〉とは言えないとか、あるいはラオスの農村もすでに近代化やグローバル化の波に晒されて変容しているというむきもあろう。しかし、今も確実に存在しているものがあり、そこから学ぶことは少なくない。森という自然ストックを大切にし、コミュニティの中で子どもたちが森や川で半ば遊びのようにキノコ狩りやタニシ採りをしながら一日の食材を確保し（労働を行い）、代々伝わる森の木々や川の生物の名前を覚えていく。都市生活者のような福祉制度があるわけではないが、村人同士の人間関係や信頼関係は厚く、村全体で子どもたちをケアしていくことが当たり前になっている。それゆえ親に万一のことがあっても、村全体で子どもを育てる仕組みが出来上がっている。これはまさしく社会福祉である。私たち「北」の先進諸国の人間が描く望ましい社会像は、すでに「南」の途上国において過去から実践されてきたということである。このような「気づき」は、まさしく第一次世界大戦後に欧米の文化人類学や歴史学が隆盛した時代に起こった、「外部性」を目指す自発性（「他者からの学び」）の追求に通じるところがある。歴史は、「新しい様相」を加えながらかつてのところへ戻ろうとするスパイラルな円環を繰り返しているのかもしれない。

「複雑系」社会を視野に入れた新たな関係づくりへ

では、現代の私たちにとっての「新しい様相」とは何か。それは「情報」「移動の自由」「グローバル化」の三つであると筆者は考える。この一〇〇年の間に、インターネットや通信技術の発達によって情報量は格段に増えた。昔ならそう簡単には行けなかったラオスの村にも、今ではＮＧＯのみならず、学生から一般人まで普通に訪れることができるようになった。同じように、ラオスの村人も日本や近隣のタイを自由に訪れることができるようになった。日本の製紙会社がパルプの材料確保のためにラオスの森で産業植林を行うなど昔はなかった。情報や人の移動によってモノやカネも自由に移動する「グローバル化」がもたらされ、私たちの地球社会はかつてないほど複雑になった。とりわけ「南」の国や地域にもたらした影響は大きなものとなった。たとえば、それによってラオスの森に住む村人は「援助」目的で訪れる外国人と直かに接し、最新の情報機器に触れ、中東情勢の変化を知り、日常的には多国籍企業の脅威に晒されるようになった。実は、国際協力は、こうした複雑化した「南」の社会、新たなリスクに晒される「南」の社会とどう向き合うかという問いにこそ答えなければならない。かつてと同じ「開発手法」で途上国支援に乗り出し、計画通りにその社会にインパクトを与えようとするやり方など、もはや通用しない。かつてのように機械的に社会を分析し、工学的に開発を進めようとしても、社会はあたかも生き物のように簡単に予想を裏切り、変化していく。社会の複雑性は、結果を予測させることを許さない。

しかし実は、いつの時代も、どこの国や地域でも、社会は複雑であった。ただ「国際協力」においては、「開発」と称して介入する私たちが、自分たち「北」の社会と比較して「南」の社会を劣位に見て単純化し、それを機械的に問題化して扱ってきただけに過ぎない。このような介入の仕方を私たち「北」の人々は「開発」と称してきた。問題化されるべきは「開発する側」の認識のあり方にあったのであり、本当に変えなければならないのは「開発する側」に立つ私たち自身の内側にあったのだ。もはや自明のことだが、付き合う途上国の社会を機械的に見ていくのではなく、複雑な生き物として、すなわち生命システムとして尊重し、開発言説に基づく認識を改めていく必要がある。社会が複雑な生き物であるというのは、社会もまた複雑系が持つ自己組織化、創発、生態系の形成、相互進化、バタフライ効果など⑸によって、人為的に操作・管理・制御・誘導することができないということである。社会をこのように捉えたならば、「北」のNGOによる「国際協力」のあり方も、経済開発か社会開発か人道支援かといったこれまでの分野別・手法別のレベルでの議論にとどめることなく、異なった複雑系の生命システムを持つグループとの新たな関係づくりに重心を置き直し模索していくべきだろう。

（5）バタフライ効果とは、たとえ決定論的な法則でも初期条件のわずかな差が挙動の大きな違いを生み出し、その予測が困難化する現象をいう。

おわりに——国際協力における新たな三つの行動原則

複雑系社会を視野に入れた国際協力の新たなあり方として、次のような三つの行動原則を導き出すこともできよう。第一に、できるだけ小さな単位で社会間のつき合い（関係性）を作っていくこと。複雑系では、バタフライ効果が示すように、変化は小さなきっかけから起こる。いきなり大きな変化を期待して、社会全体に大きな力を加えても、本質的な転換を導くことはできない。性質や本質の変革は、小さな変化から、それが自己増殖するかのようにして全体の変化に至らなければ生まれない。小さな単位からのつき合い、すなわち地域・コミュニティをベースにした国際協力が重要な鍵を握っていくのであり、この点でNGO活動との親和性は高い。

第二に、社会変化は「予測」するものではなく、「予見」するものであること。「予測」は活動の成果までを正確に測ろうとするが、複雑系システムの社会でそれを行うのは不可能だ。ラオスの村一つを見ても、そこには「開発」と称する多様な介入の触手が伸びている。世界銀行やアジア開発銀行、あるいは日本のODAや中国のODA、さらには本国政府の国家予算に至るまで、四方八方から延びている。そして、ベトナム企業や台湾の企業、多国籍企業までがサプライチェーンを通して影響を与えている。そこには当然、国際協力NGOも含まれる。このような環境下において、一つのプロジェクトが村にどのような社会変化をもたらすかなど予測できるはずもない。あまりにも外部要因が多すぎるからだ。一方、「予測」とは異なり、もっと大枠の視点から社会の変化を「予見」することは可能である。正確に成果まで「予測」できなくとも、ほとんどの開発アクターの動きは同じシステム上で動いているため、それが全体としてどのような方向で変化を与えようとしているか、大まかな「予見」はできる。たとえば、先述したアジア各国でのＮＧＯ登録制の動きや、カンボジア、スリランカでの「結社の自由」「表現の自由」の制限の動きをつかんでいこうとする活動は、まさしく「予見」である。つまり、外部から関わる者は、成果が確実に「予測」できなくとも、現状への大まかな理解と人々への共感があれば、その社会が進む方向性を「予見」し、そこで苦しむ人々がいればまずその人たちに寄り添い、連帯を深めることができるのだ。「ＣＳＯ開発効果」の国際会議において私たち「北」のＮＧＯに求められているのはこのことである。「ＣＳＯ開発効果」の議論に参加すればどのような社会変革の展望が導かれるのか、具体的には誰も知らない。しかし、そこに運動としての可能性が存在していることを信じ、目的を共有する「仲間」として「南」のＮＧＯと連帯していくことが、新しい国際協力活動の第一歩になることは確かである。

最後に、被支援者に対して必要なサービスを提供するだけの「間接民主主義」的な国際協力ではなく、被支援者自身がサービスを開発し、提供するような「直接民主主義」的な国際協力のあり方を考えていくこと。国際協力は、本来、そこに住む人たち自身のためにある活動であるはずだ。ならば、何よりもまずそこに住む人々自身が、どのような暮らしをしたいのかという思想を描き、そのために必要なリソースを探し、技術を育て、そうして作り上げた社会のあり様を「文化」の次元にまで高めていくことが大切となる。この場合、外部者である「北」のＮＧＯの役割は、その作業に参加させてもらい、一緒に議論し、共に学んでいくことである。これは、「思想＋技術＋文化」を創るソーシャル・デザインの共同作業とも言える。かつて「開発」や「国際協力」を行う者は「魚をあげるよりも、魚の捕り方を教えろ」とよく言われた。しかし筆者は今、「魚の捕り方を教えるよりも、そこに住む人々がそこでどう生きたいかを一緒に考える」ことの方がはるかに大切ではないかと思っている。「南」の国の村人とこの有限環境の地球上でどうやって共に生きていくのか、そのために「南」「北」のＮＧＯはそれぞれの自分たちの社会を地域・コミュニティ単位でどのようにデザインしていけばよいのか、そのための知恵を出し合っていくことも、大切な国際協力活動の姿ではないだろうか。

参考文献

金子郁容・松岡正剛・下河辺淳『ボランタリー経済の誕生』実業之日本社、一九九八。
田坂広志『目に見えない資本主義』東洋経済新報社、二〇一〇。
Escobar, Arturo, *Encountering Development: The Making and Unmaking of the Third World*, Prineton University Press, 1995.
Ferguson, James, *The Anti-politics Machine: Development Depoliticization and Bureaucratic Power in Lesotho*, University of Minnesota Press, 1994.

Essay 4 NGOによる平和促進活動とは？

バングラデシュ、チッタゴン丘陵の事例から

下澤　嶽

忘れられた紛争

平和構築という言葉の広がりとともに、平和の意味と手法を問うことが多くなった。しかし、平和構築の活動の多くが、一部の紛争、または復興支援の対応にとどまっており、放置された国内紛争が世界各地にはいまだに多く存在している。どの近代国民国家も「自決権」を意識して、内政には不干渉の立場をとるために、どの機関も国内紛争に対しては十分な関与をしてこなかった。こうしたジレンマを越えて課題に関与しうるのは、やはり国家利害の影響を受けないNGO（市民社会）なのではないだろうか。

では、NGOによる平和促進活動はどうあるべきなのか、その模索はまだ十分なされていない。これをバングラデシュ、チッタゴン丘陵の平和促進に取り組んだ日本のNGOジュマ・ネットの事例で考えてみたい。

表1　武力紛争の分類（1946〜2009年）

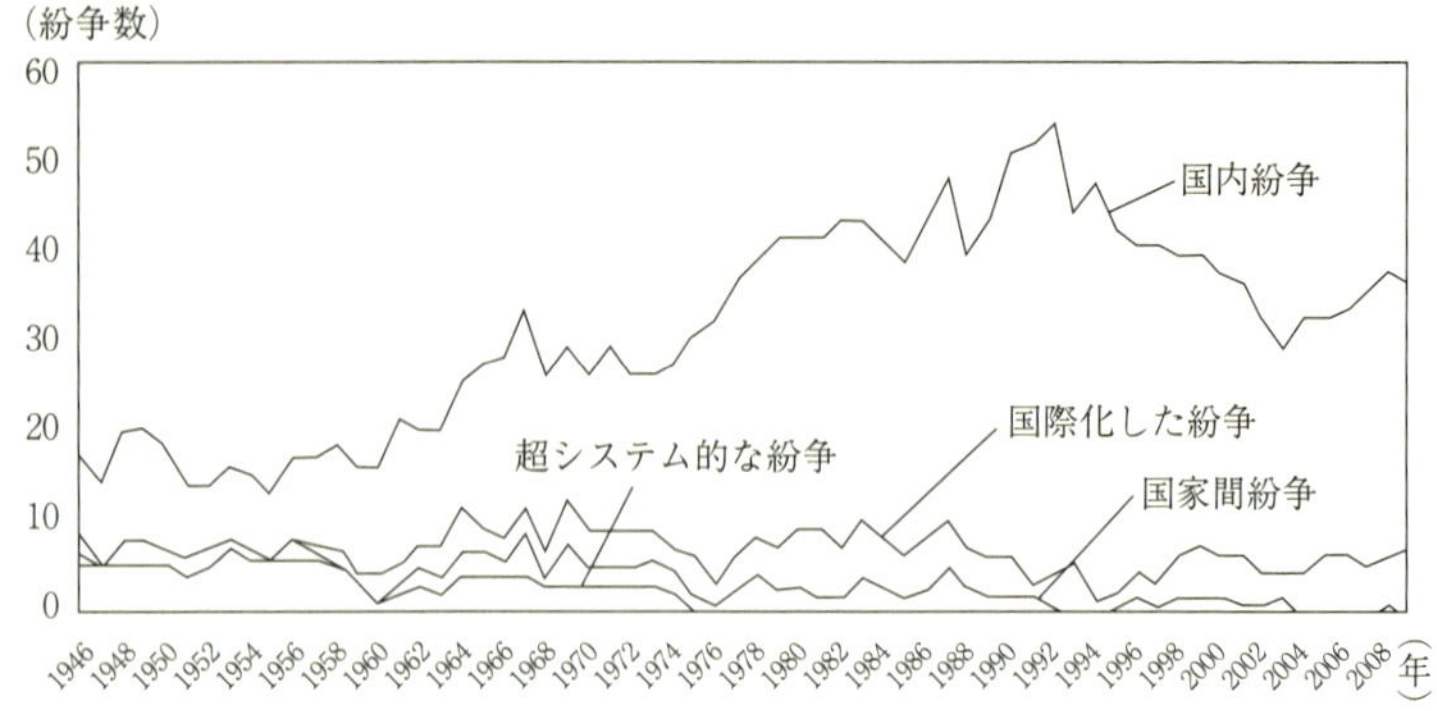

出所：©UCDP　2010

いくつかの平和構築関係の資料を読むと、冷戦以後紛争は増加したような印象を持たされるが、第二次世界大戦後の紛争の動向を概観すると必ずしもそうではない。

ウップサラ大学平和と紛争調査局（UCDP）は、第二次世界大戦後、二五人以上の死者を出した事件を紛争の一部としてとらえ、それらのデータベースを分析している（Uppsala University, Department of Peace and Conflict Research データベースより）。それによると、一九九二年をピークに紛争は減少傾向にあることがわかる。同時に、紛争の多くは国内紛争であることがわかる（表1）。

また、ガー（Gurr, 2000）の研究でもほぼ同じ傾向がうかがえる。この研究グループが第二次世界大戦後に発生した二七五の紛争を詳細に調べた結果、戦後の紛争は一九五〇年代に上昇傾向が始まり、七〇年代に急増し、九〇年代初頭をピークに、九四年以後には減少に転じている。しかし、それらの多くは長い間に何度も衝突や小競り合いをくり返してきたものがほとんどである。

これらの「忘れられた紛争」を考えいくことが、平和構築の次のステージにおいては重要なテーマとなるのではなかろ

バングラデシュ全図

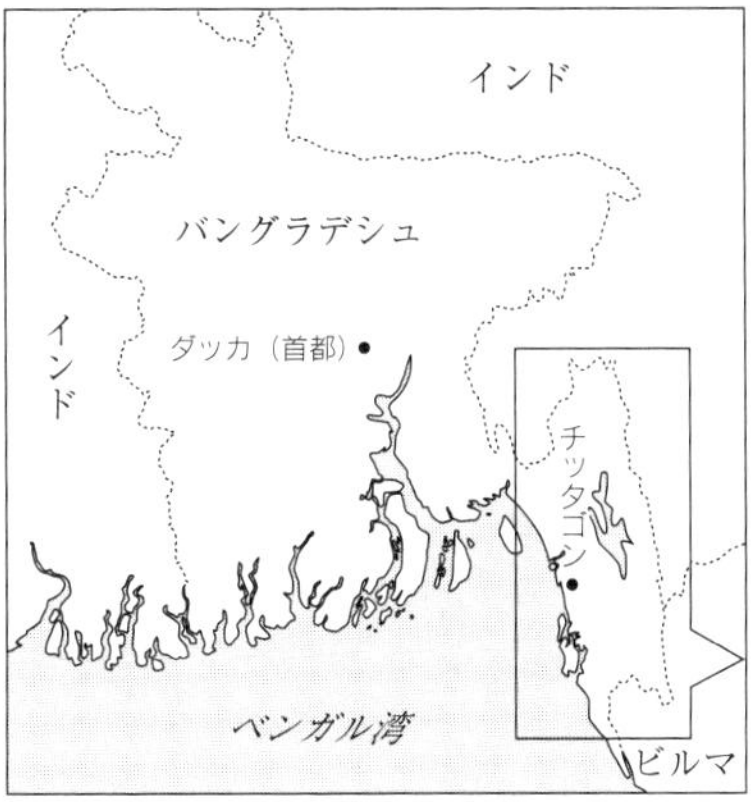

チッタゴン丘陵地帯

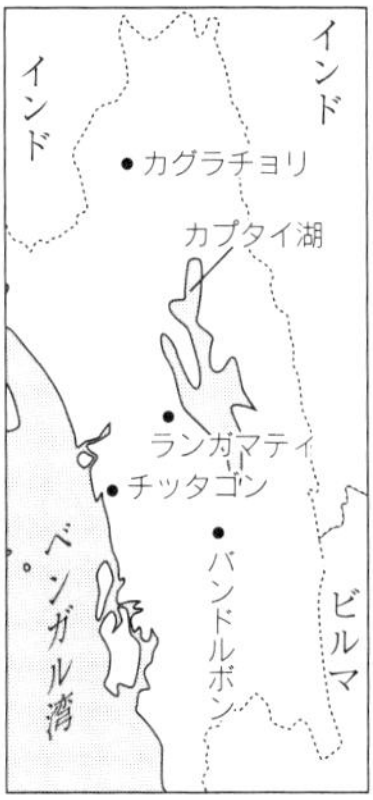

うか。

チッタゴン丘陵の民族対立の歴史

バングラデシュ、チッタゴン丘陵の紛争と民族対立は、今指摘した「忘れられた紛争」の典型の一つと言える。

デルタ地帯が大部分を占めるバングラデシュの中で、チッタゴン丘陵（Chittagong Hill Tracts）は同国南東部に位置し、バングラデシュ唯一の丘陵地帯である。国土の一〇％にあたるこの場所では、仏教、ヒンドゥー教等を信仰するモンゴロイド系の一一の民族、約六〇万人（バングラデシュ総人口約一億五〇〇〇万の四％）が焼畑農業を中心にしながら、デルタ地帯に居住する多数派のインド・アーリア系ベンガル人とは異なる文化を営んできた。この民族の総称として「ジュマ」（ジュマとは、ベンガル語で「焼き畑をする人」を意味する）という呼称を彼らは使うようになってきている。

一七世紀頃までこの丘陵地帯はムガール帝国の支配下にあったが、一七六〇年に同帝国が統治権をイギリス政府に手渡すと、イギリス政府はこの地域における徴税システムを徐々に完備していった。そして時代を経て、一九〇〇年には、平野部のベンガル人の流入増加を憂い、「チッタゴン丘陵マニュアル」（「一九〇〇年マニュアル」）を制定し、ベンガル人のこの地域における土地の売買や居住を厳しく制限することで、ジュマの統治権を明確にした。この「一九〇〇年マニュアル」が、現在チッタゴン丘陵に住むジュマの人々の自治意識の原型となっている。

一九四七年にこの地域がパキスタンの独立とともにパキスタン領の一部になると、イスラーム教ベンガル人の多数派で構成されたパキスタン政府は、ジュマの人々の文化と歴史を無視し、「一九〇〇年マニュアル」の内容を徐々に制約していった。六二年にはランガマティ盆地に巨大ダムが建設され、一〇万人近いジュマの人々が移住を余儀なくされた。

その後パキスタンの東西分離にともなってこの地域は東パキスタンの一部となり、一九七一年に東パキスタンはバングラデシュとして独立する。このとき、ジュマのリーダーたちは、「一九〇〇年マニュアル」の権限回復を大統領に訴えたが、無視される。焦燥感を持ったジュマのリーダーたちは、翌七二年に政治団体「チッタゴン丘陵人民連帯連合協会」（ＰＣＪＳＳ＝Parbattya Chattagram Jana Sambati Samiti）を結成、七三年には「シャンティ・バヒニ」（平和軍）という武装部門を結成してバングラデシュ政府と緊張関係に入った。

政治的緊張が紛争に転化した一九七九年、バングラデシュ政府はこの地域に大量の軍を配置するとともに、平野部のベンガル人を入植させることにした。そしてこの政策によって八三年までに約四〇万人近いベンガル人が入植し、ジュマの人々とベンガル人入植者の数はほぼ一対一の状況にまで変化した。この地域への立ち入りや報道が厳しく管理される中、紛争は九二年まで続いた。その間、一三回を超える虐殺事件が発生し、六万人近いジュマの難民がインドのトリプラ州国境沿いに避難、定住することになった。ジュマの人々への無差別な虐殺と弾圧は、NGOや国連機関にも知れ渡り、さまざまな報告書や勧告が出されたが、バングラデシュ政府はそれらを無視し続けた。

やがて、一九九七年一二月にPCJSSと政府との間で和平協定が結ばれた。内容的には不十分とはいえ、協定にはジュマ難民の安全な帰還、国内避難民の保護、ジュマ武装メンバーの雇用、土地の返還、軍の撤退、ジュマの文化と歴史を優先した政治体制の保障、といった項目が盛り込まれた。これにより二〇〇〇人近い「シャンティ・バヒニ」の武装解除が行われ、インドにいたジュマ難民も無事帰還した。しかし、他の重要な項目は、現時点に至ってもほとんど実施されていない。

政治的に弱体化を余儀なくされたジュマの人々は、ベンガル人入植者や軍の暴力、強引な土地収奪行為に怯えて今も暮らしている。土地問題が発端となって暴力・襲撃事件に発展するケースがここ数年続いており、死傷者を出し続けている。

ジュマ・ネットの草の根平和活動の試み――多様な市民プレイヤーを繋ぐこと

チッタゴン丘陵問題は、国際社会から放置された国内紛争であり、平和構築の失敗例の典型である。筆者は、ジュマ・ネットというNGOを二〇〇二年に組織し、現在まで積極的にチッタゴン丘陵の問題解決に関わってきた。これから紹介する活動は、ジュマ・ネット単体ではなく、世界の多様な市民プレイヤーとの有機的な連携によって行われたものである。

ここに言う、問題解決のために連携すべき多様な市民プレイヤーとは、まず被害を受けている「ジュマの人々」、次にバングラデシュ社会の主流民族であるベンガル人の中でジュマの人々の権利に理解を示す「ベンガル人サポーター」、そしてジュマの人々の権利を守るために活動している「国際NGO」を指す。市民プレイヤー以外では国連機関、関心のある第三国、マスメディアなどが加わるが、これらは活動の効果が一定の量に達した時に何らかの形で問題解決を促進する「予備的国際プレイヤー」である。ジュマ・ネットの活動は以上四者のプレイヤーの重層的な組み立てと連携によって、市民による平和活動を促そうというものであった。

NGOによる平和促進活動

事前に確認しておかなければならないが、一般的に「平和構築」の活動ルールが成立しうるのは、紛争が終結し、対立グループの双方が第三者（第三国）の介入を了解した時に限られる。しかし、チッタゴン丘陵問題は、マジョリティの民族がつくる国家機関と少数のジュマ民族との対立であったため、そうした了解を最初から期待することは不可能だったのであり、まさしくそこが問題の核心でもあった。したがって、ここでは最初の段階からジュマ・ネットが少数の民族側の声を代弁し、マジョリティ民族に和解の意欲を生み出させるアプローチを取らざるを得なかった。

以下では、二〇〇八年から二〇一〇年にかけて行われた「チッタゴン丘陵委員会」と、二〇〇九年から二〇一〇年にかけて実施された「チッタゴン丘陵和平協定の完全実施を求める世界同時キャンペーン」の二つの活動事例を紹介したい。

「チッタゴン丘陵委員会」の再結成と監視活動

「チッタゴン丘陵委員会」（以下、丘陵委員会）とは、一九九〇年にヨーロッパの活動家が結成したチッタゴン丘陵問題監視グループのことである。詳細な調査と証言で構成された人権侵害レポートを毎年のように発行し、このレポートはかなりの国際的関心を集めた。しかし、九七年に和平協定が締結されると、ジュマのリーダーたちの内部で分裂が起き、委員会の活動は二〇〇二年頃から実質停止状態に入った。それにともないチッタゴン丘陵問題への国際的な関心も急速に低下していった。

ジュマ・ネットは、過去チッタゴン丘陵問題に関わっていたＮＧＯの関心を再び喚起しようと、二〇〇六年にヨーロッパ各地のＮＧＯを訪問し、チッタゴン丘陵問題解決のための呼び掛けを行った。その結果、先住民族の権利擁護を行うデンマークのＮＧＯ、ＩＷＧＩＡ（International Work Group for Indigenous Affairs）が動き、二〇〇八年には国際的に知名度の高い活動家一一名（内バングラデシュ人三名、ジュマ・ネットから日本人一名）によって先の丘陵委員会が再結成された。ジュマ・ネットはこの委員会に資金提供する他、日常的にも関係者を現地訪問ミッションに参加させることにした。

丘陵委員会の活動は、バングラデシュ人委員（ベンガル人）たちのリーダーシップによって予想以上に活動が推進された。そのため事務局も首都ダッカに置かれた。チッタゴン丘陵を訪問して人権侵害調査を行う一方で、ハシナ首相をはじめ、バングラデシュ国内のステークホルダー（与野党議員、関連省の大臣、ベンガル人入植者団体、ジュマ関連団体、軍関係者等）との面談や意見交換のための調整をし、新たな和平協定実施の必要性を訴える現地訪問ミッションを合計四回実現させた。二〇〇九年八月の三回目の訪問時には、軍の一旅団がチッタゴン丘陵から撤退するという動きを生み出した。また、こうした取り組みへの現地マスコミの注目度も極めて高く、バングラデシュ社会での露出度は非常に高かった。

「チッタゴン丘陵和平協定の完全実施を求める世界同時キャンペーン」の実施

和平協定を実施させるためには、国内の対話だけでなく、国外からも一定の政治的圧力を作り出す必要があった。そこで、二〇〇九年七月から二〇一〇年三月にかけて、世界中の関心のある市民から和平協定実施に賛同する署名を集める「チッタゴン丘陵和平協定の完全実施を求める世界同時キャンペーン」を、ジュマ・ネット（日本）、Organizing Committee Chittagong Hill Tracts Campaign（オランダ）、Indigenous Jumma People's Network USA（アメリカ）、Jumma People's Network of Asia Pacific Australia（オーストラリア）のNGO四団体で共同実施した。

ジュマ・ネットによるこの世界同時キャンペーンの構想は、当初、丘陵委員会に実施主体になってほしいと考えて同委員会に持ちかけたものだった。しかし、バングラデシュ国内での微妙な調整活動に取り組むようになっていた丘陵委員会としては、このキャンペーンを自身で行えば一部の関係グループから誤解を受ける可能性もありうるとして、この活動に関わることに消極的であった。こうした経緯から、この活動はバングラデシュ政府の監視外にいる国際市民グループによってまず始めることとし、最初の四団体によるプラットフォームができたのである。その後、世界各地の関心のある層（NGO、政治家、知識人など）にも協賛グループとしての参加を呼びかけ、署名および広報の依頼を広げていった。和平協定後分裂しがちな国際グループ（平和促進活動に関係する国際機関や国際NGOなど）が、このキャンペーンを機に再び連携するという動きも徐々に現れはじめた。またバングラデシュ社会でも、署名を集める動きが高まっていった。

最終的には、ノーベル平和賞受賞者であるアイルランドのマイレッド・マグワイアや、日本の国会議員（六二名）、オーストラリアの議員（四名）、ネパールの議員（一名）を含む、一〇五の国と一二の地域から三万五七五七筆の署名を集めることができた。そして二〇一〇年三月二〇日、キャンペーン賛同人の日本の国会議員・阪口直人氏らがバングラデシュを訪問し、ハシナ首相に直接署名を手渡すことができた。

チッタゴン丘陵における平和活動の課題

ここに紹介した二つの活動を振り返ると、三つの市民プレイヤーの中で「ベンガル人サポーター」や「国際ＮＧＯ」とは比較的うまく（十分ではないが）連携を図ることができた。しかし、「ジュマの人々」との連携は弱かったと言える。また、丘陵委員会がバングラデシュ政府との交渉窓口になっていったため、委員会としては中立的な立場を取らざる得なくなり、結果として国際ＮＧＯであるジュマ・ネットが「国外からの圧力づくり」の役割を担うことになったのは興味深い展開であった。一方、活動全体の運動量・影響力が十分でなかったため、「予備的国際プレイヤー」である国連機関、第三国、マスメディアとの連携については不十分であったと言わざるを得ない。

今後重要になるのは、ジュマの人々の抵抗運動がさらに強化されるよう「ベンガル人サポーター」や「国際ＮＧＯ」がさまざまなステークホルダーにこれまで以上に強く働きかけていくこと、その上で「ジュマの人々」「ベンガル人サポーター」「国際ＮＧＯ」の三者のプレイヤーが目標の共有をしっかりと行い、それぞれの運動量を増やしていくことである。そして最後に「予備的国際プレイヤー」が動き出せば、より大きな影響力を飛躍的に生み出すことができる。

もう一つの反省材料は、キャンペーンのターゲットについてである。今回の国際キャンペーンの対象はバングラデシュ政府だった。しかし、紛争の継続の有無にいちばん関心を持っているのは実はバングラデシュ政府軍であり、和平協定実施を阻む存在は軍の中の和平協定反対派・慎重派なのである。二〇〇八年一二月に政権に復帰したアワミ連盟のハシナ首相は、マニフェストに「チッタゴン丘陵和平協定完全実施」を掲げるほどの和平協定推進派である。しかし、もともとバングラデシュの政権は、軍の利害関係をどう調整するかでその存続が決まると言っていいほど、軍の強い影響を受けてきた。

　チッタゴン丘陵での平和活動を促進させるには、バングラデシュ政府軍の和平協定反対派・慎重派を揺さぶる必要がある。つまりバングラデシュ政府軍をターゲットにしたキャンペーンが必要なのである。

　国家機関がこれらの紛争に十分関われない今、平和促進には世界市民の有機的な連携が一定の効果をもたらす可能性がある。そして、そうした連携による成功例がこの地域で増えていけば、それが他の「忘れられた紛争」にも影響を与えていく可能性がある。多様な平和促進活動の試みに対するＮＧＯの関心は、まだ十分とは言えない。さらに真摯な議論が求められてくるだろう。

参考文献

稲田十一編『紛争と復興支援―平和構築に向けた国際社会の対応』有斐閣、二〇〇四。
長有紀枝「人道支援におけるＮＧＯの役割―その役割、限界と可能性」『人道危機と国際介入―平和回復の処方箋』広島市立大学広島平和研究所編、二〇〇三。
最上敏樹『人道的介入―正義の武力行使はあるか』岩波新書、二〇〇一。
Adnan, Shapan, *Migration Land Alienation and Ethnic Conflict*, Research & Advisory Services, 2004.
Gurr, Ted Robert, *Peoples Versus States-Minorities at Risk in the New Century*, United States Institute of Peace Press, 2000.
The Chittagong Hill Tracts Commission, *Life is not ours': Land and Human Rights in the Chittagong Hill Tracts, Bangladesh*, 1991, 1992, 1994, 1997, 2000.

Essay 5

先住民族と「平和構築・開発」

木村真希子

インドでは今何が起きているのか

二〇一〇年四月、ニューヨークで開催された国連先住民族問題常設フォーラムでアジアの先住民族グループと先住民族問題の専門家である特別報告者が会合を持った。この会合で、インド東部ジャールカンド州出身の先住民族の人々は口々にこう訴えた。「私たちの故郷では「グリーンハント作戦」と呼ばれるマオイスト掃討作戦が行われている。村人も取り締まりの対象となり、武装組織との関連が疑われれば、私たちの家族も親戚も友人も、文字通り「狩られて」いる」と。

インド政府による武装ゲリラ勢力対策の対象とされたマオイストとは、中国の毛沢東主義に影響を受けた、農民による武装革命を目指す人々を指す。主な組織に「インド毛沢東主義共産主義センター」「インド共産党（マルクス・レーニン主義）」「人民戦争」などが存在していたが、現在はこの三つが統合した「インド共産党毛沢東主義派」が最大勢力となっている。インドにおけるこの武装革命闘争は一九六

インド「赤い回廊」

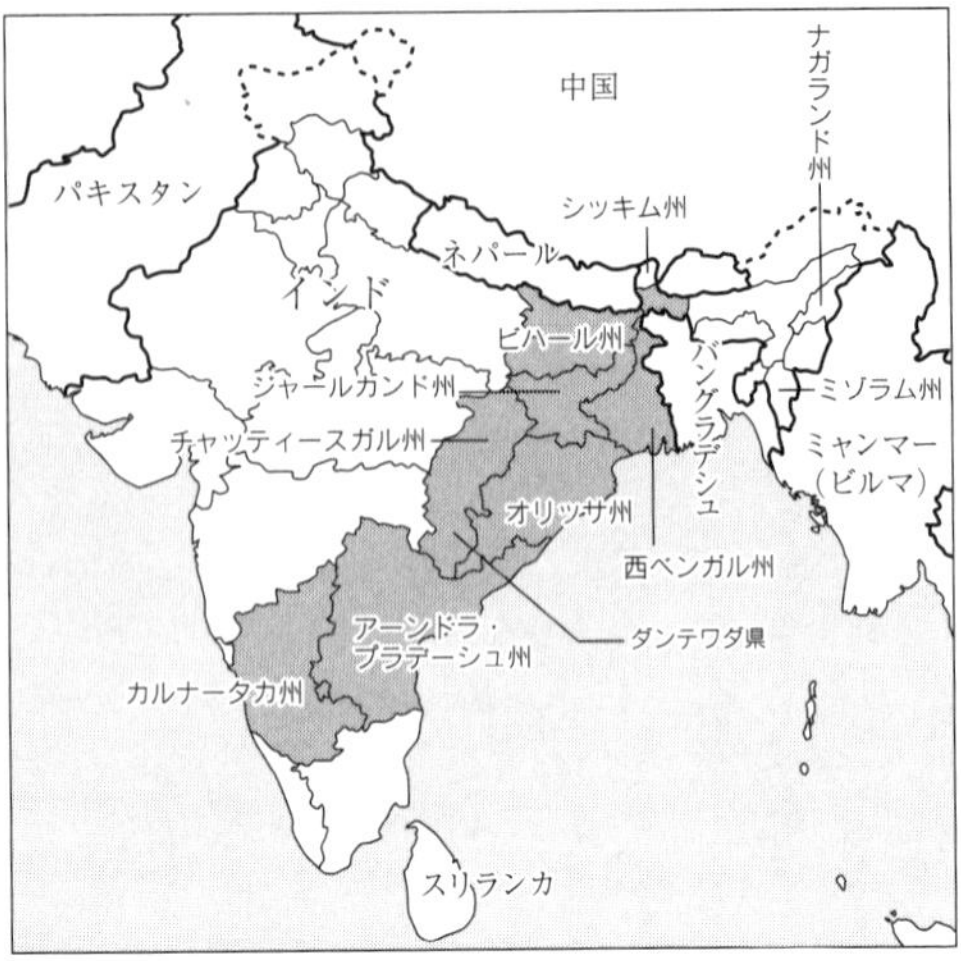

七年のナクサルバリ村（西ベンガル州）での貧農・土地なし農民の蜂起に始まるが、地名にちなんでマオイストを「ナクサライト」と呼ぶこともある。以後、この運動は他州にも瞬く間に広がっていった。そして現在では、「赤い回廊」と呼ばれるインド東部から中部にかけての七つの州において活発な運動を展開している（図1）。なかでもジャールカンド州やチャッティースガル州をはじめ、マオイスト運動が活発な州は先住民族が多数を占める地域と重なっている。

　インドは一九九〇年代初頭の市場開放から飛躍的な経済成長を遂げ、二〇〇〇年代に入ってからは年率九％の成長を誇る。日本にとっては中国に次ぐ市場として、二〇〇三年度以降は最大のＯＤＡ拠出国となっている。また、インドにとっても日本は、最大の二国間ドナーとなっている。しかし、順調に発展を遂げているようにみえるインドで今何が起きているのか、私たちはその内情を知る必要があるだろう。

先住民族と「開発」――なぜマオイスト運動が広まったのか

インドにおけるマオイスト運動は二〇〇〇年代に入ってから大きな広がりを見せている。一九九〇年代初頭、マオイストが活動している地域は四州・一五県にすぎなかったが、二〇〇三年に九州・五五県、二〇〇四年に一三州・一五六県、そして二〇一〇年一〇月段階では一六州・二二〇県（全国六三〇県の約三分の一相当）と徐々に広がり、今では各地で大きな影響力を行使するようになっている。インド首相マンモハン・シンはマオイストを「インドの治安に対する最大の脅威」と非難し、「民主国家の権威に挑戦することは許されない」と述べた。

先住民族が多く住む地域でマオイストが急増していることは、インドの急激な経済成長と無縁ではない。森林・地下資源の豊かなそれらの地域では、経済発展にともなう森林管理や資源採掘等の「開発」により、先住の人々が強制移住を迫られ、国内避難民となるケースが後を絶たない。一九五〇年から九〇年までの四〇年間に八五〇万人もの先住民族が立ち退きによる国内避難民となっており（Asia Centre for Human Rights, 2006）、二〇〇一年の国勢調査では、国内避難民のうち半数以上が先住民族であるという数字も報告されている（Campaign for Peace and Justice in Chhattisgarh, 2007）。

「開発」に拍車がかかる二〇〇〇年代に入ると、住民による反対運動とそれに対する締めつけがより先鋭化していった。たとえば、二〇〇四年にはオリッサ州の先住民族ドングリア・コンドの聖地、ニヤムギリ山の開発をめぐり、住民は採掘会社のベダンタ社が進めるボーキサイトの採掘作業に反対し、訴訟を起こしている。国際NGOなどの支援を得た激しい反対運動と訴訟闘争の結果、現在採掘は停止しているが、ベダンタ社は裁判闘争を継続し、採掘の再開をあきらめていない。

また、先住民族住居地域における大規模な開発計画としては、タタ鉄鋼会社とエソール鉄鋼会社にそれぞれ鉄鋼工場建設を認可したチャッティースガル州政府の例や、地下資源が豊富な地区を経済特区に指定し、複数の企業に資源採掘を認可したジャールカンド州政府の例などがある。ジャールカンド州政府には先住民族の伝統的な土地を保護する法制度があったが、採掘権の認可や経済特区の設置にともない、法律を改正している。これら大規模な開発計画によって立ち退きを迫られる住民とその支持者は反対運動を続けているが、しばしば警察や治安維持部隊による取り締りを受け、ときには不当逮捕・勾留による弾圧を受けている。一方、チャッティースガル州においては二〇〇五年から、政府が組織するサルワ・ジュドゥムという民兵組織が「ナクサライト」の影響下にある村を攻撃したり、いくつかの村を一カ所に集めた「集団村」という名の強制移住キャンプに住民を村ごと移転させたりしている。インド政府の報告書によれば、同州の六四〇の村で焼き打ちが行われ、ダンテワダ県では人口の半分に当たる三五万人が国内避難民となった（*The Report of the Committee On State Agrarian Relations and Unfinished Task of Land Reforms*, 2009）。こうした土地はタタ鉄鋼会社とエソール鉄鋼会社が工場建設を予定している場所であり、サルワ・ジェドゥムはこれらの企業と利害関係のある一部の政治家や起業家によって組織されているという指摘もある。

先住民族の人々は急激な経済成長にともなう「開発」によって苦しめられている。そのような地域でマオイストが影響力を拡大しているのは当然と言えば当然だろう。大部分が小農である先住民族の人々にとって、土地を取り上げられることは死活問題であり、現在の経済成長は自分たちにほとんど恩恵を与えないばかりか、むしろ負の影響しかもたらさない。経済成長の恩恵を受けている先住民族出身の一部の政治家や建設会社・採掘会社は、大企業と組んで貧しい人々の追い立てに手を貸している。しかも、この問題に対してインド政府は、武力で住民を押さえつけ、経済成長策をより進めれば貧者も救われる、という逆の救済策しか打ち出していない。

このような状況下で、日本の対インドＯＤＡはどのように使われているのか。残念ながら、貧しい人々のためというよりも、インド政府の経済成長策の一環として行われている幹線道路や鉄道の整備など、主に輸送網のインフラ整備のために使われているのが実情である。現在のインドは経済が成長すればするほど貧富の格差が拡大しており、こうしたODAによる利益は一部の中間層にしか届いていない。インド政府の経済成長策を支えるためのODAは、むしろインドの格差拡大に貢献し、先住民族の人々には負の影響しか与えていないと言えるだろう。

先住民族と「平和構築」

ゲリラ組織と先住民族との関係を切断する手段として「集団村」（強制移住キャンプ）を設置するというやり方は、すでに一九五〇～六〇年代よりインド北東部の先住民族地域で行われていた。北東部では四七年のインド独立直前にナガ民族が、六〇年代にはミゾ民族が、それぞれ独立した国民国家を求める運動を始めた。これらの地域では民族組織に対する住民の支持が強く、インド政府は武装化したゲリラ組織と住民とを見分けることに難渋した。そのために作られたのが「集団村」である。政府はゲリラ掃討作戦と称して先住民族を村々から立ち退かせ、複数の村の村人を、監視しやすい一つの区域に移住させた。

「集団村」では、周囲を柵で囲い、日中の決められた時間以外は外出を許さなかった。遅れて帰宅したり、ゲリラとの接触が疑われる場合には懲罰を与え、実質的には強制収容所と変わらぬ措置が取られた。この「集団村」は二～三年で解村となったが、村人たちにふりかかった被害は甚大なものであった。病死者や餓死者の続出をはじめ、伝統的な村落共同体の破壊、焼畑耕作を奪われ代替耕作地への道を断たれたことによる食糧不足など、計り知れない打撃を与えた。こうしたインド政府による暴挙は、行政担

ミゾラムの反乱鎮圧訓練所における米特殊部隊とインド軍の合同演習（2008年）。撮影：Ritu Raj Konwar

当者を含め、内外から強い批判を浴びた。ところが今、再び同じことが繰り返されているのである。

インド政府としてはむしろ、この「北東部における武装紛争鎮圧の経験」を他地域でも生かしたいと考えているのだろう。そのことは、次の三点を見れば明らかである。

まず、今回のマオイスト対策では北東部のナガランド州やミゾラム州で募集されたインド予備部隊（Indian Reserve Batallion）が使われていることである。過去の山岳地帯での困難なゲリラ対策の経験から、これら二州では地元の人々を武装警察に雇用し、彼ら自身を武装組織の取り締まりにあたらせるという戦略が取られた。現在、これらの部隊が民兵組織サルワ・ジュドゥムの組織化などに利用されている。

次に、こうした紛争鎮圧対策の応用は、国外にも及んでいることである。インド政府は北東部での対ゲリラ戦のノウハウを、他国の対テロ戦争対策訓練として提供することに積極的である。二〇〇九年五月二五日にＮＨＫテレビが放映した「インドの衝撃」は、ミゾラム州の反乱鎮圧訓練所（ＣＩＪＷ＝Counter-Insurgency and Jungle Warfare School）がアメリカやモンゴル、ブータンなどの国外兵士を受け入れ、訓練している様子を描いたものである。住民を弾圧し、村を焼き払い、「集団村」という名の強制収容所に人々を押し込め、数限りない人権侵害を引き起こしてきた北東部の「治安維持」対策のノウハウが、二〇〇〇年代に入るとテロ対策の名のもとで、共同訓練という形で他国に輸出されているのである。

三つ目は、「平和、紛争と人間の安全保障」コースを備えたシッキム大学が二〇〇七年に同じ北東部のシッキム州に新設されていることである。「平和構築」関連の実務者の養成・連携を視野に入れたものだが、シッキム大学は新設の理由を、「この地域はインドの「辺境」に位置し、紛争地に近いため、平和・紛争学のフィールド・スタディなどを実施できるという利点を持つ」としている。

以上のような傾向を見ると、「平和構築」に関してインド政府は、自国を「援助の受け手」としてではなく、国際協力のノウハウを他国に提供する「援助の送り手」として位置づけていることが明らかである。年率九％の急成長を誇るインド。しかし一方では、それによって不利益を受けている先住民族やその支援者を弾圧し、こうした勢力を取り締まるさまざまなノウハウを「平和構築のツール」として輸出しようとしている。これらの事象が表裏一体となって混在しているのが今日のインドの現実である。

北東部や「赤い回廊」地域でのゲリラ対策は、「九・一一」以降活性化したテロ対策の一環として位置づけられている。政府に対抗しようとする勢力をテロリストとして位置づけ、取り締まりを強化する動きは、こうしたグローバルなテロ対策の中で正当化され、強化されてきた。しかし、インド北東部では独立後六〇年以上たっても自治・自決権を求める先住民族の運動は絶えず、武装化と紛争の影響は人々の生活全般にわたり広範囲に及んでいる。インド政府がこの地域での「支配の正当性獲得」に失敗していることは紛れもない事実である。先住民族の人々から見れば、ゲリラ対策＝テロ対策は現政権に批判的な勢力を抑圧するためのツールでしかない。国連主導の「平和構築」が民主主義の名の下に実施されている傍らで、それを主導する国々によってこうした「テロ対策」が行われていることを忘れてはならない。

真の支援は誰に向けられるべきか

インドをはじめ、世界各地の先住民族の人々はODAによる大規模開発、経済発展の恩恵をほとんど得ていない。むしろ、「開発」によって土地や資源を奪われ、満足な代替地も与えられることなく強制的に立ち退かされ、より貧しい状況に追いやられている場合がほとんどである。一九八〇年代から九〇年代にかけて反対運動が活発になったインドのナルマダー・ダム問題がいい事例だろう。これは、インド有数の大河ナルマダー流域に何千ものダムを建設する総合河川開発によって、プロジェクト全体で一〇〇万人の立ち退きが計画されたという問題である。実際、中心的大規模ダムであるサルダル・サロバル・ダムの建設では、一〇万人の立ち退きが強いられ、その五一％が先住民族の人々であった（真実、二〇〇一、六二頁）。しかし、こうした事例からの教訓はほとんど得られておらず、「国際社会」においては相変わらず大規模開発と人々の生活を犠牲にした経済成長のみが重視されている。

一九九〇年代からの市場開放とグローバル化の影響により、それまで社会主義的な経済成長路線を取ってきたインドでは、かつてない規模と速度で先住民族の土地や資源の収奪が行われている。こうした状況は、マオイストのような武装闘争を掲げる勢力に正当化を与え、その支持を広げる根拠ともなっている。「開発」への反対運動やマオイスト運動を武力で押さえつけても、先住民族が抱えるこうした根本問題を解決しない限り、紛争は複雑化・長期化するだけである。現在のような大規模開発・経済成長重視の開発援助が先住民族に負の影響しか与えないものであるならば、行われるべき真の支援はまず彼らに対して向けられなければならない。それは、先住民族の自治権や自決権に配慮した、権利を基盤とする発展への支援である。実際、先住民族の人々が有すべき「経済的な発展の権利」に重点を置き、環境に負荷をかけず、当事者主体でプロジェクトを立案・実施するようなプランは、先住民族自身からも提案され、模索されている。小規模コミュニティのための水力発電の開発計画などはその一例だろう。支援する側には、こうした「権利基盤アプローチ」のプロジェクトに対してより多くの人的・技術的・資金的援助を行っていくことが求められている。

参考文献

シッキム大学ウェブサイト。(http://www.sikkimuniversity.in/)

真実一美『開発と環境—インド先住民族、もう一つの選択肢を求めて』世界思想社、二〇〇一。

Asia Centre for Human Rights, *An epilogue: Adivasis' Tryst with the Naxalites*, 2006. (http://www.achrweb.org/ncm/adivasi-naxals.htm)

Bidwai, Praful, “Special Economic Zones, Path to Mssive Land Grab,” *Inter Press Service*, 2011. (http://ipsnews.net/news.asp?idnews=34732)

Campaign for Peace and Justice in Chhattisgarh, *Salwa Judum: Civil War in Chattisgarh*, 2007. (http://cpjc.wordpress.com/)

Chaudhury, Shoma, “Arundhati Roy- princess to pariah,” *New Internationalist*, Ocboter 2010.

Iralu, Kaka, *Nagaland and India- the Blood and the Tears*, N. V. Publishers, 2003.

Ramachandran, Sudha, “Maoist rule India's Red Corridor,” *Asia Times*, April 24, 2009.

“Adivasis: Pawns in Development,” Asian News International, January 15, 2011.

“Grouping of Villages "Saddest Chapter" in Mizoram,” Singlung, Sep 8, 2010.

“The Dongria Kondh: Victory over British mining company,” In Survival International website. (http://www.survivalinternational.org/tribes/dongria)

The Report of the Committee On State Agrarian Relations and Unfinished Task of Land Reforms (submitted to Ministry of Rural Development, Government of India) 2009. (http://www.rd.ap.gov.in/IKPLand/MRD_Committee_Report_V_01_Mar_09.pdf)

第6章　「保護する責任」にNO！という責任
——二一世紀の新世界秩序と国際人権・開発NGOの役割の再考

中野憲志

はじめに

「保護する責任」（R2P）とは何か

「保護する責任」という名の、新しい「地球規範」とされているものがある。国家が、「ジェノサイド、戦争犯罪、民族浄化および人道に対する罪」から「文民を保護する責任」のことをいう。この「地球規範」は、二〇〇五年開催の世界サミット（世界首脳会合）の「成果文書」の中で「確認」されたもので、二〇〇九年には潘基文・国連事務総長による「保護する責任の履行」と題された「報告書」が公表された。

なぜ今、「保護する責任」（以下、R2P。R2PとはResponsibility to Protect［R to P］の略）なのか。事務総長の「報告書」は言う。

二〇世紀はホロコースト、カンボジアのキリング・フィールド、ルワンダのジェノサイド、スレブレニッツァ［ボスニア］の大量殺戮などが汚点となった。これらのうちルワンダとスレブレニッツァについては、安全保障理事会と国際連合の平和維持軍が監視する中で行われた。ジェノサイド、戦争犯罪、民族浄化および人道に対する罪――二〇世紀の残酷な遺産は最も基本的かつ実行すべき責任に従って行動しなかった**個別国家の重大な失敗**と、**国際的な制度の集団としての不十分さ**を辛辣にまた鮮明に物語っている。（以下、太字および傍点は引用者）

「報告書」によれば、Ｒ２Ｐには三つの「柱」がある。まず、国連加盟国はそれぞれの国家においてジェノサイド以下の四つの重罪から文民を保護するために、その責任を果たすこと。これが「第一の柱」である。「第二の柱」は、文民保護の「履行」が危ぶまれる国家に対する国際社会の責任についてである。具体的には、①「保護する責任」を果たそうとする国家を「奨励しまた助け、早期警報の能力の確立において国連を支援」すること、②もしも警戒域に達したときには「適切な外交的、人道的およびその他の平和的な手段」を用いてその国の文民を保護することである。

ここで注意したいのは、「第二の柱」において、国連や加盟諸国による「保護する責任」が〈介入する責任〉に転化していることである。ある国家が文民保護の責任を果たせない、だから国連（加盟国）は「平和的手段」を用いてその国家の「主権」に介入し、その国家になり代わって文民を保護するという論理である。そこではいわゆる「人道的危機」に際してＲ２Ｐを果たせない（と国連安保理が判断する、つまりは常任理事国［Ｐ５］全体が判断する）国家は、国連の「平和的手段による人道的介入」を拒否できないという暗黙の強制力が働いている。これが経済制裁などに示されるＲ２Ｐの「非軍事的強制」の側面である。

しかし、国際社会による〈介入する責任〉はここで終わらない。「第三の柱」が控えている。ある国家が明らかに責任を果せていない（と国連安保理が判断する…）場合には、国連と加盟国は①国連憲章の諸規定に基づき、②安保理の決議に従い、③適切な時期に、断固とした方法で集団的行動（＝武力行使）」を取る責任がある、というものだ。国連は、いわゆる「人道的危機」からその国の文民を保護するために「最後の手段」として武力で〈介入する責任〉がある――。これがR２Pの「軍事的強制」の側面である。一言で言えば、R２Pとは、ある国家がその国の文民を保護しないときに、国連が最初は経済制裁によって、それでも駄目なら武力によってその国に〈介入する責任〉のことをいう。

R２Pはとても重大な問題を突きつけている。なぜなら、国連加盟国の中には基本的人権を、さらにはその基本と言える思想・信条、集会・結社の自由などの人権（自由権）さえ憲法で保障しておらず、反政府運動が高揚したときに軍隊を出動させ民衆を弾圧してきた／いる国々が多数存在するからだ。そうした国々が国家暴力の発動によって計画的かつ組織的な民衆虐殺を行った場合、国連、安保理、日本政府、そして私たちは何をすべきなのか？　殺される人々を座して見捨てるのか？　国家のみでなく武装した反政府勢力がそのような行為を犯したとしたら？――

R２Pは過去・現在に実際に起こり、未来も新たに発生するかもしれないそうした事態に対応するために、国家の連合協議体たる国連が示した一つの回答である。国連によるその回答に私たちが一人の人間として、また市民組織・ＮＧＯとしてどのように向き合うかが問われているのである。

人道的介入と「保護する責任」の違い

Ｒ２Ｐが登場するまでは、人道的介入は個別国家や国家連合による〈介入する権利〉の問題として議論されていた（最上敏樹『人道的介入―正義の武力行使はあるか』岩波新書、二〇〇一、などを参照）。しかし、Ｒ２Ｐは〈介入する権利〉からさらに踏み込み、〈介入する責任〉を主張する。個々の国々の「権利」ではなく国連全体としてのその責任を論じ、その下で加盟国全体の〈介入する責任〉を国際法的に根拠づけようとする。人道的介入の権利論とＲ２Ｐの本質的な違いがここにある。

〈介入する権利〉論の段階では、一部の国々がその「権利」を主張し、軍事介入した場合に、その行為の国際法的根拠が問題となった国境を越えた人道的介入が国連憲章の規定と手続きに抵触してはいないか、国際法を違反してはいないか、その可能性と現実性が、介入そのものの是非や賛否と併せて議論の対象となったのである。

これに対しＲ２Ｐの推進派は、国際法解釈においてそうした国際的議論の余地を無くそうとする。世界の全首脳が集う世界サミットにおいてＲ２Ｐは「全会一致で確認」された、ゆえにＲ２Ｐは「地球規範」化された、という前提に立ち、議論を進めようとする。つまり、すべての国連加盟国は、武力介入までをも含めた一連の「強制措置」を実行する「権利を越えた責任」がある、という主張である。

現在、国連では、このＲ２Ｐの早期実行体制の確立に向けた具体的な態勢作りが着々と進行している。

二〇一一年二月、「独裁打倒」を掲げたリビアの民衆蜂起をカダフィ政権が空爆によって武力鎮圧し、民衆虐殺を行った。これに対して連続的に発せられた国連安保理による対リビア制裁決議（同年二月～三月）やＮＡＴＯ軍による武力攻撃の開始（同年三月二〇日）も、Ｒ２Ｐの「第二・第三の柱」に沿ったものだった（制裁決議の中には、カダフィ政権の「人道に対する罪」の立件化に向けた国際刑事裁判所への捜査開始要請も含まれていた)。また、西アフリカ・コートジボワールにおける二〇一〇年一一月の大統領選以後、「不正選挙」を主張し退陣を拒否していたバグボ前大統領派とワタラ元首相派との武力紛争に対し、フランスの平和維持軍（ＰＫＦ）が、**「国連事務総長の要請に基づく地元住民や国連職員保護のための措置」**と称し、**国連平和維持活動（ＰＫＯ）部隊との共同作戦によって**武力介入（同年三月二三日）したのも、Ｒ２Ｐに基づいている。さらに、南スーダンの分離独立をめぐる国民投票（二〇一一年一月）以降のスーダンにおける武力紛争に対しても、Ｒ２Ｐを推進してきた国家やＮＧＯは、国連の〈介入の責任〉を強く主張し、その行使に向けたキャンペーン活動を展開し続けている。

なぜ、「保護する責任」にＮＯ！と言うのか？

Ｒ２Ｐをめぐる議論を非常に複雑にするのは、後にみるように、たとえばヒューマンライツ・ウォッチやオックスファムなどの著名な国際人権・開発ＮＧＯが「市民社会」サイドから国連と国家に対して〈介入する責任〉を提言するようになっていることである。

国家や反政府武装勢力による「文民」への集団虐殺、戦争犯罪を容認する人など、おそらく誰もいないだろう。しかし、Ｒ２Ｐは本当にこれらに対する解決策になるのだろうか。問題の核心はここにある。現在国連が行っているような、非軍事と軍事に分けた強制的な制裁措置ではなく、強制や武力に頼らない紛争の解決策はありえないのか、また、Ｒ２Ｐとは違う、紛争解決のための新しい「地球規範」を創造することはできないものなのか？　本章ではこのような問題意識に基づき、すでに実行段階に入っているＲ２Ｐの批判的検討を行っていく。

国連事務総長の「報告書」が言う「二〇世紀の残酷な遺産」をもたらしたのは何か。Ｒ２Ｐへの賛否

図1　国連安保理常任理事5カ国から世界中に広がる武器貿易の流れ

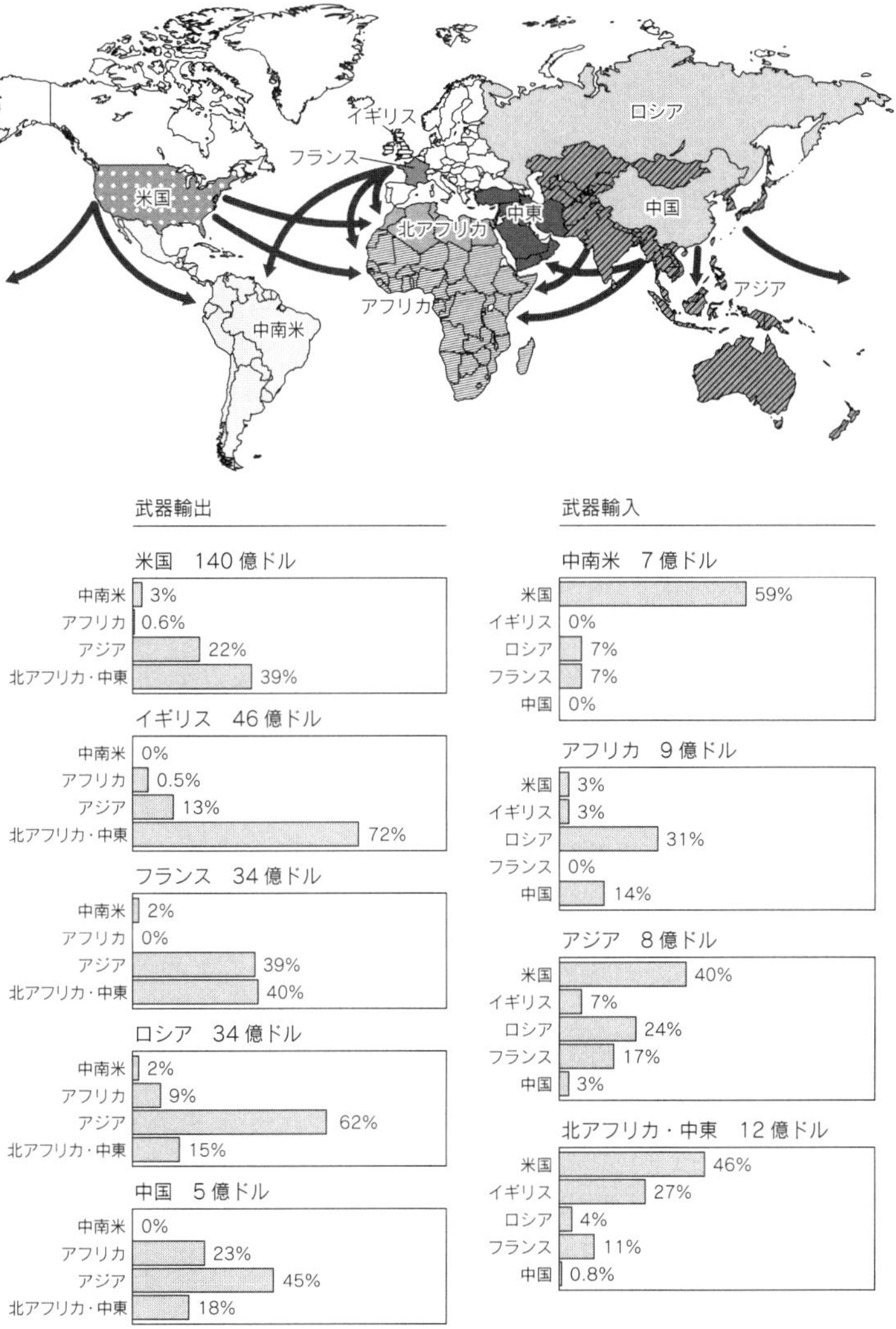

出所：Global Issues（http://www.globalissues.org/）.

は、その分析と解決策の内容に応じて変わってくる。つまり、R2Pに対する評価は、「報告書」が言う「個別国家の重大な失敗」や「国際的な制度の集団としての不十分さ」とは何を指し、また、その克服のために何をすべきと考えるかに規定される、ということである。

本章はその分析の視座を、「冷戦時代の残酷な遺産」に対する国連による分析の欠如とその未克服という問題に据えている。一言で言えば、戦後の国連統治のあり方そのものに問題の所在を見出そうとする試みである。国連安保理常任理事国（P5）などの核軍事大国が世界中に武力紛争の火種を撒き散らしておきながら、その自らの問題を克服・解決することなく、内戦を含む武力紛争の最終的解決を武力によって図るというR2Pは、紛争の原因の「問題把握」とその解決策の「課題設定」の両面において根本的に間違っている。これが本章の論点の基軸である。

具体的な論点は以下の四点である。①世界の脱軍事化を志向する新たな国際規範、国際法の制定抜きに、紛争解決などありえない。②世界のどの国のどんな紛争においても、その犠牲になるのは往々にしてその国で差別され迫害されてきたマイノリティや先住民族であるが、国連やP5には、〈介入する責任〉を云々する以前に、基本的人権保障に基づくマリノリティ／先住民族の権利を〈保障する責任〉がある。この責任を果たさずして、ジェノサイド、民族浄化など紛争の根本的解決はありえない。

これら二点を踏まえたうえで、本章は③軍事と非軍事に分けた援助大国による〈介入による平和〉の強制ではなく、被援助国に生きる人々と援助大国の市民組織・NGO・諸個人との〈つながりによる平和〉の創造を提唱する。そのためには、④今では「低開発国」「重債務貧国」の代名詞となった「紛争国家」と呼ばれている国々が、PKOの派遣を大前提に構想された援助大国による「介入のプロジェクト」から、自立／自律できるようになることが欠かせない。すなわち、果てしなく延々と続く援助大国の開発戦略に組み込まれた「紛争予防」「人間の安全保障」「平和構築」という三位一体プロジェクトからの自立／自律である。

もとより、右の①から④を形あるものにするためには、政治・軍事・経済・社会・文化全般にわたる援助大国と被援助国との関係の抜本的な再構築がめざされなければならない。いや、むしろ本章はそうした両者の「関係の抜本的な再構築」を回避し、介入の政治を正当化するものとしてR2Pが登場したことに読者の注意を喚起したいと考えている。

紙幅の制約から本章はR2P批判序説の序章的位置を越えるものではない。今後のR2P批判の一助となることを願ってやまない。

一　「保護する責任」の起源

R2Pのルーツは、米国のブルックリン研究所が一九九六年に発行した『責任としての主権―アフリカの紛争管理』(Francis Mading Deng,et al.,*Sovereignty As Responsibility: Conflict Management in Africa*, Brookings Institution Press, 1996) にある。この書は、戦後冷戦体制が、文字通り崩壊局面の只中にあった一九九〇年から八年間をかけて、カーネギー財団より一九〇万ドルの資金援助を受け、同研究所が行った「アフリカの紛争解決」プログラムの研究成果の一つとして発刊されたものである。

冷戦崩壊・紛争「管理」・新世界秩序

『責任としての主権』のタイトルに示されるように、もともとR2Pは米ソ冷戦体制崩壊後、旧ソ連圏や「社会主義」を標榜していたアフリカ諸国などを資本主義世界経済体制へと統合し、新たな世界的秩序形成を図るにあたり、「民族紛争」や「国内紛争」（＝内戦）の「予防」と「管理」を各国が責任をもって行う／行わせる、という政治的文脈から発展した概念である。そしてそれが果たされぬ場合に、国連や地域機構、あるいは有志連合軍が介入し、紛争当該国と地域の**安定化**を図るものとして構想されたものである。たとえば、一九九九年一二月に調印された「紛争予防・管理・解決・平和維持・安全保障メカニズムに関する議定書」はギニア・ビサウ、モーリタニア、セネガル、コートジボワール、ニジェール、シエラレオネ、ナイジェリアなど全一六カ国で構成される西アフリカ諸国経済共同体（ＥＣＯＷＡＳ）が取り交わした条約であるが、これもそうした構想の具体策の一つとして位置付けられたものであった。

冷戦が崩壊局面を迎えた一九八〇年代後期から崩壊後の九〇年代前半期、欧米のアカデミズムの間では旧ソ連・東欧諸国やアフリカ諸国を対象とした「民主主義構築」論や「市民社会構築」論が興隆する。体制移行期には「紛争」が避けられない、ゆえにそれを「予防」「管理」しつつ、その先に広がる「国家建設（state building）論」を構築しなければならない――、このような前提の下で盛んに「研究」されたのである。これらの「理論」は、いわば「革命の輸出理論」ならぬ、「平和的」な西洋型「民主主義・市民社会」モデルの輸出理論としてあった。

しかし、たとえばリビアがそうであるように、憲法もない国、また憲法はあっても「自由権」さえ保障されていない国家が形式的に「独立」を果たしたというのが旧植民地諸国や旧「社会主義」諸国の実態である。米ソや欧州など旧植民地宗主国は冷戦時代に世界中でそうした開発独裁型国家を育成し、支えながら「覇権抗争」を展開してきた。そしてそれらの国々の政府との癒着を深めながら資源開発を行い、自国の武器・商品生産のはけ口としてきたのである。

冷戦時代に作られたこの「構造」が、世界遺産の数より多い「残酷な遺産」を世界中に残すことになる。だからポスト冷戦時代において、この「構造」の解体的改革抜きに「民主主義」や「市民社会」の「構築」を外部から図ろうとする「介入のプロジェクト」が破産してしまうのは、当然であったと言わねばならないだろう。

国連による「平和的強制措置」と有志連合軍による「軍事的強制措置」の二本立てで成り立つＲ２Ｐは、この「構造」にいっさい手を付けようとしない。Ｒ２Ｐは「国境を越えた紛争」やジェノサイド・民族浄化などが「国際の平和と安全」の「脅威」になるという認識の下で、それらを一国内で予防・管理・処理するために〈介入の責任〉を云々する。そのためには国連憲章の「内政不干渉原則」と「武力不行使原則」の例外規定としてある「個別的または集団自衛の権利」に関する条項（国連憲章第五一条）に加えて、「内政」に干渉し、武力を行使しうる新たな「地球規範」がどうしても必要になる。これがＲ２Ｐの本質である。

「保護する責任」推進勢力――誰が国連をハイジャックしたのか？

ブルックリン研究所の「アフリカの紛争解決」プログラムに一九〇万ドルを資金援助したカーネギー財団は、さらに一九九五年から二〇〇〇年にかけ、三〇二〇万ドルを費やして「カーネギー破滅的紛争予防委員会」（ＰＤＣ）を設立し、一〇〇を超える「プロジェクト」を行った。このＰＤＣがそのまま二〇〇一年にカナダ政府の肝いりで結成された「国家主権と介入に関する国際委員会」へと発展し、その成果がＲ２Ｐ推進派のバイブルとも言うべき『保護する責任』（International Commission on Intervention and State

Sovereignty, "The Responsibility to Protect:Report of the International Commission on Intervention and State Sovereignty," 2001. http://www.iciss.ca/report2-en.asp）の刊行として結実する。R2Pのキャンペーン・ロビーイングに世界中を駆け回ってきたオーストラリア人の元外交官、ガレス・エバンスもこのPDCと「国家主権と介入に関する国際委員会」のメンバーであった。

カーネギー財団なくしてR2Pなし。またその他の巨大財団からの莫大な資金援助なくして「地球規範」化もその実行段階への移行もありえなかった。カーネギー財団をはじめ、フォード、ロックフェラー、シモンズ、ウィリアム・フローラ・ヒューレット、ジョン・D・キャサリン・T・マッカーサー等の各財団が毎年拠出する億単位の資金が、R2P研究・出版プロジェクト、アフリカその他諸国での国際会議・シンポジウムの開催、安保理に提出されるR2Pレポートの作成、関連決議（「武力紛争における文民の保護」その他）の採択に向けたロビーイング活動、さらには安保理のレポートおよび事務総長名による「報告書」作成等々のために流れてきた。これにリビアへの武力攻撃に参加したカナダや、オーストラリア、ノルウェーなど、R2P推進派国家からの資金が上乗せされてきたのである。

こうした資金フローの下で、政府系・独立系のシンクタンク、大学、国際NGOが動いた。カナダの国際開発研究センター（IDCR）や米国の国際平和研究所（IPC）などのシンクタンク、ハーバードやコロンビア、スタンフォードなどの米国の主要「有名」大学の関連研究機関、国際NGOの連合組織（ICRtoP）に名を連ねる世界連邦運動やジェノサイド・ウォッチ、オックスファム、ヒューマンライツ・ウォッチなどの国際人権・開発NGO…、列挙すればキリがない。「軍産学複合体」ならぬ、米国の巨大財団・各国政府・大学・国際NGOの「R2P複合体」が形成されてきたと言っても過言ではない。

熟議なき拙速な「地球規範」化

冒頭でみた潘国連事務総長の「報告書」の文末には、次のようなくだりがある。「「R2Pを」全会一致で確認した」世界サミットの「成果文書」を踏まえ、「総会は公約の実行を確実とするために国連による最もよい支援方法を考えるべきである」。こう述べたうえで「報告書」は国連総会に対し、

一、「「報告書を」歓迎し留意する」

二、「第二の柱」の「国際的な支援と能力構築」について「国家および国際社会のパートナーシップを確定し発展させる方法に取り組む」

三、「「R2Pを」実行する事務局の取り組みの監視をいかに最良に行えるのかを決定する」

ほか全五点を提起した。

ここに読み取れるのは、R2Pの実行があたかも国連の既定の方針であるかのように性急に事を進める、事務総長の上意下達的な姿勢ではないだろうか。

たしかに、世界サミット「成果文書」にはR2Pのことが書かれている。しかしそれは「全会一致で確認」と言うには程遠いものであった。事前審議はなく、全体決議も採択されなかった。事実、二〇〇九年度の会期においては加盟国四〇カ国以上がR2Pに反対もしくは疑義を表明していたのである。

R2Pの推進派は①その中核にカナダ、オランダ、オーストラリアなどの積極派グループが存在し、これを②P5のイギリス、フランス、米国がバックアップし、③その他のEU諸国や日本がそれ続き、④これら援助大国から開発援助を受けている諸国が支持に回る、という構図で形成されてきた。米国はオバマ政権の下で初めて集団的な〈介入の責任〉を（武力によって）果たすと表明した（リビアへの武力攻撃において「責任」をまっとう→NATO軍への指揮権移譲→その後の介入の泥沼化）。中国は推

進派ではないがR2Pを承認。ロシアは二〇〇八年のチェチェンとグルジアへの武力行使・軍事介入をR2Pによって正当化しようとしたため非難を浴び、R2P反対・疑義派の懸念を深めたことがある。一方、反対・疑義派はキューバ、ベネズエラ、ニカラグアなど、過去に米国による軍事介入を直接経験したかそれを危惧する国々などがその中心にいる。

二　「保護する責任」は人々を守らない

R2P推進派は次のように言う。R2Pは人道的介入や正義の武力行使を目的にしたものではない。主眼はあくまでも国家が文民を保護することにあり、植民地支配の現代版でもない。早期警戒体制の確立などを通じた紛争の予防と、万が一に武力紛争が起こったときの平和的手段による紛争の解決をめざしている。ただ、それでも万が一に紛争の解決に失敗したときには、国際社会は座して文民を見殺しにすることは許されない。だから、適切な時期に、断固とした方法で、われわれは集団的行動を取り、「平和の回復」のために全力を尽くすのだと。

もっともらしく聞こえはするが、どこか釈然としないものが残る。その理由はどこにあるのだろう。

脱軍事化なき紛争解決?

「大量殺戮を二度と犯すな」というヒューマニズムに満ちたR2P。しかし、もしも「紛争」の予防と解決がR2Pの第一の目的なのであれば、なぜ紛争をくり返す国家やその周辺地域の脱軍事化を計画的に進め、問題の本質的解決に向けて道を開こうとしないのか。R2Pに決定的に欠落しているのは、そ

図2　世界の軍事費の地域別比較（2009年版）

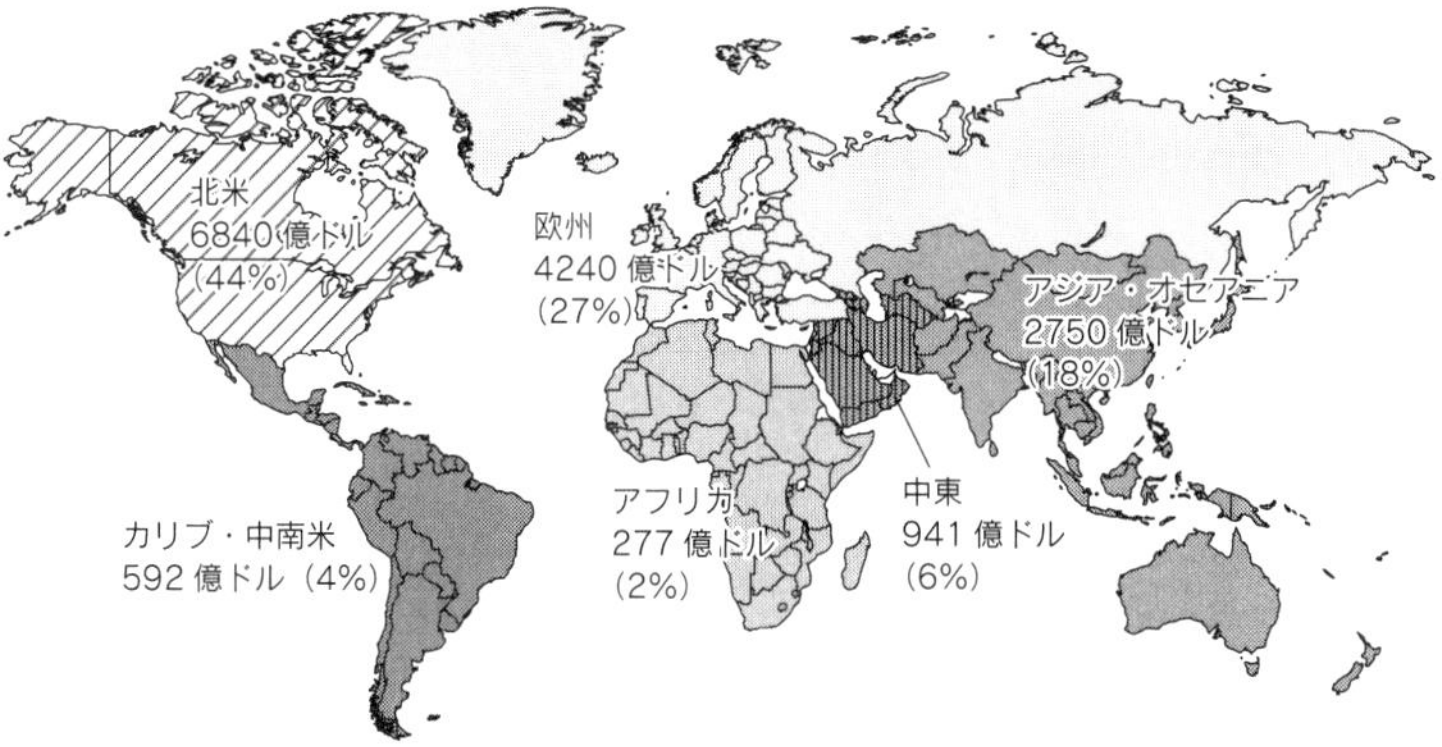

注：2008年米ドルの不変価格で計算。
出所：ストックホルム平和研究所によるデータに基づき、Global Issuesが作成。
http://www.globalissues.org

のためのビジョンである。

　R2P推進派は〈介入する責任〉による世界的秩序形成ばかりを強調し、「介入しなくともすむ平和な世界」に向けて主要国が果たすべき「責任」を論じようとしない。そのビジョンがないのは、R2Pが本気で紛争解決をめざしていないからではないのか？

　武装勢力のみではなく、紛争に責任を負う国家の漸進的武装解除。その国家に対する合法・非合法の武器貿易の規制強化を通じた武器貿易そのものの漸進的廃絶。少なくとも、国連創設以降、世界で「紛争」が起こるたびに、そうした努力がわずかなりとも積み重ねられてきたなら、こんな紛争だらけの世界にはなっていなかったはずだ。一九九九年に「紛争予防・管理・解決・平和維持・安全保障メカニズムに関する議定書」を交わした先のECOWASが、未だに武力「紛争」が絶えない地域になっている最大の理由もそこにあると言えるだろう。

　脱軍事化のビジョン無きR2Pは、紛争を解決しない。紛争を長期化させるだけである。それは軍事・非軍事両面にわたる援助大国の介入をも長期化させ、紛争国家の自立を阻んでしまう。これでは、「破綻」国家は永遠にその呪いから抜け出せず、「文民」を「保護」することはできない。そしてその結果、援助大国は人道主義と博愛主義に満ちた〈介入〉を半永久的にくり返すことになる。

Ｒ２Ｐが戦争や紛争のない世界をつくらないのは、あくまでも国家の論理から紛争にアプローチするからである。Ｒ２Ｐは、殺され、傷つき、家や土地を追われて難民となる者の視線から紛争の本質を直視することはなく、国家による**紛争のコントロール**をめざそうとする。

Ｒ２Ｐは、国家が治安維持・叛乱予防のために軍を動員し、「文民」のたたかいを弾圧・抑圧することの合法性を前提する。援助大国による軍事援助・武器輸出を通じて「破綻」国家の権力と権威を強化し、民族対立や紛争を一国の国境内に閉じ込める、つまりは、国家によるその管理と「処理」が可能となる世界の構築。これがＲ２Ｐの「ビジョン」である。紛争の政治的解決→恒久和平の実現ではなく、「破綻」国家に対する外部からの介入による国家の安定化、さらにそれを通じた地域と国際の「平和と安全」の「維持」。これがＲ２Ｐの究極の目標である。

考えてみれば、援助する側が核軍事大国を筆頭とする武器輸出・警察国家であるからには、右の安定化戦略が文民保護ではなく、援助する側の武器・制度・法で武装した軍と国家・警察機構の再建（平和構築？）を主眼とするのは当然である。独裁・抑圧国家に対する民衆蜂起が続くかぎり、Ｒ２Ｐが対象とする紛争や（国家による）人権侵害もまた延々と続き、保護されるべき文民は、時と場所、人種や民族を変え、永遠に地上にあふれ、国連や軍事大国の介入を求め続けることになる…。このような介入がいくらくり返されたところで、文民を保護する国家の機構・制度などつくれるはずがないではないか。

対テロ戦争と「保護する責任」

Ｒ２Ｐが対テロ戦争時代に規範化されたことを私たちは見過ごしてはならないだろう。現代世界は、Ｒ２Ｐという「地球規範」が「テロとの戦い」（War on Terror）というもう一つの「地球規範」と平和共存する時代である。

Ｒ２Ｐは、たとえばイラクやアフガニスタンで生じている米軍やＮＡＴＯ軍による多数の文民の虐殺、その戦争犯罪には触れようとしない。Ｒ２Ｐは「テロ」から文民を保護するために、国家による「テロリスト」の殺戮を黙認する。Ｒ２Ｐの重大な二重基準の問題である。

国連の意思決定を支配する対テロ国家連合は、「文民保護」のために、一方では武力によって〈介入の責任〉を果たし、他方では人道的〈介入の責任〉を果たすという。この何とも非人道的な詭弁や欺瞞を、「人道」とか「人権」といったヒューマニズムに満ちた言説が覆い隠してしまうのだ。現代世界の法と秩序のあり方、政治と経済の仕組み、さらには「国際社会」の介入に反対し抵抗してきた人々の目線からＲ２Ｐを見たならば、それが国家や国連による白々しい二重基準、新たな抑圧と支配のための装置としか映らないとしても無理はない。その意味では、冷戦崩壊以降、世界各地で国連が武装勢力の攻撃のターゲットになってきたことにも、それなりの根拠があったと言えるのではないだろうか。

たとえば、ここにＲ２Ｐ推進派がまとめた重要な国連安保理決議の一つ、「武力紛争と文民に関する決議」（一六七四号。二〇〇六年四月二八日採択）がある。そこには、「[武力紛争の] 影響を被る文民の保護を確保するために可能なあらゆる措置を講じる。第一の責任は武力紛争を引き起こした勢力にあることを再確認 [する]」という文言がある。あるいは、「保護されるべき人々を故意に攻撃目標とすることと並びに武力紛争下において国際人道法・人権法を組織的かつあからさまに広範に違反することは国際の平和と安全に対する脅威となりうる」という表現もある。

この決議の内容を「テロとの戦い」に引きつければ、安保理が言いたいのは次のようなことだ。米軍やＮＡＴＯ軍は文民を故意に攻撃目標にしていない、国際人道法・人権法を組織的かつあからさまに広範に違反することはしていないから免罪される、すべての責任は「テロリスト」の側にある、と。つまり、Ｒ２Ｐは「テロとの戦い」における多国籍軍による戦争犯罪や人権侵害を免罪する役割を果たすのである。

国連ＰＫＯや人道・開発機関、国際ＮＧＯが「平和的」に介入するのは、まさにこの文脈においてである。右に引用した安保理決議では、「人道支援の枠組みの範囲内で博愛・中立・不偏・独立の人道的原則を支持・尊重することの重要性」が「確認」されている。しかし、

第一に、「紛争の政治的解決」を当事国、支援国連合、武装勢力に要求せず、放置し、

第二に、「平和的介入」の大原則が「戦闘行為の即時中止と和平合意の成立」にあることを顧みず、ただただ「文民保護」のニーズを根拠に紛争現場に群がり、紛争長期化に一役買うようなＲ２Ｐによるサービス・デリバリーとは、いったいどのような「人道主義」を体現するものなのか？　日本の多額の税金もまた国連機関や赤十字国際委員会、ジャパン・プラットフォーム（ＪＰＦ）などを通じてこのような緊急「人道支援」に投入されてきたのであるから、問いは私たち自身に対しても向けられていると言わねばならないだろう。

武力不行使原則に新たな例外規範はいらない

戦争と武力行使のない世界をめざすはずの国連は、その例外事項として、

一、「国際の平和と安全」の「脅威」に対する国連軍による武力行使（国連憲章第四一～四三条、国連の「集団安全保障」）

二、「個別的または集団的自衛の権利」に基づく武力行使（国連憲章第五一条）

を容認している。二は、侵略に対する国家の個別的自衛権と軍事同盟条約に基づく集団的自衛権の行使である。そしてこの「個別的」と「集団的」に分けた「国家の自衛権」という概念が「侵略の脅威」という概念と抱き合わさる形で、P5などの核軍事大国のみならず、P5の軍事援助を通じた「東西」の同盟諸国や「非同盟」諸国の軍備増強をも正当化する概念となり、最大限に活用されてきた。しかも、冷戦時代、拒否権（P5に与えられた安保理の表決方式）と憲章第五一条の濫用によって他国に軍事介入し、戦争当事国となってきたのは、他でもないP5自身だったのである。

こうした観点から言えば、冷戦時代の殺戮に次ぐ殺戮の「残酷な遺産」を総括し、文字通り「戦争と武力行使のない世界」をつくる上で国連に何よりも求められていたのは、どれだけ時間を費やそうと、P5の拒否権と憲章第五一条の廃止に向けた国際的討議を積み重ね、合意形成をはかることにあったはずである。

しかし国連は、それとは逆の方向に舵を切ることになる。『より安全な世界、我々が共有する責任』と題され、ガレス・エバンスや緒方貞子、元米空軍中将・国家安全保障担当大統領補佐官などが委員となってまとめられた国連「ハイレベル委員会報告書」（二〇〇五年）の内容がそれである。

「報告書」には、日本政府がこの委員会の活動に「寛大な資金拠出」をし、さらには先述したR2P推進勢力のカーネギー、フォード、ロックフェラーなど一連の財団、あるいはニューヨーク大学国際協力センター、スタンフォード大学国際安全保障協力センターなどからも「資金や現物を供与された」ことが記されている。

「報告書」は、その「第三章　集団安全保障と武力行使」の「武力行使――ルールと基本原則」の中で以下のことを明記している。

一、憲章第五一条は改正すべきではない。

二、憲章第五一条の下での予防的武力行使の合法性について「懸念」を表明するが、これは憲章第七章下で容認された集団行動の場合は該当しない。［憲章第七章は「平和に対する脅威」や「平和の破壊及び侵略」に関する国連の行動について規定している］

三、「人道的災禍」に対し、国際社会は安保理の承認の下、「保護する責任」を有する。

四、憲章第七章に基づき安保理が武力行使を承認する際は、次の原則を満たす必要がある。すなわち、（1）脅威が深刻であること、（2）武力行使の目的が適当であること、（3）武力行使が最後の手段であること、（4）武力行使で用いられる手段が脅威と較べて必要最小限であること、（5）武力を行使した結果が、武力を行使しなかった場合の結果と較べて悪くならないこと（武力行使の五原則）。

以上のように述べた後で、「報告書」は安保理、総会が右の一から四を明示的に決議すべし、と提言する。

「報告書」に従うなら、日本を代表する緒方貞子氏は、米国が「自衛権」の名において「予防的な武力行使」をした場合、それに「懸念」は表明するが、国際法違反には「該当しない」という認識に立っていることになる。また、ある国家が他国に先制予防の武力攻撃を行っても国連安保理は国際法違反とは捉えない、という認識に立っていることになる。アフガニスタンやイラクを武力攻撃した米国は、ただ国連の「懸念」を「留意」すればよいだけとなり、ＮＡＴＯ諸国の集団的自衛権の行使も国際法的にまったく合法的な「集団行動」となってしまう。米国、ロシア、中国、あるいはＮＡＴＯ軍がどこかの国の「文民」を「保護」するために武力行使をしたら、国連や日本は「懸念」を表明しても「国際法違反」とは言わないことになる。

憲章第五一条を改正しないばかりか、これに加えて、国連の武力不行使原則に対する新たな例外規範（＝Ｒ２Ｐ）を設けることの無意味さとその危険は、もはや明白だと言わねばならないだろう（なお、国連憲章第五一条の成立過程、およびこの条項のＰ５による濫用の歴史的事例については、中野憲志『日米同盟という欺瞞、日米安保という虚構』第六章「国連憲章第五一条と「戦争と平和の同在性」」新評論、二〇一〇を参照）。

三　マイノリティ／先住民族の権利を〈保障する責任〉

基本的人権とマイノリティ／先住民族の権利

「世界人権宣言」（一九四八年）は崇高な精神に満ち溢れている。その前文では、「人権の無視及び軽侮が、人類の良心を踏みにじった野蛮行為をもたらし、言論及び信仰の自由が受けられ、恐怖及び欠乏のない世界の到来が、一般の人々の最高の願望」と述べ、次に「人間が専制と圧迫とに対する最後の手段として反逆に訴えることがないようにするためには、法の支配によって人権保護することが肝要」であると説いている。続いて、国連と加盟国は「人権及び基本的自由の普遍的な尊重及び遵守の促進を達成することを誓約」し、「これらの権利と自由との尊重を指導及び教育によって促進すること並びにそれらの普遍的かつ効果的な承認と尊守とを国内的及び国際的な漸進的措置によって確保することに努力する」と宣言する。

「宣言」の第二条一項にはこうも書かれている。「すべて人は、人種、皮膚の色、性、言語、宗教、政治上その他の意見、国民的若しくは社会的出身、財産、門地その他の地位又はこれに類するいかなる事由による差別をも受けることなく、この宣言に掲げるすべての権利と自由とを享有することができる」と。

しかし、右の「宣言」以後六三年の歳月を経ても、いまだ私たちは「この宣言に掲げるすべての権利と自由とを享有することができない」世界に生きている。「人権の無視及び軽侮」「人類の良心を踏みにじった野蛮行為」に満ちた現代世界に。二〇一一年一月以降のチュニジア、エジプト、その他の中東・アラブ社会の民衆のたたかいが全世界に示したように、今なお私たちは「専制と圧迫とに対する最後の手段として反逆に訴え」ざるを得ないほど、「言論及び信仰の自由が受けられ」ずに、「恐怖及び欠乏」が支配する世界を生きている。

いったいなぜだろう？　それは、Ｐ５を筆頭とする世界の主だった国々が、この六三年間、自国の国益と軍事戦略を最優先させ、「[この誓約の]普遍的かつ効果的な承認と尊守とを国内的及び国際的な漸進的措置によって確保することに努力せず」、それを怠ってきたからではないだろうか。

冷戦・ポスト冷戦期に起こったジェノサイドなど四つの大罪のすべては、Ｐ５体制下の国連システムの構造的欠陥が生み出したものである。ここで言う「構造的欠陥」とは、「世界人権宣言」の精神が永遠に実現されないような、世界の政治・軍事・経済的構造と国連の仕組みのことを指している。「世界人権宣言」の死文化の問題である。この事実に目を向け、問題の在り処を突き止め、その克服を真剣に模索しないかぎり、ジェノサイドなど「人道に対する罪」は今後もくり返されるだけである。逆に言えば、その「模索」をしようとしないから、「文民や難民の保護のために国家と国際社会が武力による〈介入の責任〉を負う」などという「地球規範」が飛び出してくるのではないのか。

ジェノサイドや民族浄化などの重大な人権侵害を本気でなくすためには、まずこれらの大罪によって蹂躙される人種・民族・宗教・言語的等々のマイノリティの権利が、国際かつ国内的に法整備され、さらにそれらの法が空文に終わらぬよう政策的に保障される仕組みをつくることが不可欠である。

そのための「第一の柱」は、基本的人権の保障を基盤としたマイノリティの権利を、国家が〈保障する責任〉である。「第二の柱」は、ある国家がその責任を果たそうとしない／できない場合における、国際社会が〈保障する責任〉である。国家への履行勧告に始まり、国家が責任を履行できるよう支援〈介入ではない〉し、その国のマイノリティの権利を国際的に〈保障する責任〉のことだ。

この二つの責任を国連が新たな「地球規範」にすることによってはじめて、ジェノサイドや民族浄化などの重大な人権侵害を未然に防ぐための〈仕組みの基礎〉ができる。国際人権・開発ＮＧＯは、大国の武力による〈介入する責任〉を後押しするのではなく、この〈仕組みの基礎〉づくりに貢献すべく「プロジェクト」や「アドボカシー」（政策提言活動）を展開すべきである。

以上のように考えると、Ｒ２Ｐは問題解決へのアプローチのあり方そのものが誤っていることが自ずと見えてくるのではないだろうか。

マリノリティ／先住民族の自治と自決

「ホロコースト、カンボジアのキリング・フィールド、ルワンダのジェノサイド、スレブレニッツァの大量殺戮」は、起こるべくして起こった。一九八〇年代初頭、中米グァテラマで起きた、マヤ先住民族を主なターゲットとした当時の軍事独裁政権によるジェノサイドも同じである。

たとえば、セルビア人勢力によるボスニアでの「スレブレニッツァの大量殺戮」（一九九五年）を考えてみる。問いは二つある。（1）いったいなぜ、旧ユーゴスラビア社会主義連邦共和国から七つの共和国（二〇〇八年独立のコソヴォ共和国まで）が分離するために内戦が戦われる必要があったのか？（2）なぜ、ジェノサイドなどの四つの大罪が内戦の過程で起こってしまったのか？

旧ユーゴ内戦は「連邦制」を統治形態とする国家が、下位の共和国による独立要求を承認せず、それを軍事的に封殺しようとしたため、これに対する下位の共和国の「独立戦争」として戦われた。「コソヴォ紛争」までを含めて言えば、連邦国家内部の「民族的・宗教的マイノリティの領域的・集団的な権利＝自治と自決」を、連邦権力を掌握するセルビア人勢力が保障せず、弾圧しようとしたことがすべての発端である（「コソヴォ共和国」の樹立宣言は古く、一九九一年に遡る）。だから、もしも国連が冷戦時代に「自治と自決」を含めたマイノリティの権利を国際法的に制度化し、これを加盟国が国内法的に立法化し具体的措置を講じていたなら、内戦も、その過程で起きた「スレブレニッツァの大量殺戮」その他の大罪も、起こらなかった可能性は否定できないのである。

このことは、連邦崩壊後チェチェン「紛争」等の分離・独立闘争をかかえるロシア、中華民国（台湾）やチベット・「新疆ウイグル」（東トルキスタン）その他の「自治区」をかかえる中国、あるいはイラクとトルコ（クルド民族）、スリランカ（タミール民族）等々、分離・独立や自治・自決を求めてたたかうマイノリティ／先住民族が存在するあらゆる国々の民族「紛争」について当てはまることである。そして、これらを分析することは、今後同じことが二度とくり返されないようにするための、きわめて重要なポイントとなる。

ところが、戦後の国家と国連はこれら過去の「残酷な遺産」から真剣に学ぼうとはしなかったし、現在もしていない。

国連は、冷戦崩壊後の一九九二年に「マイノリティの権利宣言」を、二〇〇七年には「先住民族の権利宣言」を総会で採択した。これらは、戦後に制度化されてきた国際人権法だけではマイノリティ／先住民族の諸々の集団的権利を保障することができず、よってそれらとは別の国際条約を制定させねばならないと主張する世界のマイノリティ／先住民族の国際的運動の成果と言えるが、ここで次の二つのことを考えておく必要がある。

一つは、なぜこれらを「宣言」するために国連創設以後これだけの歳月を費やさねばならなかったか、もう一つは、なぜこれらは「宣言」であって「条約」ではないのか、という点である。とくに後者について言えば、「宣言」は「条約」と異なり国際法的拘束力を持たない。国家や国連は「宣言」に「配慮」することはあっても、その内容を〈保障する責任〉はない、ということになる。すでに条約化されている「人種差別撤廃条約」等でさえ、日本を含む条約批准国はなお条約に基づく国内での立法措置を怠り、大半が権利保障を無視・軽視しているのが実態だ。その意味で、マイノリティ／先住民族に関する近年の権利「宣言」は、たしかに国際条約化に向けた第一歩ではあるのだが、これらが有する現実的規定力の低さは明らかである。

カナダ、オーストラリアをはじめとする欧米のR2P唱導国、国連事務総長や国連機関、国際人権・開発NGOは、この現実を直視しようとしない。ある主権国家の内部でマイノリティ／先住民族がジェノサイドや民族浄化のターゲットとなり、その集団的権利が侵されているというのに、それを改善する具体的な諸施策を構想せずに、「最後の手段」としての〈(武力)介入する責任〉ばかりを主張する。それが民族紛争の予防や解決に何もつながらないことは、もはや説明を要しないだろう。

おわりに――〈介入による平和〉から〈つながりによる平和〉へ

毎年スイスのダボスで開催される「世界経済フォーラム」（ダボス会議）。二〇〇八年一月に開かれたこの会議で、「保護する責任――人間の安全保障と国際社会の行動」と題する非公開セッションが行われた。その冒頭挨拶の中で自公政権時代の福田元首相は、次のように語った。「我が国は、「保護する責任」が問われるような紛争下の事態に対して、武力をもって介入することは国家の政策として行っておりません。これまで人道支援や復興支援に力を注いできた国であります」(http://www.mofa.go.jp/mofaj/press/enzetsu/20/efuk_0126a.html)。

たしかに、その通りである。語の定義にもよるが、日本は基本的には「武力をもって介入」するのではなく「武力によらず介入」してきた国である。日本は「二国間ODAや国連に設けた人間の安全保障基金を通じてボスニアやコソボ、スーダン、カンボジアなどにおいて復興と平和の定着のための支援」し、アフガニスタンにおいては「NATO・PRT（地方復興支援チーム）と連携し、教育や保健の分野で活動するNGOや地方行政機関を支援」してきた国である（同上サイト）。

しかし、本章を通じて明らかになったように、小泉政権以降の日本はR2Pの「地球規範」化を積極的に支持し、「武力をもって介入」する国々に対する協力・後方支援を強化してきた国でもある。今後も日本は、それらをより発展させようとしているのである。

右に見た福田元首相の挨拶が、「人間の安全保障」（Human Security, 以下、HS）とR2Pとの関係を論じていることに注意したい。

これまで日本におけるＨＳをめぐる議論は、日本はあくまでも国際紛争の武力による解決（Ｒ２Ｐの「第三の柱」と読め）を否定し、他国のそれとも一体化しない「平和」的なもの、という前提の下で展開されてきた。言い換えるなら、武力による「人道的介入」を是とするカナダを始めとした国々の「人間の安全保障ネットワーク」が語るＨＳと、開発援助戦略の中心概念として日本が位置付けてきたＨＳは別のものであるかのような、つまりは世界には二種類のＨＳが存在するかのような言説が流布されてきたのである。「人間の安全保障ネットワーク」が存在しようがしまいが、日本はあくまでも日本版ＨＳを支持する「人間の安全保障フレンズ会合」（二〇〇六年発足）を通じて国連システム内のヘゲモニー構築をはかる、だから前者の存在は無視できるかのように論じる詭弁が、この一〇年、まかり通ってきたわけである。事実、国際協力機構（ＪＩＣＡ）の「「人間の安全保障」を巡るこれまでの経緯」では、「人間の安全保障フレンズ会合」のことは書かれているが「人間の安全保障ネットワーク」のことはいっさい言及されていない（http://www.jica.go.jp/activities/security/summary02.html）。

しかしこの官製の詭弁は、Ｒ２Ｐの「地球規範」化を日本が積極的に支持し、Ｒ２Ｐが実行段階に突入するにおよび、その論理的根拠を失ってしまったと言ってよい。ここに、他国の軍事介入・武力行使に対する後方支援を通じそれと一体化してきた日本版ＨＳや「平和構築」の憲法（第九条）問題が潜んでいるのであるが、これまでＨＳや「平和構築」を論じてきた日本の大学研究者や（緊急）人道支援ＮＧＯの多くは、この問題に触れようとはしてこなかった。

外務省を出所とする官製の詭弁は、憲法第九条タテマエ論によって成り立ってきたに過ぎない。他国の軍事介入・武力行使と協働・連携・一体化した日本版ＨＳや「平和構築」を、自衛隊が海外で「武力行使」しないという、ただそれだけの理由で「平和」的と見なし、カナダ版のそれと何かしら区別できるかのようにアレヤコレヤの論理的粉飾を凝らす…。日本におけるＨＳや「平和構築」論には、当初からそうした「平和」の概念をめぐる欺瞞が埋め込まれていたのである（なお、日本版ＨＳの批判的検討については、藤岡美恵子ほか編『国家・社会変革・ＮＧＯ』新評論、二〇〇六に収録された、中野による第9章「人間安全保障・植民地主義・ＮＧＯ」を参照していただきたい）。

私たちは、武力による介入を当然のように考えるすべての武器輸出国家が推進し、日本政府が国会での審議も抜きに独断専行的に承認したＲ２Ｐをどのように考えるべきか。はたして一部の民主党・自民党議員、マスコミ、大学研究者が言うように、自衛権の行使と「国際の平和と安全」のための軍事的強制措置とを切り離し、自衛隊にもＲ２Ｐの「任務遂行」ができるよう「武器使用」規制を撤廃し、「普通の軍隊」並に武力行使できるよう国内法を改めるべきかどうか。その場合には、憲法第九条の「解釈改憲」をさらに推し進めることになるが、ＮＧＯはそういう立場をとるべきなのかどうか…。

議論すべきことは山ほどある。たしかなことは、国連で「地球規範」となったからといって、Ｒ２Ｐと日本国憲法との間に存在する法理的かつ思想的な軋み、そのコンフリクトを素通りしＲ２Ｐを無原則的に支持することはできないということだ。私が知るかぎり、Ｒ２Ｐを論じるほとんどの大学研究者がこの素通りの誤りを犯している。

国際的介入の破産――ソマリアの事例から

最後に、国連や日本政府の「平和構築」論を批判的に検討する一つの素材として、ソマリアに対してなされた国連やアフリカ連合（ＡＵ）による介入と、日本を含む援助大国の「平和構築」を痛烈に批判している海外の論考を紹介しておこう。アフリカ諸国、コロンビア、フィリピンなどで活動するＮＧＯ、conciliation resources（http://www.c-r.org）が二〇一〇年に公表した、「いったい誰のための平和なのか？」と題されたレポート（Accord21）である（以下「レポート」）。

「レポート」は言う。「ソマリアへの国際的介入［一九九〇年代前半期の国連および米国による介入、そして二〇〇八年以降のアフリカ連合（ＡＵ）によるＰＫＯ活動をさす］の説明責任に関する広範な懸念が存在する。国際社会が「保護する責任」を宣言して以降でさえ、ソマリアの非戦闘員は武装勢力とＰＫＯ活動の両方がもたらすあらゆる害悪にさらされ続けてきた」。

では、「国際的介入」の何が問題なのか。「レポート」は、その結論部において、次の六点にわたり問題点を指摘している。

第一に、イスラーム武装勢力や「人類共通の敵」と定義された「海賊」の撲滅を掲げ、現暫定政権を支持してきた日米欧などの国家連合は、ソマリアの現実を理解していない。すなわち、「中央集権化された国家の権威とソマリアの伝統的な平等主義的政治文化との明白な矛盾」を国際社会は捉えきれていない。すでにソマリアにはソマリランドとプントランドという二つの「独立国家」が存在しており、ソマリア人の政治文化は暫定政権の政治的権威をまったく信じていない、むしろソマリア人は慣習法その他の制度に基づきながら「オルタナティブな国家モデル」をこれまで追求してきたというのである。

第二に、圧倒的多数のソマリア人にとっては、「民衆がコントロールできない中央国家権力の再生は民衆の利益に対する潜在的脅威となり、抑圧の道具とみなされている」。したがって、「［国際社会が介入する］国家構築戦略は、国家権力と軍の支配に対してチェックのメカニズムを考案し、その脅威を取り除かねばならない」。つまり「レポート」は、「ソマリアの平和」を合言葉にして行われる「国際的介入」

が、逆に民衆の恐怖を増幅する結果しかもたらしておらず、問題を解決するどころか、むしろ問題を複雑化し、平和を遠ざけていると批判しているのである。

第三に、「国家構築と平和構築は同じではなく、潜在的に矛盾し合う。前者は中央政府の政治的権威を強化しようとするが、後者はそれとの妥協と合意形成が伴う。政治機構の確立は和解を成功させる唯一の手段とはなりえない」。なぜなら「過去の過ちを認め、償うことが平和の創造の核心にある文化の下では、和解は単なる権力の分配問題に解消させることはできない」からである。

第四に、「国際社会は、紛争解決や平和構築におけるイスラーム教とウレマ（Ulema）が果たす役割を無視し、イスラーム国家建設を望んでいる人々の願いやその可能性を軽視している」（「ウレマ」とはイスラーム社会の最高評議会であり権威のこと）。

第五に、「国民の大半は現金収入さえない。紛争の原因は、単なる国家権力の政治的配分にあったのではなく、むしろ国家・国境・主権など意に介さない多数の武装勢力間の資源、勢力範囲、商業的独占をめぐる抗争にあった」。こうした紛争の原因を踏まえない国連や国家連合の介入はソマリアの紛争を解決しない。「紛争とその仲介において国家中心的アプローチをとる国際社会の外交努力には限界がある」。

第六に、「国家の統治能力は二国間・多国間で調整された援助政策によって構築される、という「国際的介入の」前提は、内戦勃発以前も今日も役に立たない」。

要するに、ソマリアに対する「国際的介入」はあらゆる点において破綻しているのである。

結語として

ソマリアの「紛争」がかかえる問題は、ソマリア固有のものであり、どこか他の国に「適用」できるものではない。しかし、このことを十分に踏まえたうえで「レポート」の論点を吟味するなら、ソマリアへの「国際的介入」とアフガニスタンへのそれが多くの点で類似していることも確認できるだろう。

両者の「類似点」とは、第一に、日欧米などの国家連合や国連が武装勢力と内戦状態にある国家（政府）を全面的にバックアップしていること、第二に、その国家（政府）が腐敗・汚職などによって民衆の広範な支持を集めているとは言いがたいこと、そして第三に、バックアップされている国が多民族国家であること、等々である。

内戦状態にある国家（政府）への「国際的介入」は、内戦を長期化させ、一般民衆の犠牲を増大させる。それは、ソマリアやアフガニスタンに対するように「政府へのテコ入れ」と「人道支援」という形をとるのであれ、あるいはリビアに対するように「反政府武装勢力への武器援助」と「人道支援」という形をとるのであれ、同じである。「レポート」は、国連安保理の「決議」によって国際法的合法性を得た大国主導の〈介入する責任〉が、紛争の一方の当事者に与し、犠牲者である一般民衆の政治的、文化的、社会的な伝統・慣習を無視する結果に終わることを鮮明に描き出していると言えるだろう。「介入と強制による紛争解決」からの脱却と〈保障する責任〉が埋め込まれた犠牲者の尊厳と補償、さらには紛争当事者間の粘り強い対話を通じた和解と合意による〈紛争の変容〉。犠牲者とのつながりを通じ、国際人権・開発NGOにはそのために果たすべき役割が無限にあるはずである。もちろん、私たち一人ひとりにも。

参考文献

「保護する責任」に関連する国連事務総長による報告書および安保理決議に関するもの

「保護する責任の履行」（A/63/677）。

「より大きな自由を求めて―すべての人のための開発、安全保障および人権」（A/59/2005）。

「より安全な世界へ―われわれの共通した責任。脅威、挑戦および変革に関するハイレベル・パネル報告書」（A/59/565）。

「国際連合平和活動に関するパネル報告書」（A/55/305 - S/2000/809）。

「紛争直後の平和構築に関する事務総長報告書」（A/63/881 - S/2009/304）。

＊以上の日本語訳文は、国連広報センターの「事務総長報告」のサイト、http://www.unic.or.jp/security_co/report.htm にてアクセスできる。また、リビア、コートジボワールに対する「保護する責任」に基づく一連の安保理決議の全文は、同じく国連広報センターの「安全保障理事会決議／声明（邦訳）」のサイト、http://www.unic.or.jp/security_co/2011.htm を参照されたい。

その他の参考文献

「新たな地球規範と国連」『国連研究』第一一号、二〇一〇。

金東勲『国際人権法とマイノリティの地位』東信堂、二〇〇三。

ブリクモン、ジャン／菊地昌実訳『人道的帝国主義』新評論、二〇一一（近刊）。

Pitarch,Pedro et al. (eds.),*Human Rights in the Maya Region: Global Politics, Cultural Contentions, and Moral Engagements,* Duke University Press Books, 2008.

＊なお、紙幅の制約上ここには掲載できなかった「保護する責任」の関連資料・文献、執筆者の分析については「批

評する工房のパレット」（http://nakano-kenji.blogspot.com/）を、また「先住民族の権利に関する国際連合宣言（仮訳・改訂版）」その他の先住民族・アイヌ等に関する重要文書・情報については「市民外交センター」（http://www005.upp.so-net.ne.jp/peacetax/）や「先住民族の一〇年市民連絡会」（http://indy10.sakura.ne.jp/）等のサイトを参照されたい。

あとがき

本書の原稿がほぼそろった頃に、「三・一一」の大震災・津波と原発事故が起きた。「三・一一」後の緊急救援や復興プロセスにNGOなど市民社会がどう関わるか、脱原発運動の広がり、「がんばれニッポン」キャンペーンへの違和感、自衛隊と在日米軍による「トモダチ」作戦、などの問題は、本書の問題意識とも深くつながっている。

執筆者全員に「三・一一」をふまえて原稿を書き直してもらうことはできなかったので、編者による序章で、「三・一一」が国際協力や平和構築に与える影響について、短く触れることにした。本来ならば執筆者の間で議論をすべきだったが、その時間もなかった。したがって序章に書かれた考えは、あくまでも編者のものであることをお断りしておきたい。

「三・一一」後の緊急援助や被災地の復興に、多くのNGOが関わっている。その活動の意義や問題点については、NGO自身によるレポートや研究者による調査などが、これからたくさん書かれるだろう。そこでは、「国際協力」NGOは何のために海外で「事業」をするのか、海外での「事業」と日本の社会変革との関係をどう考えるのか、といった問いに向き合わざるを得なくなるのではないだろうか。「国際協力」NGOは、これまで日本社会でどのような役割を果たしてきたのか、今後どのような役割を果たしてゆくのか、さらには被災地住民とのつながりを深め、地域に根差そうとするのか、それとも支援物資供給のための「落下傘部隊」的活動を継続するのか、等々といった問題である。これらはつまるところ、「「国際協力」ＮＧＯの存在意義とは何なのか？」という問いに行き着くことになるだろう。

一方、「国際協力」をめぐる日本政府の最新の動きに目を向けるなら、「ＰＫＯの在り方に関する懇談会」（座長・東祥三副内閣相）が七月四日、「停戦監視など国連平和維持軍（ＰＫＦ）本体業務への自衛隊参加を検討すべき」とする中間報告をまとめた。中間報告は、「国際的な平和維持活動はわが国の国益につながるものであり、積極的に役割を果たす責務がある」としたうえで、「ＰＫＯ参加五原則」の見直し、すなわち自衛隊が、ＰＫＦの任に就く他国の軍隊と同等に「武器使用」ができるよう規制のさらなる緩和を示唆する提言を行った。

折りしも、スーダン南部の分離・独立（七月九日）に合わせ編成されるＰＫＯへの陸上自衛隊の部隊「派遣」が国連から要請されるという状況の中で、中間報告は発表された。「日本の国際貢献の強化」の一環として打ち出されたこの動きに、「国際協力」ＮＧＯはいかなる立場を取るべきか。この問題についても、今後ＮＧＯ、また研究者相互の活発な議論が期待される。


ＮＧＯのあり方が、これまで以上に問われる時代の今こそ、本書に収められた「国際協力」やＮＧＯ活動、平和構築についての批判的分析が、「三・一一」後の復興プロセスに関わる人たちにとって、何らかの刺激になればと強く願う。

前書に引き続き、新評論の山田洋さんに適切なアドバイスをいただき、本書は完成した。あらためてお礼を述べたい。

二〇一一年七月

編者一同

2005	1.インドネシア・スマトラ沖大地震に自衛隊を派遣 2.日米安全保障協議委員会（2プラス2）「共通の戦略」を確認 10.パキスタン大地震に自衛隊を派遣 10.2プラス2「日米同盟：未来のための変革と再編」を発表（日米の軍事統合へ）	4.イラク移行政府発足 7.米印「グローバル・パートナーシップ」（「原子力の平和利用」への協力）	2.新ODA中期政策を決定 8.グレンイーグルズサミットで2009年までにODA事業量を100億ドル積み上げを表明
2006	5.2プラス2「再編実施のための日米のロードマップ発表」（在日米軍の再編にともなう日本の財政負担を決定） 6.インドネシア・ジャワ島中部地震に自衛隊を派遣 12.防衛庁設置法改定（防衛省への移行、国際協力業務を自衛隊の本来任務に）	2.第3次QDRを発表（同盟関係の強調） 3.国家安全保障戦略を発表 7.イスラエル軍、レバノン侵攻	5.総理が主宰する海外経済協力会議が発足。テロ対策等治安無償や防災・災害復興支援無償が新たなODAスキームとなる
2007	1.防衛庁が防衛省へ移行 3.日豪安全保障共同宣言（日豪安保条約へ） 3.国連ネパールミッションへ自衛官を派遣 5.2プラス2「同盟の変革：日米の安全保障及び防衛協力の進展」を発表（日米豪三国の協力を強化へ） 6.日米豪防衛相会談	1.ブッシュ大統領、イラクへの増派などの新戦略を発表 2.第二次アーミテージレポート 9.ブッシュ大統領、イラク増派部隊の撤退開始を発表 12.米陸軍第一軍団司令部がキャンプ座間へ	
2008	5.宇宙基本法成立 10.国連スーダン派遣団へ自衛官を派遣	1.イスラエル軍、ガザを攻撃 9.米国、アフガニスタンへの増兵計画を発表 11.イラク米軍駐留協定をイラク議会が批准	5.アフリカ開発会議（TICAD）でアフリカへのODA倍増を表明 10.新JICA（国際協力機構）の発足
2009	5.日米グアム移転協定発効 6.海賊対処法成立 8.「安全保障と防衛力に関する懇談会」報告書（自衛隊の恒久派兵法や武器輸出三原則の見直しを提言）	2.オバマ大統領、2011年末までにイラクから完全撤退を表明 12.オバマ大統領「アフガニスタン新戦略」を発表（アフガニスタンへの増兵、パキスタンとの協力）	11.アフガニスタンに対して5年間で最大50億ドルの援助を表明
2010	1.2プラス2「日米安保50年」の共同声明（2006年ロードマップの実施を再確認） 12.新防衛大綱（動的防衛力によるグローバルな活動へ）	2.QDR2010を発表（同盟国やパートナーとの協力の重視）	2.岡田外相（当時）ODAのあり方の検討を表明→6月に最終とりまとめ「開かれた国益の増進」発表
2011	6.2プラス2（中国に対して「国際的な行動規範の遵守」を求める）	4.東日本大震災（3.11）の「トモダチ」作戦に1万6000人の米兵を動員	5.震災復興財源としてODA予算501億円が削減

出所：越田清和「「反テロ」戦争下の援助―軍事化する援助」（村井吉敬編『徹底検証ニッポンのODA』コモンズ、2006）148-149頁の表に加筆、修正。渡辺治・後藤道夫編『講座戦争と現代1「新しい戦争」の時代と日本』（大月書店、2003）、浅井基文『集団的自衛権と日本国憲法』（集英社、2002）、鎌田慧編『反憲法法令集』（岩波書店、2003）、中村政則編『年表昭和史　増補版』（岩波書店、2004）、藤林泰「「戦後」から「戦前」へ―ODAの半世紀」（『月刊オルタ』2003年8・9月号）、防衛省ホームページ、外務省ホームページなどを参考に作成。

● 付録1　ODA 関連年表 ●

太字数字は月を表す。

	日本の安全保障政策	米国などの動き	日本の ODA 政策
1990		8. イラク軍、クウェート侵攻	10. イラク周辺国（エジプト・トルコ・ヨルダン）に20億ドルの緊急支援。多国籍軍に20億ドルの支援
1991	4. ペルシャ湾に掃海艇派遣を決定	1. 湾岸戦争 12. ソ連崩壊	1. 湾岸戦争で多国籍軍（実質は米軍）に90億ドルの追加支援 4. ODA 4指針を発表
1992	6. 国際平和協力活動（PKO）法成立 9. カンボジア PKO への参加		6. ODA 大綱を閣議決定
1993		9.「米国の戦力構造の徹底見直し」（ボトムアップレビュー）：大規模紛争地域への対処戦略	
1995	11. 第2次防衛計画大綱（「大規模災害、テロへの対応」「PKO 参加などの国際貢献」を自衛隊の任務とし、米軍との協力強化へ）	クリントン政権、同盟重視戦略へ 2.「ナイ・イニシアティブ」（東アジアの重視、米軍10万人体制）	
1996	4. 日米安保共同宣言→日米安保体制の意義を再評価		
1997	9. 日米新ガイドライン（「後方支援」→日米安保のグローバル化）	5. 第一次 QDR（Quadrennial Defense Review）（4年ごとの国防戦略見直し）（グローバル秩序の維持と軍事力のハイテク化）	8. ODA 中期政策の発表（「紛争と開発」を ODA の柱に入れる）
1999	5. 周辺事態法など日米新ガイドライン関連法成立（「後方地域支援」）		12. 特別円借款新設
2000		10.「アーミテージ報告」（日米同盟の強調：日本の集団的自衛権行使を求める）	1. 特別円借款対象国の拡大
2001	10. テロ対策特措法（自衛隊の海外派兵の本格化へ） 12. PKO 法改定（武器使用基準の緩和）	9. 9・11事件、第二次 QDR（米の国益を最優先することを明示） 10. アフガニスタン侵攻	9. アフガニスタン周辺国への援助（パキスタンへの援助再開）
2002	3. 東ティモール PKO への参加 4. 有事関連3法案を上程 12. 国際平和協力懇談会の報告（ODA の使用条件を緩和し、PKO／多国籍軍にも）	1. ブッシュ大統領、一般教書演説でイラクなどを「悪の枢軸」と呼ぶ 9. 米国の「国家安全保障戦略」（先制攻撃を明言）	6. ODA 総合戦略会議発足
2003	6. 有事関連3法案成立 7. イラク特措法成立 10. テロ対策特措法の2年間延長 12. イラク派遣基本計画を決定	3. イラク戦争 5. イラクでの戦闘終結宣言	8. 新 ODA 大綱を閣議決定（「我が国の安全と繁栄」を ODA の目的に）
2004	1. 自衛隊をイラクに派遣 6.「国民保護法」など有事関連7法案成立 12.「第三次防衛大綱」（陸上自衛隊の削減、中国を敵視）	8. 海外配備兵力の見直しを発表（850カ所の海外米軍基地を550カ所に）	11. 新 ODA 中期政策（案）の発表（人間の安全保障の強調）

● 付録2 〈NGOと社会〉の会の活動 ●

■公開シンポジウム

第１回 危機にあるNGO―NGOの「アイデンティティ」を問い直す（2007.5.13）
越田清和／さっぽろ自由学校「遊」:「NGOと「日の丸」」
李姫子／元日本緊急救援NGOグループ（JEN）:「NGOに国家は超えられるのか」
高橋清貴／日本国際ボランティアセンター（JVC）:「社会を変えるのにお金が必要か」
下澤嶽／法政大学非常勤講師:「NGOのプロジェクトは社会を変えるか」

第２回 人道支援の今とNGOのこれから―軍と人道支援の接近によってもたらされる問題（07.12.9）
［パネリスト］
長有紀枝／ジャパン・プラットフォーム（JPF）:「NGOの資金とアイデンティティ」
下澤嶽／国際協力NGOセンター（JANIC）:「国際協力NGOの立ち位置」
金谷直子／セーブ・ザ・チルドレン・ジャパン:「復興支援と対テロ戦争―アフガニスタンの現場から」
［コメンテーター］
伊勢崎賢治／東京外国語大学教員
中野憲志／先住民族・第四世界研究

第３回 官製「多文化共生」を問う―NGOは植民地主義・民族差別を超えられるか（08.5.18）
金迅野／川崎市ふれあい館:「「多文化共生」と「ザイニチ」」
樋口直人／移住労働者と連帯する全国ネットワーク，徳島大学教員:「「共生」で排除と格差はなくなるか―移住者の現状から」

第４回 NGOと社会運動はどこへ向かうか―グローバル・ジャスティス運動の可能性（09.3.7）
下澤嶽／JANIC:「国際NGOネットワークの動き」
越田清和／さっぽろ自由学校「遊」:「ローカルとグローバルをつなぐ」

第５回 軍民一体の平和構築は平和を創造するか？―アフガニスタン「復興支援」を再考する（09.10.24）
福元満治／ペシャワール会:「アフガン復興に必要なもの―26年間の支援活動で学んだこと」
高橋清貴／JVC:「オバマ政権のアフガン政策を考える―NGOはどう動くべきか」

12/19 アフガニスタンの和平と復興を考えるトーク・イン（09.12.19）
＊明治学院大学国際平和研究所との共催
［パネリスト］
犬塚直史／民主党参議院議員
服部良一／社民党衆議院議員
高橋清貴／JVC
東澤靖／明治学院大学国際平和研究所

第6回 このままでいいのか、ODA どうする、NGO（10.6.6）
満田夏花／メコン・ウォッチ:「複製される成長神話とODA―NGOの果たす役割」
村井吉敬／早稲田大学アジア研究機構:「官僚主導から政治主導へ―だれに対してなにを提言するのか」

第７回 「平和構築」は平和を創造するか？―「平和構築とNGOの役割」（10.12.11）
＊明治学院大学国際平和研究所、ジュマ・ネットとの共催
［パネリスト］
役重善洋／パレスチナの平和を考える会:「イスラエル占領下の「開発援助」は公正な平和に貢献するか？―「平和と繁栄の回廊」構想の行方」
下澤嶽／ジュマ・ネット:「見えにくい紛争とどうむきあうか―バングラデシュの事例から」
長谷部貴俊／JVC:「平和構築とNGOの役割―アフガニスタン報告」
［コメンテーター］
佐伯奈津子／インドネシア民主化支援ネットワーク
平山恵／明治学院大学国際平和研究所

■ニューズレター『〈NGOと社会〉の会』
第１号／挑戦する「否」の復権（2007.5）
第２号／まずは議論を始めよう！（07.12）
第３号／官製「多文化主義」を問う（08.4）
第４号／ローカルとグローバルをつなぐために（09.8）
第５号／戦争のテロルと平和のテロル（09.10）
第６号／自決権を尊重した平和と復興を（10.3）
第７号／経済成長主義と官僚主導にNon！を（10.8）
第８号／「平和構築」は平和を創造するか？市民的な視線を持ち続けることの重要さ（11.5）

運営と政府への提言活動などを行う。現在、JVC アフガニスタン現地代表。

藤岡美恵子（FUJIOKA, Mieko　ふじおか・みえこ）編者紹介参照。

松島泰勝（MATSUSHIMA, Yasukatsu　まつしま・やすかつ）1963年琉球・石垣島生まれ、南大東島、与那国島、沖縄島で育つ。早稲田大学大学院経済学研究科博士課程修了。在ハガッニャ（グアム）日本国総領事館、在パラオ日本国大使館の専門調査員等を経て、現在、龍谷大学教員、同大学ボランティア NPO 活動センター長、NPO 法人ゆいまーる琉球の自治代表。『沖縄島嶼経済史』（2002）、『琉球の「自治」』（2006、ともに藤原書店）、『ミクロネシア』（早稲田大学出版部、2007）、『島嶼沖縄の内発的発展─経済・社会・文化』（編著、藤原書店、2010）ほか。

村井吉敬（MURAI, Yoshinori　むらい・よしのり）1943年千葉県生まれ。1966年、早稲田大学政経学部卒。1978年から2007年まで、上智大学外国語学部教員。現在、早稲田大学アジア研究機構教授、APLA（Alternative People's Linkage in Asia）共同代表。『スンダ生活誌』（NHK ブックス、1978）、『小さな民からの発想』（時事通信社、1982）、『エビと日本人』（岩波書店、1988）、『ぼくの歩いた東南アジア』コモンズ、2009）ほか。

役重善洋（YAKUSHIGE, Yoshihiro　やくしげ・よしひろ）1999年より、関西を拠点に活動する NGO「パレスチナの平和を考える会」（http://palestine-forum.org/）のメンバー。第二次インティファーダ最中のパレスチナで撮影した映像をもとにビデオ・ドキュメンタリー『被占領下パレスチナを訪ねて』（2004）を作成。現在、京都大学大学院人間・環境学研究科で内村鑑三と矢内原忠雄のシオニズム認識について博士論文を執筆中。

執筆者紹介

北野　収（KITANO, Shu　きたの・しゅう）　中央官庁で国際協力・ODA、地域活性化、白書執筆、行政改革会議等の業務を担当した後、日本大学准教授を経て、現在、獨協大学外国語学部交流文化学科教授（開発社会学・地域づくり論）。コーネル大学で修士号と博士号を取得。『国際協力の誕生』（創成社新書、2011）、*Space, Planning, and Rurality*（Trafford Publishing, 2009）、『南部メキシコの内発的発展とNGO』（勁草書房、2008）、『共生時代の地域づくり論』（編著、農林統計出版、2008）ほか。

木村真希子（KIMURA, Makiko　きむら・まきこ）　南アジア、とくにインド北東部の先住民族などエスニック紛争や運動を専門に研究、また、市民外交センターの副代表としてアジアの先住民族の権利運動をサポートする。現在、学習院大学・明治学院大学・立教大学などで非常勤講師、明治学院大学国際平和研究所研究員。

越田清和（KOSHIDA, Kiyokazu　こしだ・きよかず）　編者紹介参照。

下澤　嶽（SHIMOSAWA, Takashi　しもさわ・たかし）　大学卒業後、イギリスのCSV（Community Service Volunteers）で一年間ボランティアに参加。帰国後、日本青年奉仕協会、世田谷ボランティア協会を経て、1988年に（特活）シャプラニール＝市民による海外協力の会の駐在員としてバングラデシュへ。帰国後、98年に同会事務局長。2002年７月に退職し、2006年７月から2010年３月まで（特活）国際協力NGOセンター（JANIC）事務局長。現在、静岡文化芸術大学教員、平和構築NGO「ジュマ・ネット」共同代表。『国家・社会変革・NGO』（共著、新評論、2006）、『バングラデシュ、チッタゴン丘陵で何が起きているか』（共著、ジュマ・ネット、2004）ほか。

高橋清貴（TAKAHASHI, Kiyotaka　たかはし・きよたか）　日本国際ボランティアセンター（JVC）調査研究・政策提言担当、恵泉女学園大学人間社会学部国際社会学科特任准教授。『NGOの選択―グローバリゼーションと対テロ戦争の時代』（共著、めこん出版社、2005）、『〈連続講義〉国際協力NGO―市民社会に支えられるNGOへの構想』（共著、日本評論社、2004）、『国家・社会変革・NGO』（共著、新評論、2006）、『おカネで世界を変える30の方法』（共著、合同出版、2008）ほか。

中野憲志（NAKANO, Kenji　なかの・けんじ）　編者紹介参照。

長谷部貴俊（HASEBE, Takatoshi　はせべ・たかとし）　1973年生まれ。大学生時代は国内の外国人労働者支援に取り組む。イギリスの大学院修士課程で農村開発を専攻。国際協力NGOで約２年間カンボジア駐在し、ポル・ポト時代の歴史を知る。2005年６月よりJVC勤務。アフガニスタン東京担当を経て、2008年１月よりアフガニスタン現地代表兼任。日本アフガンNGOネットワーク調整員も兼ね、現地での事業

編者紹介

藤岡美恵子（FUJIOKA Mieko　ふじおか・みえこ）　反差別国際運動（IMADR）で事務局次長、グァテマラ・マヤ先住民族のコミュニティプロジェクト担当を経て、現在、法政大学・同大学院で非常勤講師（国際協力論・国際人権論）、〈NGO と社会〉の会代表。『制裁論を超えて―朝鮮半島と日本の〈平和〉を紡ぐ』（共著、新評論、2007）、『国家・社会変革・NGO―政治への視線／NGO 運動はどこへ向かうべきか』（共編著、新評論、2006）、『脱「開発」へのサブシステンス論―環境を平和学する！２』（共著、法律文化社、2004）など。

越田清和（KOSHIDA Kiyokazu　こしだ・きよかず）　1955年生まれ。アジア太平洋資料センター（PARC）で働き、東ティモールの緊急援助・復興支援に関わる。現在、ほっかいどうピーストレード事務局長。札幌で、非常勤講師（NGO 論・国際関係論）をしながら、反戦平和運動などに取り組む。『制裁論を超えて』（共著、新評論、2007）、『どうなっているの？日本と世界の水事情』（アットワークス、2007）、『国家・社会変革・NGO』（共編著、新評論、2006）、『徹底検証ニッポンの ODA』（共著、コモンズ、2006）など。

中野憲志（NAKANO Kenji　なかの・けんじ）　先住民族・第四世界研究。〈官僚制国家からの自律〉をテーマに、市民社会・NGO 論、現代教育―大学制度解体論、外交・安保問題に強い関心を持つ。『日米同盟という欺瞞、日米安保という虚構』（新評論、2010）、『大学を解体せよ―人間の未来を奪われないために』（現代書館、2007）、『グローバル時代の先住民族―「先住民族の 10年」とは何だったのか』（共編、法律文化社、2004）、グスタボ・エステバほか『学校のない社会への招待―〈教育〉という〈制度〉から自由になるために』（現代書館、2004）ほか。

脱「国際協力」―開発と平和構築を超えて　（検印廃止）

2011年９月11日　初版第１刷発行

編　者　藤岡美恵子
　　　　越田清和
　　　　中野憲志

発行者　武市一幸

発行所　株式会社 新評論

〒169-0051　東京都新宿区西早稲田 3-16-28
http://www.shinhyoron.co.jp
TEL　03（3202）7391
FAX　03（3202）5832
振替　00160-1-113487

定価はカバーに表示してあります
落丁・乱丁本はお取り替えします。

装幀　山田英春
印刷　フォレスト
製本　桂川製本

ISBN978-4-7948-0876-9 C0036
Printed in Japan

好評刊

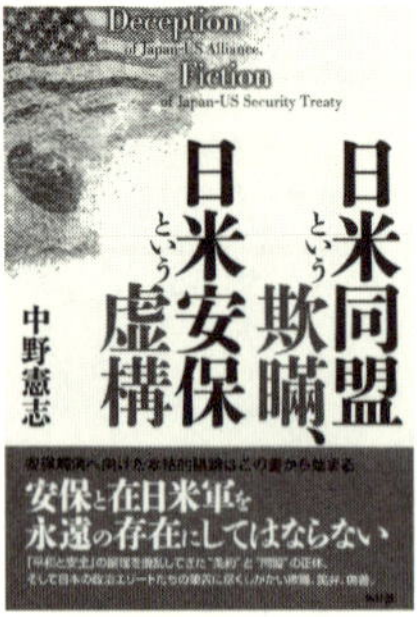

日米同盟という欺瞞、日米安保という虚構

中野憲志

日米同盟論のどこに欺瞞が潜在／顕在しているのか、日米安保の何が虚構なのか、何をどうすれば安保と米軍駐留の無期限状態に終止符が打てるか——。吉田内閣から菅内閣まで、「戦後」60余年にわたる日本政府の安保解釈とその再編の変遷を辿り、「平和と安全」の論理を攪乱してきた“条約”と“同盟”の正体を暴く。安保解消に向けた本格議論はこの書から始まる。

ISBN978-4-7948-0851-6　四六上・320頁・3045円

国家・社会変革・NGO

政府への視線／NGO運動はどこへ向かうべきか

藤岡美恵子・越田清和・中野憲志＝編

NGOが直視することを避けてきた危機を正面から捉え、NGO 賛美論と無用論の背後にある“取り込み”と“排除”の両構造を“現場”の目線から注意深く検証。NGO 運動の自己変革と「生きた社会運動」のための備忘録。NGO 経験者が NGO の根本問題に挑む。

ISBN978-4-7948-0719-8　A５上・334頁・3360円

制裁論を超えて

朝鮮半島と日本の〈平和〉を紡ぐ

中野憲志＝編

日本が日朝平壌宣言（2002年９月）の精神に立ち返り、朝鮮半島の植民地支配の清算を行わずして「北朝鮮問題」の解決はありえない。「北朝鮮脅威」論の虚妄性と日本社会に今尚存在する植民地主義イデオロギーを鋭く抉り出し、日朝新時代を市民の力で切り開く。

ISBN978-4-7948-0746-5　四六上・292頁・2730円

価格はすべて税込です。